Citigold
花旗财富管理

安心留学

花旗促动

花旗海外留学一站式服务。网络遍全球，陪护留学路。

孩子留学海外，您的心时刻紧系在他们身上。现在，您可以安心了。花旗全力倾注，特设海外留学一站式服务，网路覆盖全球35个国家和地区。从申请学校，到获取签证，直至到达海外，为您提供全方位一站式服务与协助，以最专业的理财专家，遍布全球的网路，让您与孩子都能省心更安心。

立即拥有花旗海外留学一站式服务，

环球银行服务
海外汇款免费
最高可达1万美元的海外紧急现金支援
免费花旗银行权威资质证明

详情请咨询：800-830-1880
或登录花旗网站：www.citibank.com.cn

citibank 花旗银行

动声明：“海外汇款免费”、“最高可达1万美元的海外紧急现金支援”和“免费花旗银行权威资质证明”与“海外汇款免费”为合格花旗贵宾理财客户专享，“海外汇款免费”多达6次。

Contents

高从徽 Kellie Kao Miles

高级房产买主代表 | 认证“国际房地产专家”

Exclusive Buyer Representation | Certified International Property Specialist

COLDWELL BANKER PREVIEWS INTERNATIONAL

高级房产买主代表高女士，对美国加州房产市场了解深入，敬业勤奋，加之其独有的财会专长，能够为高端客户提供专业的交易建议和最优秀的买主代表服务。

高女士是Coldwell Banker高端部门Previews International的代理。她是获得认证的国际房地产专家，而获此认证的专家全世界仅有约2,000位。她同时也是一位认证公共会计师。

高女士专精以下领域：

- 加州各处富裕地区的豪华住宅
- 加州著名学校附近的高级住宅
- 其他各项房地产投资产业

高女士精通英文和中文，希望能有幸代表您获得最理想的房产。

LOS ANGELES | SAN FRANCISCO | ORANGE COUNTY | SAN DIEGO | SANTA BARBARA

Kellie Kao Miles 高从徽

Realtor®, CPA, CIPS

KellieKaoMiles.com | + 1 818.880.6898 | kellie@kelliekaomiles.com

Contents

图书在版编目（CIP）数据
美国顶尖学校 /胡润，主编. —北京：中国经济出版社，2012.4
ISBN 978-7-5017-9919-0

I. ①美…　II. ①胡…　III. ①学校—概况—美国　IV. ①G571.28

中国版本图书馆CIP数据核字（2010）第069546号

美国顶尖学校
The Best of American Education 2013

联系我们 Contact Us：
schools@hurun.net
+86-21-5010 5808 × 108
www.hurun.net

名校指南系列编委会
Schools Guide Series Executive Committee

美国顶尖学校
The Best of American Education
中　国　经　济　出　版　社　出版、发行
（北京市西城区百万庄北街 3 号　邮编：100037）
www.economyph.com
责任编辑　张潇匀
责任印制　张江虹
上海研西印刷厂有限公司印刷
开本 1098 X 898　1/16　印张 13
2012 年 4 月第一版
2012 年 4 月第一次印刷
ISBN 978-7-5017-9919-0/G・1412
定价：80 元
本书如有缺页、倒页、脱页等质量问题，由我社发行部门负责调换　联系电话：+86 10 68330607
服务热线：68344225 68341878　版权所有 盗版必究　举报电话：68359418 68319282　国家版权局反盗版举报中心电话：12390

Top Destination for Chinese Students

我眼中的美国教育

“美式教育提倡的正是这种开放的思维方式以及走向成功的多种可能。在此我也希望中国学子，不但在美国能够学到文化知识，更能够打造开放性的思维以及塑造健康健全的人格。”

文 胡润

2012 年 2 月，中国国家副主席习近平对美国进行了正式访问。虽然只有短短的 5 天，但对于中美合作伙伴关系和民间的友谊都起到了很大的推动作用。

就教育交流而言，美国对中国来说是当之无愧的留学大国，根据《2011 年美国门户开放报告》，2010~2011 年间，赴美留学的中国人数达到了 15.7 万，位于美国所有的留学生之首。而对于美国的教育尤其是大学教育，我也有一些切身的感受在此与大家分享。

为什么去美国

众所周知，我 1999 年第一次做胡润百富榜。发榜之后，在国际上首先对我感兴趣的是美国。当时我还收到了微软公司的邀请，赴美向他们讲述了中国的新科技状况。2001 年，我在美国诸多名校进行了演讲，其中包括约翰·霍普金斯大学、伯克利大学、西北大学、乔治·华盛顿大学等。也就是通过这次的路演，我才感受到中国企业未来的发展潜力，并下定决心单独创业。

那次路演带给我的还不止这些。在与大学的老师交流的过程中，我发现他们不仅仅局限于书本，对社会动态也了然于心。他们很愿意与我交谈，以期获得对于中国经济的一手资料。其实我本人也有一段短暂的美国教育经历，在我 12 岁的时候，因为父母的原因去美国读了一个学期的“American Constitution”课程。所有这些，都使得美式教育在我心目中留下了美好的印象。

2011 年春天，我在上海见到了巴菲特之子彼得·巴菲特，并与他共同举办了美国“名流之夜”的活动。彼得·巴菲特作为全世界最为著名的投资公司的接班人，在谈及教育问题时，他说：“作为一名成功人士的孩子，不一定要给自己很大的压力，觉得自己一定要像父亲一样成功。反而，应该去找到一条适合自己并能够自我实现的道路。”

美式教育提倡的正是这种开放的思维方式以及走向成功的多种可能。在此我也希望中国学子，不但在美国能够学到文化知识，更能够打造开放性的思维以及塑造健康健全的人格。

留学美国的红宝书

这是胡润百富第二次出版《美国顶尖学校》，相比之前，我们有了更为丰富和权威的内容。2011 年，在美国前芝加哥市长理查德·戴利访华期间，我们对他进行了专访。与名校系列出版的每一本《顶尖学校》一样，《2013 美国顶尖学校》拥有同样完善的结构，从签证到院校介绍再到旅行、移民一应俱全，堪称留学美国的红宝书。

除了一些常规性的内容，此次《2013 美国顶尖学校》还有一些其他亮点值得我在此提示。本书的“封面故事”，着重笔墨介绍了由美国 8 所著名大学所组建的联盟——常春藤联盟。此外，我们仍旧保留了企业家及其子女赴美留学的部分。为了让自己的孩子归国守业或开拓眼界，或仅仅将其作为成长的一部分，企业家们热衷于将子女们送往美国留学。他们其中有很多，例如接受我们专访的杜厦之子杜宇村，已经学成归国，并小有成就。此外，黄世再的女儿黄文稀也在我们的被访者之列。在此值得一提的是，在我接触的很多企业家中，他们为子女选择学校，通过朋友推荐这一途径被选择最多。

New Developments in US Overseas Study

美国留学新看点

文 *William Vanbergen*

William Vanbergen，必益教育董事总经理。必益教育的总部设在上海，分公司分布在北京，成都，深圳和牛津。自成立以来，必益教育已帮助600多名学生考入英国名校。目前，必益教育还建立了牛津国际公学成都学校，目的是为了满足国内对国际教育的需求。

随着中国经济实力的提升以及国民对教育水平要求的提高，越来越多的家庭将目光投向国外，希望孩子能够在国外接受更为优质的教育。于是，美国凭借其蜚声全球的教育优势和国家本身的无限魅力成为最受欢迎的教育目的地之一。而这也是我们出版《美国顶尖学校》的原因之所在——渴望为读者提供权威而准确的最新美国教育信息。

今年的《美国顶尖学校》在保持原有风格的基础上，又有许多丰富和完善：

"封面故事"聚焦于美国久负盛名的大学联盟——常春藤联盟（Ivy League），不仅对哈佛、耶鲁、普林斯顿、宾大、哥伦比亚、康奈尔、布朗和达特茅斯八大成员进行了浓缩性介绍，还为您提供了学校及奖学金申请的相关指导，而常春藤联盟校友录将让您一睹其风云校友的传世风采。

为了帮助留美学生更好地进行留学准备和适应美国生活，我们又开辟出新的板块"留学适应期"，从体验美式教育与文化的暑期夏令营到在国内接受美式教育的国际学校，从准备留学出国行囊到初到美国的安顿，从熟悉美国文化和教育到针对国际学生的ESL英语作为第二语言课程，都给出了相关信息和指导。

"寄宿中学"部分依然为大家推荐了100所美国顶尖寄宿学校。在搜集百所名校信息时，我们既参考了Boarding School Review的数据，同时也通过多种方式和渠道与美国寄宿学校联系搜集并核实最新信息。

"大学"部分新增了美国大学总排名，为您提供择校参考。该排名根据美国最富盛名的US News & World Report大学排名汇编而成。而且，我们还有幸邀请到世界名校加州大学洛杉矶分校（UCLA）招生办主任Vu T. Tran接受我们的独家采访，详谈其大学在中国的招生及录取情况，为您传递学校官方情报。

全新的"研究生教育"部分，不仅对美国研究生教育进行了扼要介绍，还应许多读者的要求浓墨重彩地推荐了美国商学院MBA教育50强（Financial Times 2012 MBA项目全球排名），并邀请了北卡罗兰纳大学商学院院长James W. Dean, Jr.和MBA项目副主任Sridhar Balasubramanian为我们撰写专稿，剖析在美国攻读MBA的十大原因。另外，美国南加州大学法学院副院长Scott Altman也在百忙之中为我们撰稿介绍了美国1年制法律硕士项目LL.M。

"美国游览"将带您在书中畅游芝加哥、洛杉矶、纽约、旧金山、拉斯维加斯五大美国一线城市，然后探寻魅力十足的波士顿，玩转美国。

同时，我想借此机会向对《2013美国顶尖学校》提供了鼎力支持的许多顶尖教育机构表示深深的感谢。除了前面提及的大学专稿，美国寄宿学校联盟前主席、The Thacher School校长Michael K. Mulligan先生亲自撰文解析美国卓越中学教育与顶尖寄宿学校的真正优势；The Webb School校长Raymond S. Broadhead先生为您解答美国寄宿学校申请常见问题；另外，还有许多学校也为我们推荐优秀中国留学生与大家一起分享留美体验。

我衷心希望《美国顶尖学校》能够给打算送孩子留学美国的父母及学生本人提供一些较有价值的参考和指导，帮助您做出最适合自己的抉择，并为留学做好准备。

Excellence, Secondary Education, and America's Top Boarding Schools

卓越中学教育与美国顶尖寄宿学校

顶尖美国寄宿学校教育是家长所能赐予儿女的最好礼物，孩子将由此彻底转变，学会用一种最为积极乐观的方式来对待生活。

文 *Michael K. Mulligan*

美国加州 Ojai 镇 The Thacher School 校长，美国寄宿学校联盟前主席。

美国顶尖寄宿学校为才华横溢、积极上进的青少年学生提供了全球最好的中学教育。以下几点重要原因可以证明这一论断的真实性。

寄宿学校已经有几十年甚至几百年的教育经验，为全球各地最优秀的有志青年提供了高水准的教育。而且，寄宿学校深知青少年是如何学习的，以及什么样的挑战和目标对青少年来说是适合的。同时，寄宿学校也非常了解怎样才能激励年轻学生无私奉献，努力取得最大成就。在全球的中学教育中，寄宿学校的老师、设施、资源是无以匹敌的。而寄宿学校的学生则积极踊跃、勤奋努力、自信乐观。此外，寄宿学校拥有一流的设备，而这也是一个良好教育环境的基本条件。而且在所有申请学生中，顶尖大学与学院从这些学校录取学生的比例远超过普通学校。

接下来，我们不妨更进一步来探讨……

全心全意且才华横溢的教师队伍

寄宿学校拥有才华出众、充满关怀且要求严格的教师队伍，在世界中学教育领域无人能及。他们曾就读于全国最好的大学和学院；他们有着丰富的工作经验，资深而专业；他们热爱与青少年一起学习与工作；他们非常优秀，堪称行业模范；他们多元而独特；无论是作为个体还是作为集体中的一份子，他们都非常睿智、有思想且充满感召力。因此，学生们很喜欢围在老师身边，与他们一起度过快乐美好的时光，而老师们也会努力发掘并提高学生的特殊才能——无论是已经发现的还是潜藏在内的。他们会帮助学生掌握学习方法，努力学习，使学生们能够提出睿智而有深度的问题，能够清晰而流畅地写作，克服最艰巨的学术挑战，为进入竞争最激烈的大学做好准备。

寄宿学校的老师能力出众，自信乐观，积极踊跃，堪称教师模范。他们不仅会在课堂上，还会在整个白天、晚上以及周末为学生提供帮助（在寄宿学校，学习无时无处不在，课堂及学习日之外同样可以学习）。此外，老师们了解并热爱学生，会严格要求学生以达到最高标准。而且更为关键的是，这些全心致力于教育事业的老师能够在学生认识到自身的能力之前就发现学生的潜能。师生之间这种动态发展的良好关系可以让学生在生活上更为自立，并在学生们独立决断时给予适当引导。

出类拔萃的教学设施

美国顶尖寄宿学校的设施一流，令人震撼：最为先进的科学实验室和教室、可满足大部分专业性需求的音乐录音室和艺术表演中心、体育竞技场、餐厅、宿舍以及开阔的运动场。这些设施都是大多数学院无比渴望拥有的。

的确，无论是心怀抱负的学者、体育运动员，还是艺术家、表演家，都可以在这里享有他们所能想象到的最好的教导和设施。

而且，大部分寄宿学校都还具有优越的地理位置，

图片 作者本人 提供

美国顶尖寄宿学校为才华横溢、积极上进的青少年学生提供了全球最好的中学教育

这一点也不容忽视。学生可以欣赏浩瀚蓝天映衬下的无限美景：蔚蓝的大海，苍翠的青山，千姿百态的树木，广袤无垠的草坪，开阔的运动场，一流的跑道、溜冰场和竞技场，所有这些都为学生营造了赏心悦目且又健康向上的学习环境，可以消除许多当代社会的环境压力，帮助他们更好地学习。

所有这些教育机构都会有许多致力于教育事业的人士和学校校友为其提供支持与帮助，他们会坚持不懈地为这些教育机构提供大量财政捐款和资助，以便学生可以接受最好的教育。

杰出而积极乐观的学生

寄宿学校的学生本身也非常的乐观自信，充满活力，具有非凡的天资禀赋，渴望取得成功。学生们拥有不同的背景，来自不同的种族和收入阶层，都拥有家人的爱与关怀，并获得了一生中最好的教育机遇。他们选择寄宿学校，因为他们希望可以在一个为其提供支持和帮助，同时又严格要求学生的环境中学习和成长，这将有利于拓展他们在知识、体育、艺术、社会和宗教方面的兴趣和能力。

我们必须承认，这些年轻学生在高中将会比大部分同龄人遇到更多的挑战。不过，反过来，这也意味着他们可以理解并欣赏勤奋、卓越、努力、成功的真正含义。寄宿学校为有才能并渴望成功的年轻学生提供了最佳环境。他们可以为自己的才华和抱负而自豪。卓越一词就像通用语一样被这些学校共同推崇和认可。

一流学校定义卓越

美国顶尖大学和学院从美国一流寄宿学校接受和招收的学生，其比例远超过其他普通中学，这其实也是情理之中的事情。之所以如此是因为：其一，这些幸运的学生可以从顶尖教育中受益良多，学校可以帮助他们为做好进入高录取标准的大学的准备；其二，寄宿学校的许多申请者具有独特的才能，而这种才能正是顶级大学和学院所寻求的，例如他们成绩优异，硕果累累；他们被作为体育特长生招收；他们是具有惊人天分的艺术家和表演家；他们来自各个国家和地区，常常可以为大学校园带来多元社会经济和种族差异。

此外，美国顶尖寄宿学校的规模和地理环境也各不相同。寄宿学校学生的数量多则高达 1000 人以上，少则只有 100 人；既有单一性别的学校，也有男女同校；既有学校建立在淳朴乡村或郊区，也有一些建在繁华的都市。许多学校还提供其他学校鲜有的特殊项目，例如顶级音乐、视觉艺术和表演艺术项目，实力雄厚的顶级联赛冰球队，全国顶尖马术队——应有尽有。不过，这些寄宿学校通常都拥有一些共同之处——经过时间检验的教育思想体系、一支全心全意且又才华横溢的教师队伍、出类拔萃的学校设施、杰出而又积极乐观的学生以及无可比拟的大学和学院录取率。正因如此，这些中学才会变得无可匹敌。

顶尖美国寄宿学校教育是家长所能赐予儿女的最好礼物，孩子将由此彻底转变，学会用一种最为积极乐观的方式来对待生活。

图片 The Thacher School 提供

Aspects of US Higher Education
美国高等教育面面观

文 Joyce Vining Morgan

White Mountain 学校学院顾问，注册教育规划师。

欲了解美国的高等教育，首先要了解中美高等教育的差异。美国大学本科阶段的教育没有中国的那么专业化，他们认为本科生应该积极参与到课堂、图书馆、实验室之外的大学集体活动中；此外，在大学申请过程中，相对于考试成绩，学生在高中的表现更受重视。

专业间的专业化程度差异

美国本科阶段大部分学科领域的专业化程度都不高，只有工程学和护理学等少数学科领域的专业化程度非常高。典型的美国本科课程是“文科”（liberal arts）——学生要学习科学、社会科学、文学、语言、艺术和数学等等；文科学生集中精力学习一种学科，称之为“主修”，以相对较少一些的精力学习其他学科，称之为“辅修”。若想在这些学科领域进行高水准的专业研究，你需要在获得学士学位之后继续深造，进行研究生学习。文科教育致力于通过使学生在大学学习过程中接触、学习多种学科，培养学生的灵活性和创造性思维。

美国的高等教育机构多达几千个，不同类型的机构彼此之间有很大差别。“学院”（College）虽然部分可以提供硕士教育，但仍然重在本科教育。学院的学生可能只有几百人，或者几千人。“大学”（University）可以提供研究生教育，并且通常是在众多学科领域都提供研究生教育——既有职业性的，也有纯学术性的——开设这些领域的最高学位教育。大学的规模庞大，一所州立大学可能会有 55000 名本科生和 13000 研究生。文理学院的教授和学生“做”研究，而大学却更重视研究——虽然许多参与研究的学生都是研究生。

高中的表现更受重视

相对于标准化考试成绩，学院和大学在招生时更重视学生的高中记录。事实上一些学院和大学，包括部分最著名的大学，根本不要求考试成绩。英语不是母语的学生需要参加托福以及同等水平考试。学生还必须让学校将有学校印章或者官方签名的学生成绩报告单装入信封密封，并寄送给自己申请的每一所学院和大学。最近，一些中介试图设法省掉这种常规的做法，不过招生官员对这种不规范行为非常警惕。

从宽泛意义上讲，大学和学院都是集体。学校有田径队、剧团、报社、乐队以及其他许多俱乐部，帮助学生拓宽学习之外的兴趣。在招生环节，学院和大学也比较重视申请者是否能在课堂之外的社团活动中有所贡献，因此他们常常要求申请者罗列一个在高中参加过的课外活动清单。

同时，学生还需要就一些话题写几篇个人陈述，这些话题可能是学校指定的，也可能是学生自己自由选择，这因学校而异。即使是申请多所学校通用的“普通申请”（Common Application），许多学院也会设有“附录”部分，要求学生填写更为详细的信息，可能还要求额外的陈述作文。

招生老师通过阅读个人陈述来了解学生的思想和人格。大部分陈述作文要求 500 字左右，或者简短的几句话即可。但无论长短，个人陈述都要生动，并尽可能用心书写。如果学生的个人陈述中有成人干涉的痕迹，招生老师是无法容忍的（招生老师很容易就能发现这一点，这对学生来说没有任何帮助）。

美国大学费用非常昂贵。大部分财政资助都只面向美国公民，但是绝大多数学院和大学都有一些奖学金可以提供给那些学业成绩优异、有体育和艺术才能的学生，无论国籍和种族。而且，所有的美国学院和大学都珍视不同国家和文化背景的学生所带来的差异性。事实上，美国教育者认为在一个完美平衡的学校集体中，所有学生都能互相学习，并取得极大进步。

图片 作者本人提供

美国学校有一流的师资，中学老师大多都有硕士以上学历

Explanation of Schools in the US

美国教育的魅力何在?

学术优势无疑是美国教育魅力的重要方面，但是美国教育的教育方式和教育理念才是更为精髓的东西。

文 常雅婷

"10岁的孩子被送进了美国学校，上英文课，老师布置的作业是写论文，题目居然大得冲天：《我怎么看人类文化》；上历史课，老师让孩子扮演总统顾问，给国家决策当高参；在中学物理课上，作业竟然是一个实证研究项目——城市照明系统的布局；而道德教育，居然是从让孩子们爱护小动物开始'"，这是《遭遇美国教育》中的一段文字，儿子所接受的美国教育让作者感慨万千。这种教育方式对中国人来说无异于天方夜谭，然而仔细想来，也许这就是美国教育的魅力所在！

很多时候，谈起美国教育我们首先想起的是其蜚声全球的学术优势。哈佛、耶鲁、麻省理工、斯坦福、普林斯顿等大学是全球学子梦寐以求的顶尖学府；一流的中学是知名高校的输送器。

美国学校有一流的师资，中学老师大多都有硕士以上学历，大学老师更是包括许多世界顶级学者，甚至是诺贝尔奖以及各种世界顶级奖项的得主。美国学校有设施完善的实验室和教学设备；课程设置极为丰富，必修选修相结合，充分满足学生不同的个体需求……

学术优势无疑是美国教育魅力的重要方面，但是美国教育的教育方式和教育理念才是更为精髓的东西。

图片 The Binary School 提供

鼓励独立思考

身为高中生、大学生，甚至是已为人父人母的你，是否思考过美国小学生的“我怎么看人类文化”这种问题？你的历史老师是否问过你“如果你是杜鲁门总统的高级顾问，你将对美国投放原子弹持什么意见”，“你认为避免战争的最好方法是什么？”你的老师是否会鼓励你质疑一些教材上的定论？

我相信绝大多数中国人的回答都是否定的，我们不否认中国为素质教育所做出的努力，但是也不得不承认中国的素质教育依然任重而道远，在很大程度上依然未摆脱死记硬背的窠臼。而美国学校却是真真正正地在教育中引导和鼓励学生去思考。美国教师一般不会对学生进行大量知识的灌输，而会使用实验、案例、讨论、辩论、演讲、互动交流等多种方式来鼓励学生思考，形成自己的观点，并寻找论据来支撑自己的观点。

教育与实践相结合

美国教育非常重视将教育与实践相结合，鼓励学生学以致用，以在学校学到的东西来解决实际问题，看待社会。著名的斯坦福大学就堪称全球“实用教学”的典范，当我们在跟着老师一板一眼地学习一些与生活相隔遥远的知识时，美国的学生却在想着如何将知识转化为实际生产力，举世闻名的Google就是斯坦福大学的在校学生创立的。而且，美国教育很重视学生的动手能力，会有各种各样的实验，鼓励学生自己动手去实践，去尝试，在实践中获得真知。

注重团队合作

在美国教育中，团队合作是教学中不可缺少的重要一环。无论是中小学教育还是大学教育，老师常常会将学生分为小组，然后每个人各自承担一定的任务和职责，就一些问题进行探讨和研究。所有小组成员都必须各司其职，每个人的态度和努力都会影响整个团队，因此，这种环境很容易培养学生的团队合作意识。小组成员之间彼此是伙伴，而不是竞争对手，大家互相尊重，各抒己见，共同探讨，相互启发。这种小组合作不仅能帮助学生更好地完成任务，还有利于开拓学生的思维，培养学生尊重他人、欣赏他人以及团队合作的意识，提高学生的社会交际能力。而这些能力都是学生踏入社会后生活和工作不可缺少的重要素质和能力。

尊重个体爱好

很多中国学生都有过这样的经历，初中之前，也许比较开明的父母还会尊重你的个人爱好，但是一旦我们走入高中，甚至是在初中，我们就需要跟这些爱好和各种与学习无关的活动说Goodbye了，只因我们要经历“千军万马勇闯独木桥”的“高考”。但是，在美国无论是中学教育还是大学教育，都非常鼓励学生在学习之外培养一些自己的兴趣和特长，而且学校会开设各种各样的声乐、器乐、绘画、陶艺、球类等课程，充分满足你的个体需求。

培养学生的自信

自信是美国人非常典型的性格，他们究竟为什么能如此自信呢？当然原因是多重的，但是美国教育的作用也功不可没。美国学校和家长尊重学生的个人兴趣，无论是音乐、美术、体育还是学习，注重培养学生的兴趣和特长，因此大多数美国学生都能在某方面或某些方面有不错的表现，总会有自己擅长的；美国学校常常会开展演讲、辩论、表演等活动，培养和锻炼学生的口才，帮助学生适应并喜欢在公众面前展示自己、表现自己；学校会公开表扬学生，为学生颁发证书、绶带；老师们丝毫不会吝啬鼓励学生、表扬学生的话语，很注重保护学生的自尊心……老师会倍加小心地呵护学生的自尊，培植学生的自信，许多学生都能在诸多方面得到认可与赞赏，这样的教育环境当然会有利于学生发现自身优势和强项，树立自信了。

健全学生的心灵

许多美国学校都具有基督教等宗教背景，他们关注学生心灵的发展，教导学生与人为善，关心他人。学校还常常会举办一些社区活动、慈善活动等等，鼓励学生参与其中，到社区进行服务。真实的体验与感受远比口号性的呼吁更能教育人，这样的活动能够让学生更真切地了解社会，发现服务他人、帮助他人的快乐，能够增强学生的社会意识和服务意识，健全学生的心灵。而且，你只有了解社会、体会到了社会的百态人生，才能更好地适应社会，不会有初出象牙塔的恐慌。

The Binary School

图片 The Binary School 提供

The American Education System

美国教育体系

文 *Christopher Hall*

中学

美国的中学教育包括初中（Middle school or Junior High school）和高中（High School）。美国中学一般为 6 年级开始，初中为 6~8 年级，高中为 9~12 年级，但是也有少数中学是从 5 年级甚至是 4 年级开始的。中学阶段的核心课程为英语（语言艺术）、科学、数学、历史（社会研究）和一门外语，它们形成了中学课程的基本体系。此外，学生还可以选择 2~4 门选修课。高中四年学生每年都要学习英语、数学和一门外语。科学会被进一步分为 3 个独立的学科领域：地球科学、生命科学、自然科学或者是更为传统的生物、化学和物理。具有很高天赋的学生还有机会学习 AP 课程，AP 课程比学校的核心课程更具挑战性，但是有利于学生向大学展示自身的学习意向，并使自己从众多考生中脱颖而出，成为所申请大学的最佳考生。

美国寄宿中学是美国中学教育的重要力量，除了像其它中学一样开设同样的核心课程以外，还为学生准备了丰富多彩的其它课程，从专业艺术和舞蹈到古希腊语、拉丁语等经典语言。寄宿中学还提供多种多样的体育运动，如骑马和游泳。

学院 / 大学

美国本科教育包括综合性大学（University）和文理学院（College），综合性大学的规模一般较大，而文理学院（College）的规模较小。一般而言，本科教育学制为 4 年，顺利学习并完成 4 年学士课程后，学生将获得文学学士或者理学学士学位。另外，美国还有一种社区学院，学生只需学习两年的课程，不过获得的学位只是副学士学位。之后，学生也有机会进入大学继续学习，最终完成学士学位。

在美国，学生刚刚进入本科院校学习时可以学习范围宽广的课程，这使得学生在做出最终的专业方向抉择之前有更多的自由去探索多个学习领域。

在申请大学时，学生并不需要立刻选择专业方向，只需要选择学习领域即可。学生在进入大学 2 年（有时甚至是 3 年）之后才能开始专业学习。因此，学生在申请大学时，常常是被整个学院录取。美国在这一点上与欧洲和世界其它地方的大多数大学都有所不同，在其他地方学生在被录取时就已经定下了专业方向。不过，美国也有一些学科领域只招收已经学习了该领域相关课程的学生，例如工程学和建筑学。

研究生

硕士学位分为学术性硕士学位（Academic Master's）和职业性硕士学位（Professional Master's），学制一般为 1~2 年完成，也有少数需要 3~4 年。学术性硕士通常为传统艺术、科学与人文学科，教育类专业、工程学、农业类也有学术型硕士学位。攻读学术性学位的学生毕业后可以继续考博深造。

职业性硕士学位（Professional Master's）顾名思义是以为社会培养高级职业性人才为目的的，主要有商科、工程学、教育、法律、医学等。职业性硕士学位一般不要求毕业论文，而且学生的本科专业背景不一定要与此相关。

博士学位也分为学术性博士学位（Doctor of Philosophy，简称 PhD）和职业性博士学位。Doctor of Philosophy 是最常见的博士学位，虽然直译是“哲学博士”，但是它的涵盖面要大很多，可以是任何领域的博士，主要是进行学术训练，为学院和大学培养人才。

在中国国内完成硕士学位的学生一般是不能直接申请美国博士学位的。中国学生到美国攻读硕士学位的比较多，而想要在美国攻读博士学位一般比较慎重，因为完成硕士加博士学位一般需要 5~8 年时间。

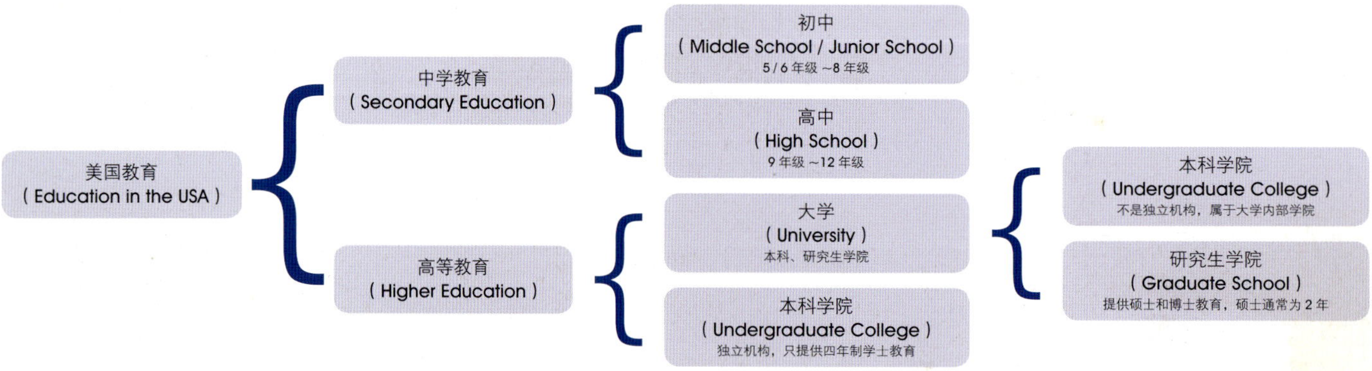

© 2012 Preferred Hotel Group
MY PREFERRED WORLD™
WALKS AMONG GIANTS
世界上许多地方，奢华仅是更美好事物的背景。
史诗般的舞台留住时光任您悠游徜徉于其中，让生命重显活力。
请浏览PreferredHotels.com/China或咨询您的旅游顾问，
预定从我们为您设计好的350个精选选择。然后，准备好做您生命中最深的一次呼吸。
Preferred HOTELS® & RESORTS
Preferred BOUTIQUE
The Sherry-Netherland, New York, New York, USA — member of Preferred Boutique

Non-Stop Studying

每个阶段的学习都将贯穿一生
——专访芝加哥市前市长理查德·M·戴利

采访 Sinclair Lü / 文 Echo Wang

理查德·M·戴利

1942 年出生于政治世家，于 1989 年举行的特别选举中当选芝加哥市市长，之后五次成功连任。直至 2011 年 5 月，戴利不再谋求连任，卸任市长职务。

2011 年 3 月，芝加哥市市长理查德·M·戴利（2011 年 5 月卸任）率团访华。戴利自 1989 年当选芝加哥市长后 5 次成功连任，这是他任内第 5 次访华，推广“芝加哥 - 中国友谊项目”是此行主要目的。一直以来，芝加哥与中国的合作交流体现在各个方面。而在文化交流领域，2006 年芝加哥佩顿中学与上海华东师范大学合作建立的孔子学院是最直接也最瞩目的成果。此次戴利访华，《胡润百富》与其就教育话题进行了一对一的交流。

理查德·M·戴利出生于政治世家。其父理查德·J·戴利于 1955 年出任芝加哥市市长，直至 1976 年去世；戴利家族从政的还包括他的两个弟弟。说起教育这个宏大话题，戴利认为，“教育能够赋予个人更多的机会”；而不同阶段所接受的教育，对他来说都是一种“终身学习的经历”。

对话理查德·M·戴利

Q：您出生于一个政治背景浓厚的家庭，您的父亲曾经是芝加哥的市长，您的两位弟弟也在美国政坛有着举足轻重的地位。可以和我们分享一些有关家庭教育的经历吗？

A：我的父母一共生了七个孩子。他们不仅给我们取了七个名字，更重要的是给了我们良好的教育。我父亲坚信，教育是生命的礼物。教育可以让人独立，并且能赋予你很多机会，从而不需要依赖政府生活。他认为，在世界范围内，教育都是解决各种社会问题的良方。如果你受过教育，你总有一天会成功；反之，生活会很不容易。

Q：通常我们认为，为孩子选择高中，是家长最后替孩子做主的阶段，因为到了大学，孩子可以独立自主的选择学校和专业。您的父亲是如何帮你选择高中的？除了知识之外，您学到的最重要的东西是什么？

A：我觉得我念过的所有学校，对我来说都是一种终身学习的经历。这种学习不仅仅局限于课堂，还延伸在家庭、教会和社区。每个阶段的学习其实都会贯穿你的一生。学习不会因为你毕业就结束了，这个观念是我的父亲传承给我的，我现在也正在将它传承给我的孩子和孙子们。在芝加哥，我们建造了 59 座免费的公共图书馆，每个人都可以从那里获得技术和知识，以及全球各地的信息。

Q：现在，很多中国企业家正打算把他们的小孩送到美国接受教育。在波士顿、新英格兰地区，以及西部的加州都有许多不错的私立学校，芝加哥情况如何？ 您认为把孩子送到芝加哥去接受高中教育有什么优势吗？

A：首先，芝加哥是一个好客的城市，欢迎世界各地的人们来此接受教育，以及进行商业合作。第二，芝加哥是一个友好的城市，年轻人可以在诸多领域得到各种机会，包括生活以及受教育的机会。我们有许多非常好的闻名全美的公立和私立中学，以及知名的大学，比如芝加哥大学。除此之外，芝加哥还拥有深厚的文化底蕴，剧院、芝加哥交响乐团、艺术学院等应有尽有，文化氛围浓厚。因此，在芝加哥，你不仅仅只拥有教育本身，还有机会体验与之相关的整体环境。

Q：您的孩子们现在在做什么？可以和我们分享一下您当父亲的经验吗？您如何教育他们、如何为之择校？

A：我最大的一个孩子已经结婚了，并有了三个小孩。她接受了良好的教育，念的是私立高中，此后还读了很好的大学。我的二儿子，拿到了芝加哥大学商学院的硕士学位，参过军，并会说一点俄语，目前从事金融工作。我第三个小孩，2 岁半的时候由于疾病去世了，虽然他那时年纪尚幼且生病，但仍接受了很好的早期教育，他的去世，是一件很遗憾的事情。我最小的女儿接受的同

图片 东方IC 提供

样是私立中学教育，她目前正在德宝大学（DePual）攻读临床心理学与自闭症的博士学位。对此我们感到非常自豪，因为芝加哥德宝大学是芝加哥优秀高等教育机构之一。其余还有芝加哥大学、伊利诺伊大学芝加哥分校、罗斯福大学、哥伦比亚芝加哥学院等。

Q：当中国的富豪考虑地理位置的时候，会把孩子的择校以及在美国的投资置业、移民等问题一起来考虑。比起纽约、洛杉矶，您认为芝加哥在吸引移民方面有什么独到之处？

A：芝加哥历来是个移民城市，芝加哥最初的建立者就是一个法国移民的后裔。中国人也曾用他们的血汗来帮助建筑美国的铁路和其他项目。他们中的有些人，已经在这个城市生根落户，并且发扬了他们与生俱来的商业头脑，在此提供专业服务，并让他们的子女接受良好的教育。芝加哥是一个国际化的都市，而成为国际都市的最基本的一条就是拥有语言技能。

所以，在芝加哥，我们教授学生中文，并从语言、历史到风俗传统等各个方面帮助他们了解中国。交换学生也是其中一个促进文化交流的重要途径。

Q：听说您提倡从幼儿园就学习中文，并且在佩顿中学，您还倡导儒家文化，为什么芝加哥比起美国其他城市来，更重视中文教育？

A：我相信学习一定是相互的。我想北京四中的校长也认识到了这一点，所以我们一直在进行交换生项目。因为没有人什么都懂，如今的社会已经是一个依赖型的社会。也许政府之间会存在一些分歧，但是对人民来说，彼此之间更多的是共同点。

Q：您可以向中国人推荐一些芝加哥的中学吗？能否给打算留学芝加哥的孩子的父母一些建议？

A：我想我会推荐佩顿中学，因为那里有孔子学院。我们在那里教授中文。对于那些想在中国开展业务，并且给他们的子女寻找好学校的父母来说，这是一个很好的案例。

“芝加哥是一个好客的城市，欢迎世界各地的人们来此接受教育”

图片 东方IC 提供

Introduction to American Exams

美国考试体系

文 *Christopher Hall*

打算到美国留学接受美式教育的学生，需要在留学之前参加并成功通过一系列考试，包括高中入学考试/大学入学考试以及英语水平考试。

初高中入学考试

中学入学考试（SSAT）

SSAT全称Secondary School Admission Test，其考试成绩将直接决定学生是否能进入私立初中和高中。美国公立中学不允许国际学生在学校长期就读，因此国际学生要想在美国中学长期学习就只能在私立学校就读，绝大多数美国私立中学都要求留学生参加SSAT考试。SSAT分为两个级别：针对5~7年级学生的初级考试和针对8~11年级的高级考试。这项考试包括一篇简单的作文以及数学、阅读、英文三部分，每一部分的考试时间都是30分钟。

SSAT考试旨在考查学生的天赋和才能，而不是直接的成绩，它常常被视为衡量学生的一种标准。但是，SSAT考试并不是私立学校选拔学生的唯一标准，他们同样还会考虑学生的学习、老师的推荐以及学生参与课外活动的情况。

全国性的考试每年会举行8次，灵活性的考试随时都可以参加，但是每个学生每年只能参加一次。在7~10年级参加SSAT考试可以帮学生为大学入学考试SAT做准备，帮你了解自身的强项和弱势等很有价值的信息。

独立学校入学考试（ISEE）

独立学校入学考试（ISEE）全称是Independent School Entrance Exam，她旨在测试学生的学习能力而非知识。ISEE考试包括三个级别：针对5~6年级学生的初级考试、针对7~8年级学生的中级考试和针对9~12年级的高级考试。ISEE考试包括5个部分：文字推理、数字推理、阅读理解、数学和一篇30分钟的作文。其中作文不计分，但是会被送到你所申请的学校作为录取参考。欲申请ISEE考试，请登录www.erbtest.org。

文字推理	考生需在20分钟内完成40个问题，并正确填充不完整的句子。
数字推理	考生需在35分钟内完成35个问题。
阅读理解	考试时间为40分钟，考生需根据几篇社科、人文和科学方面的短文回答40个问题。
数学	考生需在40分钟内完成40个问题，并且不能使用计算器。

打算到美国留学接受美式教育的学生，需要在留学之前参加并成功通过一系列考试

图片 The Emma Willard School 提供

SSAT 考试旨在考查学生的天赋和才能，而不是直接的成绩，它常常被视为衡量学生的一种标准

大学入学考试

学术能力评估考试（SAT）

SAT 全称是 Scholastic Assessment Test，它是美国大学入学标准化考试，由美国教育考试服务中心举办。SAT 不考察学生的逻辑和抽象推理能力，而是考察学生阅读、写作和数学方面的学习能力，并以此来衡量学生是否做好了大学入学准备。SAT 考试不仅是大学录取的重要标准，同时也是奖学金评定的重要标准。

SAT 考试时间为 3 小时 45 分钟，包括数学、批判性思维和写作三部分。数学部分是一些多项选择题；批判性思维部分包括句子填充（考查学生的词汇和对句子结构理解），但主要是根据长 / 短篇阅读材料回答问题；写作部分多项选择占 70%（其中包括错误修改、句子润色、段落润色），小作文占 30%。

美国大学考试（ACT）

ACT 考试全称为 American College Test，是 SAT 的一种替代性考试，尤其是在美国中西部和南部地区。而 SAT 考试则在美国东海岸和西海岸更为流行。ACT 包括四部分多项选择题：英语、数学、阅读和科学。

英语测试主要考查语法和句子结构，要求考生辨别错误并进行修改；数学测试包括代数、平面几何、解析几何和三角学；阅读理解内容包括书籍和杂志中的阅读片断，内容涵盖散文故事、社会科学、人文以及自然科学；科学部分考查考生运用图表、表格和研究总结等方式处理科学概念的能力。

SAT 和 ACT 的区别：

SAT	ACT
考试时间为 3 小时 45 分钟。	考试时间为 2 小时 55 分钟。
答错问题，会被倒扣该题 1/4 的分数。	答错问题，不会额外扣分。
每年有 8 次考试。	各州有所不同，每年有 4~6 次考试。
通常，回答较难的问题需要更多时间。（平均每分钟一个问题）。	通常，回答比较容易的问题时间要更短（45 秒至 1 分钟）。
考察学生“与生俱来的能力”。	考查学生在高中学到的知识。
有更多令人困惑的问题，更难回答。所有考试成绩都会送交学校。	考查范围更为广泛，需要更深的知识。你可以选择向学校递交哪些科目的成绩，因此递交给学校的成绩往往是最高成绩。
好学生可能会在该考试中有良好表现。	善于考试的学生可能在该考试中会有良好表现。

AP 课程考试（AP）

AP 是 Advanced Placement 的缩写，该课程是为 11、12 年级学生提供的超出高中标准大纲之外的具有大学水平的课程。AP 课程将会使学生面对更多挑战，同时也给予了学生展示自我的良好机会，便于学生展示自身的成熟，已经为进入大学做好了准备，以及渴望进行学术学习的意向。并且，AP 课程一般都是由各个学科领域知识非常丰富的老师任教。

AP 课程满分为 5 分，完成课程的学生将被给予 1~5

图片 The Emma Willard School 提供

分不等的成绩。大学入学常常要求学生获得 3 分或 3 分以上的成绩。目前，AP 课程已经得到了 55 个国家 3600 所大学和学院的认可。

国际文凭（IB）

IB 全称为 International Baccalaureate，该课程通常需要学习 2 年，为学生提供了严格而平衡的学术学习，鼓励学生进行严密的思考，并在学习过程中形成、发表自己的想法和观点，帮助学生为进入大学做好准备。在该课程中，学生需要学习 6 门课程，其中 3 门为高级课程，3 门为标准课程。学习结束后，学生需要参加考试，满分为 45 分。

美国研究生入学考试

GRE

GRE 考试全称为 Graduate Record Exam，是申请美国研究生院最常见的一种入学考试，它对于绝大多数专业的研究生都适用，甚至不少知名大学的商学院也认可 GRE 成绩，允许其作为 GMAT 考试的替代。

GRE 考试包括两种：一种是普通 GRE 考试（GRE General），许多打算去美国读研究生的学生所熟知的 GRE 考试一般都是指这种。它主要是考察学生的语言推理、数学推理、批判性思维和分析写作技能，考试内容与特定的学科专业并没有直接关系。另一种是 GRE 专项考试（GRE Subject），大多数美国研究生院对专项考试没有要求，所以参加该项考试的学生相对较少。

GRE 普通考试将于 2011 年 8 月进行改革，如果你需要在 2011 年 11 月之前获得 GRE 成绩，你需要参加当前尚未进行改革的 GRE 考试；如果你对 GRE 普通成绩的需求不是那么迫切，可以参加 8 月 1 日改革之后的 GRE 普通考试，改革版普通考试的网上注册系统已于 2011 年 3 月 15 日开通。改革前的 GRE 普通考试分为笔试和机试两部分，并且分开进行考试；改革后在中国大陆（包括香港）、韩国和台湾地区，全部改为机考，可在一天内全部考完。GRE 普通考试内容包括：语言推理（Verbal Reasoning）、数学推理（Quantitative Reasoning）和分析写作（Analytical Writing）三部分。

GRE 专项考试适用于在八大学科范围内的某个学科有着深厚功底的学生，八大学科分别为：生物、化学、计算机科学、英语文学、数学、物理、心理学，以及生物化学、细胞和分子生物学。

欲了解 GRE 专项考试详情，请访问 ETS 官网 www.ets.org。

GMAT

GMAT 全称为 Graduate Management Admission Test，由 Graduate Management Admission Council（GMAC）所主办，专为各商学院或工商管理硕士项目衡量申请人是否具备顺利完成工商管理硕士项目学习能力的考试项目。

GMAC（Graduate Management Admission Council），其成员包括世界各地许多知名的商学院，因而 GMAT 成绩获得全球各大商学院的普遍认可，是目前世界范围内申请攻读 MBA 时最被普遍要求申请者所提供的一个考试成绩。

GMAT 包括三部分内容：

组成部分	题型与题量	时间
分析性写作评价	一道观点陈述，一道论证辨析	各 30 分钟
数学部分	37 个选择题， 内容涉及数据充分性和问题解答两种类型	75 分钟
语言部分	41 个选择题， 内容涉及阅读理解、评论性推理和句子改错三种类型	75 分钟

欲了解 GRE 考试详情，请访问 GMAC 官网 www.gmac.com。

LSAT

LSAT 全称为 The Law School Admission Test，美国所有经过律师联盟批准的法学院、加拿大大部分法学院，以及许多其他法学院都要求申请人参加 LSAT 考试。LSAT 考试的目的在于检测学生是否具备顺利完成法学院学习所需具备的能力，包括准确而深刻地阅读和理解复杂文本的能力，信息组织与管理能力，合理推理能力，批判性思考能力，以及对他人的推理和评判进行分析与评估的能力。

LSAT 考试每年在全球不同地区有 4 次考试，中国境内的 LSAT 考试在 12 月份举行。LSAT 考试包括 5 部分选择题，题型涉及阅读理解、分析推理和逻辑推理三种，各部分的考试时间均为 35 分钟。其中四部分计入总成绩，另外一部分即"不定部分"不计入成绩，通常只是用于新问题和新题型的预备考试。考试最后，学生还需要在 35 分钟内完成一篇写作，写作部分不计入成绩，但是会被作为写作样本送到所有你所申请的法学院。

欲了解 LSAT 考试更多详情，请访问法学院招生委员会（LSAC）官网 www.lsac.org。

MCAT

MCAT 全称为 Medical College Admission Test，是由美国医学院联盟（Association of American Medical Colleges）所主办的一项针对美国医学院申请者的考试。大部分美国医学院都会要求申请学生递交 MCAT 考试成绩，并将其视为招生程序的一部分。MCAT 旨在考查学生顺利完成医学学习所需的解决问题的能力、批判性思维、写作技能，以及学医所需的相关科学知识。

MCAT 包括语言推理（Verbal Reasoning）、生理科学（Physical Sciences）、生物科学 (Biological Reasoning) 和

中学英语水平考试是由大学和学院为了考查非英语母语国家学生英语娴熟程度而设置的考试

图片 ST. Paul's School 提供

写作（Writing），前三部分均是选择题的形式，写作部分包括 2 篇文章写作。学生的最终考试成绩及写作样本会被送到学生所申请的各个医学院。

欲了解 MCAT 考试详情，请访问美国医学院联盟（AAMC）官网 www.aamc.org。

英语能力水平考试

中学英语水平考试（SLEP）

中学英语水平考试英文全称 Second Level English Proficiency Test，是由大学和学院为了考查非英语母语国家学生英语娴熟程度而设置的考试。SLEP 考试是美国初高中判断国际学生英语水平的标准，也是美国公立学校选择交换生判断学生英语水平的标准。

SLEP 考试时间较短，不超过 90 分钟。考试内容分为两部分，满分 67 分，一般而言成绩在 42 分以上的学生才能进入美国初高中接受正规教育。学校老师可以设置考试、组织考试并在本地为考生打分，以便能够快速得知考试结果。

第一部分	考察考生英语口语理解能力。这部分会在听力理解与英语口语选段的基础上设置一些问题，并不太依赖于书面材料。
第二部分	考察考生的书面英语理解能力。考试问题包括语法、词汇和阅读理解。

托福考试（TOEFL）

TOEFL 全称 Test of English as a Foreign Language，与 SLEP 一样，TOEFL 也是考查非英语母语国家学生英语熟练程度的考试。托福考试全部都是学术性问题，因此可以用于衡量考生英语水平是否已经达到了学术学习水平。

托福考试得到了全球 130 多个国家 7500 余所大学、学院和其他学术机构的认可。许多大学和学院都要求托福考试成绩，并将其视为招生录取决定时衡量学生英语水平最适合的考试。托福成绩有效期是 2 年，因为学生的英语能力在 2 年之内可能会发生很大的变化，因此需要重考。

托福考试包括 4 部分：

阅读	3~5 篇学术性话题语段（12~14 个问题），没有必须提前掌握的知识。
听力	6 篇：2 个学生对话，4 个学术讨论语段。
口语	6 项：考生需就一些熟悉的问题进行回答，并在听到问题后立刻回答。
写作	首先，阅读完一个短篇，听完有关讨论之后写一个总结； 其次，就指定话题写一篇文章，解释并就此话题提出支持性的观点 。

托福考试既可在纸卷上完成也可在网上完成，欲了解中国托福考试详情请登陆 http://toefl.etest.net.cn/。

雅思考试（IELTS）

IELTS 全称 International English Learning Test System，是由剑桥大学、英国文化协会、澳大利亚教育国际开发署举办的英语水平考试，可以作为托福考试的一种替代。雅思是一项广受认可的英语水平评估考试，得到了美国 3000 多个高等教育机构的认可。雅思有两种类型，申请大学的学生需要参加学术类考试。与 TOEFL 一样，雅思成绩有效期也是 2 年，有效期之后需要重新考试。

雅思考试也包括听、说、读、写四部分：

部分	考试时间（分钟）	内容
阅读	60	包括 3 部分，大约 40 段语音
写作	60	2 篇文章：150 字和 250 字各一篇
听力	40	包括 4 部分，大约 40 段语音
口语	11~14	回答考官问题或讨论某个话题

雅思考试的阅读、写作和听力是一起进行的，但是口语部分考试时间需由官方另行安排，一般是在其它三项考试前 / 后一周。这四部分每一部分的成绩都在 0~9 分之间（9 分为满分），学生最终成绩是各部分成绩的平均值，成绩一般会在考试结束后 13 天内公布。

Tony Jaccaci

曾就读于美国顶尖寄宿学校 Philips Academy Andover，随后进入哈佛大学深造，并在 Tufts 大学攻读硕士学位。Jaccaci 先生十分热爱教育事业，曾在美国知名寄宿学校 St George's 任教，担任该校国际项目部主任，并在该校创建了中文部。现任上海包玉刚实验学校中学部执行校长。

Experiencing Elite Education in the US

亲历美国精英教育

——包玉刚实验学校中学部执行校长专访

采访/文 常雅婷 任姗姗

Tony Jaccaci 先生亲身经历过美式精英教育，对美国教育以及中美教育差异等问题有独到见解，就此我们对他进行了专访。

对话 Tony Jaccaci

Q：根据您在顶尖寄宿学校学习、任教，现在又担任包玉刚实验学校中学部执行校长的经历，可以谈谈中美教育的不同之处吗？

A：中美教育理念和体系虽不同，但两者皆有长处。中国的教育强调培养学生回答问题的能力，学生学习内容，记住知识，从而给出问题的答案。这使得中国学生在数学及科学学科上十分突出。美国教育侧重于引导学生问问题，而不只是一味地回答。老师通过教学生如何提问来培养学生的批判性分析能力。学生针对自己提出的疑问查阅资料寻求答案，在这个过程中学习知识。在包玉刚实验学校，我希望能把中美教育方式结合起来，形成一个信息过滤系统，把对学生最有益最适合的知识传授给他们。

Q：您认为如何将美国先进的教育理念和寄宿学校管理模式成功地移植并融入到中国本土学校？

A：我认为一个学校的核心其实是教师与学生的关系，而且这点是全球共通的。我们在努力寻找美国和中国教育之间共有的主线，并把这些主线作为我们必不可少的教育大纲。我们聘用的教师思想开明，非常灵活，能快速适应和接受新的教学理念。其实，中美之间有很多文化障碍是可以架设桥梁来沟通解决的，有些则不能。我们并不是要通过美式教育把学生变成美国人，我们学校用一种平衡的教育模式，针对学生量身定制课程安排，采用与众不同的教学方法，保持学生在文化上作为中国人的完整性，同时培养学生国际化的思想和视野。

Q：结合您自己在寄宿学校学习生活的体会，您认为是什么使得寄宿学校成为人才辈出的地方？

A：寄宿学校的一个最大优势就是培养学生思想的独立性和自主性。首先，在寄宿学校这样一个安全而有秩序的环境里，你每天面临很多选择，比如怎样安排一天的生活，何时洗衣服，何时吃饭，何时学习等等，独立的生活自理能力就慢慢培养出来了。其次，在寄宿学校，你能在一个更深的层面上了解你的老师。他们可以是你课堂上的导师，可以是你运动场上的教练，可以是你宿舍的管理员，他们都能成为你生活中的朋友，给你灵感和启发，因为他们都是真正关怀着学生。寄宿学校的老师们都会把自己的家人也介绍给学生，使学生成为他们家庭的一部分，而学生都非常珍视这种师生关系。学校就是学生的第二个家，我们关爱学生，但是我们不溺爱学生，不会像家长在家里一样过分地宠爱孩子，我们要培养学生的独立性。在包玉刚学校，我们希望成为学生的第二个家，学校给予学生家庭般的关怀，对学生的人格塑造起到重要作用。

Q：您在寄宿学校最难忘的经历是什么？

A：我在念 10 年级的时候，在校报得到了做排版编辑的机会。第一次做排版，我心里很没底，于是把我排好的样稿给 12 年级的新闻编辑看，问他这么排版是否可以。他说："你现在是排版编辑，你来决定。"其实这是一件很小的事，也许他都不记得了，然而他的话却对我的性格塑造产生了深远的影响，他让我明白一个道理：当你承担起一种责任时，你决定，你行动。责任感和行动力都是成为一个优秀领导人才必备的素质。

Q：您认为中国的中学生在美国寄宿学校学习时最常见的问题是什么？他们该如何解决这些问题？

A：我在 St. George's School 做老师时在我的历史课上

图片 作者本人提供

有 4~5 个中国学生。通常他们面临的问题是饮食、语言和美式教育中对体育运动的重视。饮食其实不是个大问题，国际学生们在熟悉生活环境之后都能在学校的自助餐厅找到自己喜爱的食物。语言问题也可以通过多和其他学生交流互动得到有效解决。在这里我要强调的是，中国学生应该尽量多地参与学校组织的体育运动。寄宿学校讲究的是人格全面发展型教育，如果学生能在体育运动中培养团队协作精神，那么晚上回到宿舍他们也许能一起打扫卫生。美国教育非常重视团队精神，这种精神在运动中最容易培养，这种为他人着想，以团队为先的品质在学生今后的人生道路上会让他们受益匪浅。

Q：您觉得中国学生通过在美国寄宿学校学习会有哪些变化？

A：很多家长都会担心寄宿生活会让他们的孩子变得和以前很不一样，的确寄宿学校可以改变一个人，但并不会使孩子疏远家长。寄宿学校能够开拓你的视野，使你能用发展性的国际化眼光展望未来。你在寄宿学校多元化的环境中，和不同文化背景的人生活在一起，能通过其他人的眼睛看自己的国家和文化，这都是非常可贵的经历。这些经历使学生的思维变得更客观而理性，为他们成为国际化人才做好准备。

Q：对于家长如何为孩子明智地选择寄宿学校，您有什么建议吗？

A：美国的寄宿学校多种多样，除了一些非常著名的学校之外，还有很多不是很出名但是也十分优秀的学校。家长要为孩子选择学校，最好还是能亲自探访校园，和老师、学生以及学生家长交流，从而对学校的氛围有更深刻的体会。家长不应该一味追求学校的名气，兴趣是最好的老师，在选择学校时考虑孩子的兴趣是最重要的。

Q：您在哈佛大学的学习经历对您有什么影响？

A：我认为寄宿学校的学习生活为我在大学深造打下了坚实的基础，给予了我能在大学学习中利用的工具和技能。在哈佛学习期间，我能有效使用教学资源学习知识，尽可能利用大学中的各种机会建立人际关系网。如果说寄宿学校给了我基础，大学则让我发掘了人生和事业的激情，使我决心投身于教育事业。

Q：学生在申请美国顶尖大学时应注意些什么？

A：和选择寄宿学校时一样，家长和学生们在选择大学时也倾向于用名气衡量一个学校的好坏。固然知名大学教学水平高，可即使不在哈佛，你也能找到你人生的激情和理想，也能受到优质的教育。学生在选择大学时，跟着自己的心走，选择最适合自己的。美国的大学都欢迎有着丰富经历的学生，优秀的学生不一定是学习成绩最好的那个，而一定是综合素质高，热衷于运动和各种社区活动的学生。因此，丰富自身经历是成功进入美国名校的一个关键因素。

Q：大学生活是如何帮助您为后来的事业做准备的？

A：大学给了我信心，使我的思想更深刻，给了我结识其他优秀人才的机会，这些都成为了我将受益终生的财富。在大学学习时，规划自己的事业蓝图并朝着目标一步步努力，一定会取得成功。

寄宿学校能够开拓你的视野，使你能用发展性的国际化眼光展望未来

图片 东方IC 提供

William Yu

出国前就读于深圳外国语学校，初中毕业后于2008年8月前往美国学习，现正在Virginia Episcopal School高中部学习，并成为该校第一位亚裔学生会会长。

Life in an US School

美国留学经验谈

——专访美国留学生William Yu

采访/文 常雅婷

对话 William Yu

Q：你什么时候萌生了去留学的想法？为什么会选择美国呢？

A：其实我是在初三那年才产生了留学的想法。当时在国内就读的学校也不错，所以之前也没有想过要留学。有一天父母告诉我有70多所美国学校将会联合在上海招生，建议我去看看。最初我并不感兴趣，甚至有一些抵触情绪，因为不想离开朋友。但在招生会上与学校招生代表面对面交谈后，我改变了想法，我被美国老师、学校以及美国教育深深打动了。不少招生老师说话都非常有艺术性，很吸引人，相当有水平。而且许多学校的校园都非常美丽，学校也大都有自己的特色、精神和文化。另外，我父母朋友的儿子在美国留学，他们对美国教育也都相当推崇，支持我到美国留学。因此，我很快开始着手申请美国学校事宜，其实当时时间已经非常紧了，建议准备留学的学生最好还是多提前一些时间准备。好在我当时在外国语学校读书，基础比较好，英文也比较扎实，所以最终顺利申请到了我现在就读的美国学校。

Q：作为一个已经成功留学美国的学生，你能不能结合自己的经验和体会谈谈如何选择学校？

A：坦白说，我当时留学选择学校时是很盲目的，没有足够的时间和精力了解学校，而且毕竟那是另外一个国家，我们所能了解到的也很有限，当时主要是在留学机构的推荐和帮助下出国的。不过，在美国留学之后，对于如何选择学校也有一些自己的感悟：

首先是国际学生比例和中国学生比例。多元化的学生构成更有利于学生的发展，能够拓宽学生的视野，了解不同国家的文化。如果中国学生比例太高，中国学生很容易形成一个自己的圈子，尤其是在刚到美国时，不利于中国学生融入美国文化和其他学生。

其次是师生比例。因为师生比例的高低直接影响到学生是否能够得到足够的关注。

最后是地理位置。其实地理位置并没有绝对的好与坏，只有适合与不适合之分。有的学校位于繁华的都市，学生可以利用的社会资源更多，也更为国际化，但是学生所面对的诱惑也比较多，对学生的自制力和辨别力要求也比较高；有的学校可能是在乡村，相对偏僻一些，不太方便，像我所就读的学校就是这样，但是这里的其他诱惑也少一些，学生能够更专注于学校生活。

Q：一般来说，初到美国难免会有些不适应，你当时有哪些不适应吗？

A：很多人都会遇到的语言障碍对我来说并不是一个难题，因为当时在国内已经打下了良好的英文基础，上课或者是与美国学生交流基本没有问题。但是我觉得留学生常常都会遇到文化障碍，比如说刚开始不习惯美国式幽默，对美国学生来说非常幽默的一句话，很可能因为你不了解这种幽默而产生尴尬，你搞不懂美国学生到底是跟你开玩笑还是认真的。不过因为我比较外向和自信，所以能够较快地融入美国学生和美国文化。

Q：你觉得应该如何调整和克服这种文化障碍呢？

A：我觉得最重要的是要努力外向一些，开朗一些，对自己充满自信，特别是在人际交往中不要那么腼腆，“脸皮要厚一点”，多和美国学生打交道！由于语言和文化的差异，中国学生刚到美国时会与美国学生有种距离感，甚至有些人会觉得美国学生不那么友善。但是，如果我们换位思考一下，这也是很正常的，毕竟美国学生对我们

图片 被访者提供

和我们的文化也很陌生，他们也会顾虑我们的语言程度怎么样，能不能与他们沟通等等。就像我们自己对他们有种距离感和一些胆怯心理一样，他们也同样有这种感觉。但是，我觉得只要我们努力与他们交流，努力融入他们，久而久之，大家彼此了解之后就逐渐成为朋友了。所以，刚开始的这段时间可能有些艰难，但是一般能够坚持 3 个月左右就基本可以适应这里的生活和学习了。

Q：刚到美国时，你对学校有什么印象？

A：刚到美国时，我就明显感觉到美国私立寄宿学校里的师生关系跟国内的师生关系完全不同。这边的老师人都很不错，与学生非常亲近。一般来说，在美国都是真正喜欢学生、喜欢教育的人才会选择去当老师，并且你能够真切地感受到他们对学生和工作的热情和喜爱。在寄宿学校，老师一般都是住在学校或者学校附近，老师每天有很多时间和学生呆在一起。老师不仅仅会教授学生知识和学习方法，在课外时间也经常和学生一起运动，一起玩，一起聊天，彼此就像朋友一样亲密无间。而在国内，虽然也会有学生和老师关系比较好，但师生之间总会有种距离感和畏惧感，甚至老师会刻意保持这种距离感和畏惧感。

而且，国内一直都非常重视成绩，成绩对老师和学校影响还是很大的，所以许多老师会特别偏爱学习成绩好的学生。相对而言，在美国私立学校，学习好只是你的一方面，老师对学生本身的人格魅力、其他才能和表现也都非常重视，所以即使你学习不够优秀，老师们也不会因此而嫌弃你，忽略你。

Q：除了你刚才提到的中美学校师生关系的差别，你觉得中美教育还有哪些差异呢？

A：我想先从教学特点上谈起，美国的课堂教学比较灵活，不那么刻板；课堂气氛也比较轻松活泼，学生不用遵守那么多的条条框框。美国课堂学生人数较少，学生能更多地参与到课堂之中，有很强的互动性，而不仅仅是被动的听课。美国许多老师上课采用“批判性思维”（critical thinking）的授课模式，要求学生自己动脑子去想，对于问题提出自己的观点，并能够找出论据支撑观点。老师还常常会组织学生分组讨论、思考、引导学生得出结论并能陈述观点。

再者，美国学校比较注重学生兴趣的启发，学习习惯的培养以及学习方法的引导，秉持一种“我学习我快乐”的教育理念。对这一点我也深有体会，在美国我的学习变得更为积极主动了，并能够真正从学习中发现乐趣。美国学校不会有大量的硬性学习要求，你每天会有大量自由支配的时间，尤其是在 9 年级、10 年级的时候。但是可能正是因为这种自由，使你不再感觉学习是一种硬性的任务规定，也不会因为这种强迫性学习而产生抗拒心理。你会自己萌生学习的渴望，培养出学习的主动性和自觉性，从内心深处觉得不能浪费时间，要努力学习。

美国的课堂教学比较灵活，课堂气氛也比较轻松活泼

Q：有人认为国外学习压力不大，比较轻松，你是如何看待的？

A：我不同意这种看法。美国学校给予了学生很大的学习选择度，学习压力因学生个体的不同而有很大差别。美国高中和大学一样，都有选修课和必修课，课程多少以及课程难度都取决于学生自身的课程选择。学校给我们提供非常多样的课程，我们可以依据自己的爱好和需求来选择课程。我现在所学的 AP 课程，即大学预科课程，课程难度就很大，需要学习的内容也很多，授课方法和学习方式都更向大学靠拢。而且，学习 AP 课程之后，我们也面临着非常重要的 AP 考试，这与你申请大学直接相关。所以，我觉得如果你是一个爱学习、积极上进的学生，那么美国的学习压力一点都不比国内小。

Q：美国私立寄宿学校的课外活动非常丰富，你最喜欢的活动是什么呢？

A：我们的活动确实很丰富，大概可以分为运动类、艺术类、戏剧表演类、社会服务类。我的学校要求我们每天下午参加活动，我很喜欢体育运动，学校每个季节的主要体育运动都不一样。我自己一般是秋季踢足球或者跑越野，冬季打篮球，春季打网球。而且，美国学校的体育运动与国内的体育课完全不同，学校会聘请很优秀的教练，对学生进行系统、完善的培养和训练，而且还经常会有校内外、以及市内、州内的各种比赛。

Q：有些人会认为活动太多会占用学习时间，影响学习成绩，你怎么看这个问题？

A：活动多可能会占用时间，可是学习的好坏和学习效率并不一定取决于学习时间。参加活动其实有很多好处，例

图片 被访者 提供

如可以让我们将学习与娱乐相结合，提高学习效率和对学习的喜爱，可以强身健体，还可以提高艺术修养和才能，增强社会服务意识，锻炼我们的领导才能，增强自信心……而且，与同学一起参加活动还可以增进学生彼此之间的感情，能够帮助你更快更好地融入群体和美国文化，这其实是结交朋友的绝佳机遇。

此外，课外活动对我们申请大学来说也是很重要的一部分。在美国，申请大学成绩固然是关键因素，但课外活动、领导能力、个人魅力也都是招生老师考量学生的重要内容。

Q：在美国学习以来，你觉得自身有哪些变化吗？

A：其实我在前面也提到过一些，例如我学习更为积极主动了，能够从学习中发现许多乐趣等。而且，美国学校的独特教育以及自身各方面的提高，使我更加自信了。

另外一个很重要的变化是我更能“忍”了。其实我的脾气原来很不好，在国内时父母都在身边，有什么不顺心的、恼火的事情，回家还能向父母发发。可是一个人千里迢迢来到国外总会有些孤单，也会遇到一些不顺心、让人想发火的事情，但是在这里我感觉不能将自己的情绪随便带给别人，于是只能自己忍着，并试着开导自己以正确的心态看待生活中的不如意，慢慢地改变自身，学会忍耐。人生就像是一个圆，由于外界力量很多时候你要在下面，但是你总会有站在上面的时候，因此，不必因为一时的不如意而恼火。其实，对个人发展来说，“忍”也是一种非常重要的品质。

Q：你对打算留学的学生及其父母有哪些建议呢？

A：首先，在出国前父母和孩子本人要对孩子有一个比较冷静客观的评价。从某种角度来说，出国其实就像是一场赌博，出国后究竟会怎样是个未知数，并不是所有的孩子都适合出国。比如，如果孩子没有足够的自制力，出国对他未必是件好事，因此不要盲目跟风。

其次，我建议学生出国后要尽量做到自信、自律、自觉。从大的方面来说，能把握住这三个原则我想也就可以了，至于细节性的东西，就要看学生自己了。有时候会遇到挫折，会栽跟头，但这也未必是件坏事。

“美国学校的独特教育以及自身各方面的提高，使我更加自信了”

图片 被访者提供

安心无忧的留学生活
从拥有VISA开始

通常每年一到 9 月就离海外留学开学报道的日子越来越近了，留学生父母的心情也随之开始起了微妙的变化。从孩子拿到 offer 那一刻所获得的喜悦立即转变为一种惴惴不安，特别是孩子到国外读高中或大一的家长们，开始有些依依不舍，除了担心孩子是否能够快速度过语言关适应国外的学习生活，更多的是担心孩子是否可以独自适应海外的生活。

谈到管理海外留学的生活，最让家长不放心的恐怕是孩子如何管理日常花销。比如，到底应该给孩子带多少钱？是现金、支票还是银行卡？或是将钱寄给国外的朋友进行代管？是否需要给孩子办理一张国际信用卡或者国际借记卡？如果给孩子办信用卡是不是有很大风险？万一孩子乱花钱怎么办？信用卡在国外丢了怎么办？所有这些问题，都让家长们很纠结。

在这里，我们跟大家分享一些小经验供家长们参考。

首先，申请的过程中，在缴纳语言考试费、申请费、占位费等费用时，建议使用 VISA 信用卡直接在网上支付，与到银行购买汇票和进行电汇相比，信用卡网上支付不仅节省了去银行排队的时间，还可以立刻知道支付是否成功，而且没有任何额外费用。

其次，VISA 孩子出发时身上只需要带部分零用钱即可，例如 500~1,000 美金已足够，以防不时之需。孩子到了学校后，学校会帮孩子开一个银行账户，这时可以让孩子申请一张当地银行发行的 VISA 借记卡，这样家长便可以在国内汇款给孩子的账户，更可以通过工商银行网银中的“向境外 VISA 卡汇款”服务，非常方便地在家自助往孩子的账户中汇款。如果担心孩子不能很快办理当地银行卡，也可以在出国前到银行为孩子办理一张 VISA 借记卡，并办理成主副卡的形式，家长拿主卡，孩子拿副卡，主卡可以随时调控副卡的账户余额。这样孩子紧急需要用钱的时候，家长在国内直接往副卡账户存款或转款，孩子当即就可以非常方便地在当地的 ATM 机上提取现金了。

另外，也是更重要，孩子走之前，家长一定要给孩子办一张 VISA 国际信用卡（目前大部分全国性的银行都发行有具有国际功能的 VISA 双币卡或外币单币信用卡产品）。VISA 在全球给所有 VISA 持卡人都提供 7 x24 临时补卡和紧急现金支援服务。如果在国外，孩子将钱包或卡片丢失，他可以联系国内发卡银行，或拨打 VISA 全球紧急服务中心电话，VISA 会通过当地的服务网络在最快 2 小时内提供现金救援，并在 24 小时内将新卡送达孩子的手中。有这样的保证，家长们就可以放心地让孩子启程了。

在办理 VISA 国际信用卡时，建议家长可以给孩子申请办理一张附属卡。这样家长可以更有效的管理孩子的消费行为。目前，国内的中国建设银行、中信银行、民生银行、光大银行都可以给 18 岁以下的未成年人办理这样的附属卡。

其他方面的经验还包括：

1）主卡与附属卡消费额度要有区分。主卡可以随时通过电话银行或网上银行调整附属卡的信用额度，家长最好不要给孩子的信用额度设置的与主卡相同，因为孩子年龄毕竟小，还没有学会理性的控制消费。

以美国举例，一般每月给孩子的消费额度设定在 200 美金就能够满足他们日常生活的需要了。在需要大额支付时（如购买机票），可再将额度临时调高。这样，一方面可以有效地管理孩子日常花费的预算，另一方面，也可以控制万一丢卡的意外损失。

2）境外交易的短信提醒功能一定要有设置。家长要关注来自孩子卡片的每笔交易，发现异常交易时，应及时同孩子联系，防止孩子的卡片丢失，或被人盗用。

3）开通境外网上交易，发卡银行如果能够提供“VISA 验证服务”就更好。孩子在国外生活中，一定会需要通过网上订购书籍和一些生活用品。在发达国家，网上订购非常普遍，网上购物既节省时间，同时又很经济实惠。所以在孩子出国前，一定要让孩子学会如何使用信用卡进行网上购物。VISA 中国官方网站上登有详细的关于安全使用 VISA 卡进行网上交易和支付的信息，欢迎家长们前往了解。

4) 提供电子对账单。有些家长可能认为这个没有多大用，其实不然。这个小小的电子对账单可以帮助孩子从小培养理财概念。每月收到对账单，发给孩子看一看，孩子自己就可以了解每个月的花费水平。

5）如果孩子去欧洲、澳洲，以及新加坡等东南亚国家，建议给孩子办理一张带 EMV 芯片的 VISA 国际信用卡，芯片卡账户信息不容易被盗取，比磁条卡更安全。目前中国工商银行已经推出这种卡片。

最后，提醒一下在孩子出国之前，就应该开始锻炼孩子使用信用卡消费的能力，学会签名和管理钱包，保留信用卡消费收据，不乱用别人的卡，也不轻易把卡片借给别人，养成好的用卡习惯。这样，到了国外，孩子就会顺利地开始新的生活。

更多关于在留学过程中使用 VISA 卡的问题，请登陆 www.visa.com.cn 查询。

Broaden Your Horizons

无法将生命变长就把它拓宽吧

——记我在美国“爬山”的日子

文 董天屿

毕业于The Webb School

来到美国已经两年有余，有辛酸，也有喜悦；无法忘记自己在挫折中踽踽前行的身影，更不会忘记登山勇者的别样欢乐。在这里，我想从学习和寄宿生活两方面分享一下我的美国留学经历和体验。

学习：在挫折中进步

美国的学习于我虽然艰苦，却充满了乐趣。

也许是厌倦了在国内一成不变的生活，也许是受了同学出国的刺激，当父亲问我是否要出国上高中的时候，我想也不想，便一口答应下来。

总也忘不了那天，第一次离家，2008 年 8 月 17 日，我 16 岁。那天小雨，微寒。虽还是夏天，却多了一层萧瑟之意。终于到了该说再见的时候了，忽然间，我恍惚意识到自己好像真的要和父母分开很长一段时间，好像真的要自己一个人生活了。登机前，父亲走过来，紧紧地抱了一下我，低声对我说：“如果你无法将生命变长，那就把它拓宽吧！”我听着，似懂非懂地点了点头。

来到美国几个星期后，随着最初的绚丽渐渐淡去，我终于意识到原来美国并不是我学习的天堂。因为英语不够好，我在除了数学、物理以外的课程中寸步难行。我在第一次美国历史考试中没有及格，因为我记不住这些历史事件的名称和发生地。我每天晚上光是要做英语作业就要做到 12 点，而其他学生只要半个小时就能完成。即使是物理，我也需要自学，因为上课时老师说话很快，我根本听不懂老师在说什么。

我从来没有在学习上如此失败过。在中国，我可是重点中学全年级 600 人中稳居前 50 的优等生，甚至还拿过年级第一，而且我最擅长的科目就是文学和历史。可到了这里，我却成为了名符其实的后进生，我甚至不能再用我深刻的思想、机敏的思辨来赢得同龄人的崇拜，而我所能做的只剩下倾听和翻译。

每当深夜降临的时候，我躺在床上，总会问自己，我为什么要来美国？来美国真的值么？如果我继续留在中国，我的生活是不是会变得更好？我脑海中闪过的答案只有一个，那就是在机场临别时父亲在我耳边说的那句话“如果你无法将生命变长，那就把它拓宽吧！”

日子就这样一天一天的过去了，我依然不断地遇到挫折，也在不断地努力战胜挫折，不断地在挫折中进步。当我拿到期中成绩单时，我几乎不感相信自己的眼睛，我上半学年的英语成绩竟然是 A，而历史也得到了 B。回想起刚来美国时的窘境，我忽然感到一种从未有过的自豪感。我知道我已经成为了真正的登山勇者，而不是像从前那样站在山顶向下眺望。瞬间，我明白了父亲的话：拓宽我的生活，是去体验不同的经历，接受不同的挑战，尝试别样的生活。如今，我不但重获优等生的自豪感，也感受到了后进生为每一点进步而进行的努力和奋斗，以及那种不同的喜悦。我的生活从未如此宽广。

寄宿：两种方式的利弊

国际学生到美国留学，不可避免地要面对一个住宿的抉择，究竟是住在学校还是住在寄宿家庭？这两种选择之间其实有很大差别，我来美国的第一年是住在美国家庭里面的，而第二年和第三年是住在学校。为了帮助中国学生做出适合自己的选择，我想谈谈两种寄宿方式的利弊：

家庭寄宿可以帮助我们迅速提高英语水平，了解美国文化，适应日常生活。我第一年在美国基本没有说中文，我的英语口语水平也进步得很快。因为我所选择的家庭信仰天主教，所以每个星期天，我都会被他们带去教堂做祷告。通过不断的交流，我了解了很多关于基督教的知识，这也为我能更好地融入美国文化打下了坚实的基础。不仅如此，家庭寄宿还可以让你得到更多的照顾和关怀，伙食也比住校食堂的伙食要好很多。

图片 作者本人提供

“拓宽我的生活，是去体验不同的经历，接受不同的挑战，尝试别样的生活”

但是很多时候学生会觉得住在家庭里很受限制。我们必须遵从别人家的习惯和时间安排。所以你常常不能随意和自己同学朋友一起玩，参加同学间的聚会，或者和同学一起参加体育活动。久而久之，你虽然可以感受家庭的温暖，但在学校便会稍稍有种被孤立的感觉。

与之相反，住校最大的好处便是自由。只要不触犯校规校纪，学生可以随意安排和管理自己的时间、空间。住校生会觉得自己就是学校的主人，孤立感会荡然无存。住校生活虽然自由，但这同时也意味着学生需要承担的责任也更大了。你要试着学习安排和管理自己的时间和生活，在此过程中，你会发现自己的自理能力、交际能力都会有大幅度提高，与周围的同学也会有更多的交流。

但是，如果到中国学生较多的学校住校，并且只爱和中国人交往，那么就会丧失很多提高英语水平的机会。而且，选择去住校的同学可能需要更强的自理能力。此外，学校的伙食可能满足不了各位美食家的味蕾需求。

不过，最后究竟如何选择还是取决于学生和家长自身，祝愿大家能做出最好的选择和最充分的准备。同时，我也希望中国学生留学美国后，面临学习挑战和挫折时，不要盲目自弃，勇为登山强者！

图片 The Webb School 提供

Teaching the Theory Through Practice

美式教育：以实践教授理论

文 潘晨寅

Alexandra Allouche

Alexandra Allouche 在美国中西部地区长大，小学和中学读得是私立学校，后来入读教会学校贡萨格大学，并获得学士学位。毕业后，她曾在北京大学担任辅导员，并帮助北大的一些学生成功赴美留学。目前，Alexandra Allouche 是必益教育美国部负责人和深圳区域经理。

对话 Alexandra Allouche

Q：你从小在美国长大，而且从小学到大学一直接受美国教育。回想以往在美国的成长及受教育的经历，这些是怎样帮助你为职业生涯做准备的？

A：在美国，教育的目的是让孩子能独立思考，从自己的立场出发去发现问题、解决问题。与此同时，对公共演讲技能的培养同样备受关注。所以从我个人角度来说，在美国的教育经历让我知道该怎样去解决实际问题。在遇到难题时，我会从个人立场出发，不会因别人的想法而改变自己的观点。学习演讲技巧让我在公众场合发表演讲时表现得更加从容。另外，美国大学鼓励学生去国外做交换生以便更好地了解世界。我在大学时做了一个学年加上两个暑假的交换生，这些经历培养了我国际化的世界观。最为重要的是美国教育非常重视多元化，学生在这种教育的熏陶下能形成国际化的价值观。

Q：从你的角度来看，美国高中和大学教育对中国学生有哪些吸引力？

A：从小学到大学，美国教育所推崇的"从实践出发教授理论"这一核心思想贯穿于整个教育体系中。课堂上我们开展各种各样的活动来帮助学生学习。学生在学校所学也不仅仅只集中在一个方面。比方说，学生在校不单单只学数学方面的知识，他们还会学习画画、游艺等方面的技能。同时他们还会学到如何同别人进行团队协作。我觉得美国教育与众不同之处在于，我们会一直学习不同的学科，直到大学二年级才有真正意义上的分科，在这里，学生可以不用被迫学习他们成绩好的科目，而是可以选择自己真正喜欢的科目。

Q：与去美国读本科的学生相比，去美国读高中的中国学生还不是太多。你觉得去美国读高中可以在哪些方面提高中国学生的能力？

A：美国的教育有很强的连贯性，小学里的教学指导思想在大学还是适用的。如果中国学生选择就读美国高中，他们一定会参与团队讨论，在全英文的学习环境里，就能更好的提高自己的英文水平。美国学校同样积极鼓励学生表达自己的观点。中国学生会在这里学到什么是创造性思维，什么是批判性思维，怎样去寻找那些并非显而易见的答案。在美国的教育体系里，学生成绩在很大程度上取决于课堂参与。而这却不是中国学生的强项，他们不善于在公共场合表达自己的意见和感情。所以，在美国读高中的中国学生一旦适应了这样的学习环境后，在大学阶段，他们就能更好地融入大学教育。

Q：越来越多的中国学生现在能够去美国留学，但他们可能更习惯于待在中国人的圈子里。有什么建议可以让中国学生更多地接触美国学生？

A：这种现象在哪都会发生。你必须承认，在他乡异国，语言又不通的情况下，和本国学生待在一起会让人有一种安全感。但是对于在大洋彼岸的中国学生来说，只有积极主动地去尝试新事物，适应新环境，才能让他们更好地融入美国的校园生活。美国的学校中有各种不同的社团、俱乐部，还有各类体育运动队，中国学生可以好好利用参加社团、俱乐部这样的机会去结识新朋友，了解新文化，跳出"安乐窝"后，新的体验会让中国学生受益终生。

Q：很多家长认为孩子在美国读书，取得文凭后，很容易就能找到一份收入高、前景好的工作，对此你怎么看？对中国学生来说，在美国留学还有哪些优势？

A：对于一部分人来说，毕业后依靠专业上的优势，凭借实力找到高薪职位是有可能的。但多数学生还是有不同的职业发展道路。美国的学习经历告诉他们只有认真工作才能取得成功，而这些也正是企业和用人单位所看重的。家长需要理解的是，孩子在留学后可能不能立即找到一份收入丰厚的工作，但通过不断努力，他们会学到很多，自然也就会在未来找到一份称心的工作。但我认为美国的教育还能教给学生很多普世共通的技能，这也让毕业生在人才市场中有很强的竞争力。

图片 被访者提供

Working with Passion

美亚商旅：基于激情与使命感

采访/文 Echo Wang

美亚商旅集团的业务很广泛，囊括房产、教育、商游等等。但在集团CEO陈艺平看来，她做的其实只是一件事——为来美国的中国人提供全方位个性化的服务。出身生物科技的陈艺平，因为热爱从事了房地产业，又因为客户的信任和需求而进入教育领域。她并不认为自己是在做“生意”，因为她所做的一切，都立足于激情与使命感。

对话 陈艺平（Patty Chen）

Q：美亚商旅拥有很多第一：第一个促成中国内地与美国成功企业家合作的公司、第一个在房产投资与教育领域提供最好服务的公司等等。当初为何要进入这个让中国人“认识美国”的市场？创立公司的初衷是什么？

A：其实我们在2001年就成立了派蒂克房地产投资集团，主要做房地产征购和投资。2007年的时候，有很多华人找到我，他们想让孩子来美国上学，并且也有购置房产方面的需求——用于自住，或者有些也用来投资。他们说既然你们能帮我们做房产方面的服务，能不能把子女教育这一方面也担当了。因为这个原因，我们在2007年创立了美亚商旅集团，业务涉及房产投资、教育以及商游等，为来美国的中国人提供品质卓越的“一条龙”服务。

Q：从2007年创立至今，美亚商旅已经有5年的历史。在这5年中有没有让你觉得最骄傲的案例？

A：我觉得我们做得最成功的还是房地产投资、绿卡等相关的项目。要说在这个过程中，最能让我获得自豪感的，还是很多家庭对我们的信任。举例说，一个中国家庭来到美国，60%并不只找我们做一个服务，而会多达3~4个。从购置房产，到子女教育，甚至生意投资，都会找我们咨询和提供服务。基于这份信任感，我们也并没有将这些服务作为专门为了赚钱的生意，而是带着使命感去完成的。我在美国已经有很好的生活，作为一个中国人，我也希望其他的中国人能来到这里享受高质量的生活。另一方面，中国的企业家们将钱带到了美国，并在当地进行投资等商业活动，对中美经济交流也是一种促进。这两方面让我觉得，我们其实是在做一件崇高的事情。

Q：就您接触过的中国学生来说，美国，或者说美式教育最吸引他们的部分在哪里？

A：就我接触过的学生来说，他们觉得美式教育能够给他们更加自由的空间，找到自己的兴趣点，发挥自己的潜能。不像在中国，是为了学习而学习。

Q：国内有很多留学机构承接包括赴美夏令营、校园考察等业务，与他们相比，美亚在教育方面的优势何在？

A：我觉得还是质量方面的差异。据我所知中国有些大的旅行社，一年一拨就可以带来1000多人，走马观花地看一遍，孩子们没什么收获。但我们的夏令营却会让孩子们“乐不思蜀”。在学习和住宿上，中美孩子交叉配对，孩子们个个都能与美国学生一起讲英语了。我们组织去大学参观也并非是简单地参观校园，而会有专门的老师讲解如何申请这所大学。夏令营结束后我们还会给学生发放结业证书，这个证书在申请美国学校时是一个非常有效的凭证。最后值得一提的是，我们的费用不高，一天还不到200美元，食宿交通、课程活动费、保险等在美国的费用全部包括，价廉且高质，对于家长和孩子们来说都是非常值得的投资。

Q：美亚的业务涵盖投资、房产、教育、商游等，未来会否开拓发展领域或者在某一领域有所偏重？为什么？

A：美亚商旅未来还是会侧重于房产投资的部分，因为这个部分我们最擅长。之所以说擅长，并非说我们在这个行业懂得多少技巧，而是因为我们有内在的激情。我在骨子里就喜欢房地产这个看得见摸得着的实业。公司的发展与老板的定位一定是紧密相连的，老板也一定决定着公司的走向。房产可以给我很多创造力——每个房产投资成交的过程，包括对未来市场的预期、对价格走向的判断，都成为我自由自在发挥自身创造力的舞台。这是我最享受的部分。

陈艺平（Patty Chen）

1988年毕业于人民大学，1989年赴美。1997于伊利诺斯理工学院获生物学硕士学位，之后曾作为资深研究员任职于芝加哥大学、哈佛大学医学院和杜邦公司，担任重大生物开发项目高级研发工作。

2001年进驻房地产投资市场，并作为创始人拥有派蒂克房地产投资集团（PattyC Property Group）和美亚商旅集团-波士顿（America Asia Business Tour Group-Boston）。现任两个公司的总裁和CEO。

美亚商旅集团 波士顿 / 派蒂克房地产集团

地址：462 Washington St.1st floor Wellesley MA, 02482 USA
免费直拨美国：950 - 40378774 / 美国电话：781-347-4891
网址：www.pattycproperty.com

图片 被访者 提供

Extra-Curricular Activities
美国学校的课外活动

文 常雅婷

课外活动在美国学生的生活中扮演着至关重要的角色，学校鼓励学生在课外活动中培养兴趣和特长。每年开学时各个学校的社团都会努力扩充实力，招收队员，社团之多让人应接不暇。学校社团会在之后的校园生活中组织各种比赛、表演、社会实践与服务、经验交流会等活动。美国学校的课外活动类型多样，大致可分为体育类、文娱类、社会实践类、学生工作类。

体育类活动

美国是一个为体育疯狂的国家，各个学校都非常重视自身的体育运动水平。学校学生之间、不同学校之间经常会开展各种各样的体育比赛。美国学校的体育类活动包括橄榄球、棒球、篮球、冰球、足球、网球等球类运动，长跑等田径运动，体操、游泳等等。学校经常会安排体育项目，开展比赛，美国大学的橄榄球、棒球、篮球、冰球比赛进入季后赛之后，所得到的关注远超出大学的范围之外，受欢迎的程度绝不亚于职业赛。

美国学校为学生提供了完善的设施和宝贵的锻炼机会，部分学生经由学校的训练和磨练后成为国家体坛健将。许多美国的世界冠军在夺取奖杯时都还是在校大学生，例如加州大学在1904至1980的七十多年间就有274人参加奥运会，其中141人获得了奥运奖牌。

Avon Old Farms School

美式足球

美式足球，又称美式橄榄球，起源于英国的橄榄球运动，后在传入美国时规则发生了改变，逐渐演变成新的足球运动。现代美式足球与大学之间的足球比赛密切相关，19世纪中后期美国大学之间经常举行一些橄榄球比赛，但是当时并没有统一的球例和规则，现代美式足球在大学比赛之中逐渐发展和完善。1876年，耶鲁、哈佛、哥伦比亚、普林斯顿四所大学建立了第一个大学美国足球联盟——校际足球协会；现在美国已有60个校际橄榄球联盟，600多所高校组建了自己的美式足球队，在大多数美国学校中，美式足球都是最受欢迎的运动。

棒球

棒球在美国堪称最受欢迎的球类运动之一，并由美国总统塔夫脱正式批准为美国“国球”。棒球由英国的板球运动发展而来，1845年，亚历山大·乔伊·卡特赖德制定了较为系统的棒球比赛规则，并将其命名为baseball；1939年，美国纽约州率先举行了第一场真正意义上的棒球比赛；19世纪60年代，随着棒球运动的蓬勃发展，职业性棒球运动员出现；在19世纪80年代传入日本，“二战”后传入欧洲，现在国际棒球总会的会员国达到了110多个。

篮球

篮球于1891年底由美国马萨诸塞州斯普林菲尔德市基督教青年会国际训练学校（后为春田学院）的体育教师詹姆斯·奈史密斯所创造。1892年，奈史密斯博士制定了13条篮球规则，包括不准持球跑，不准有粗野动作，不准用拳击球等。1904年，篮球作为一种表演形式在第三届奥林匹克运动会上出现。1908年，美国对篮球规则进行了统一和完善，之后篮球运动迅速席卷美洲、欧洲和亚洲，誉满全球。1936年，男子篮球比赛正式成为奥运会比赛项目，全球的篮球规则进一步统一。1976年，女子篮球正式加入奥运会比赛项目。篮球运动自诞生以来其规则不断调整和完善，逐渐形成了当今的篮球比赛规则。

篮球在其诞生地极为受欢迎，是美国最受欢迎的四大运动之一。在中小学阶段，学校就会设有篮球队，并开展训练和比赛。在大学，每年三月份美国大学会举行NCAA大学生篮球联赛，这是大学篮球运动员和篮球球迷最为狂

图片 Avon Old Farms School 提供

热的时刻，被称为“疯狂三月”。在美国，NCAA 大学生篮球联赛的影响力甚至会超过 NBA，而且 NCAA 还为 NBA 储备了大量人才，大部分 NBA 队员都来自于 NCAA。

社会实践类

美国学校还提倡学生积极参加社会实践，利用课余时间和假期在工厂、公司、餐馆工作，体验真正的工作生活。社会实践和工作能够培养学生的独立意识，帮助学生更深刻地了解社会，获取实践经验，为学生以后真正步入社会打下基础。此外，美国学校还鼓励学生成为一个充满爱心、关爱社会的人。学校及一些非营利性机构经常会组织一些社会公益活动，例如红十字会的义务工作、社会公益筹款或救助活动、贫困地区的支贫活动等等。社会公益活动在增加学生的社会实践经验的同时还能培养学生的爱心和责任心，丰富学生的内心世界，帮助学生取得全面发展。

文娱类活动

美国学校的文娱类社团众多，话剧社、合唱团、乐队、舞蹈队、摄影社、校刊校报社应有尽有。美国学校的音乐和艺术活动丰富多彩，为具有歌唱、器乐、合唱、美术、雕塑、油画、戏剧、表演爱好和特长的学生提供了充分展示自我的舞台。不少学校的社团都达到了较高的水准，有许多机会在学校以及当地的一些重大活动中进行演出和表演。此外，美国学校大都有自己的电台和报刊杂志，为学生提供了演练采访、写作、广播、主持、绘画、设计等技能的宝贵机会，同时也为学生提供了提高组织、合作、协调、沟通能力的宝贵机会。

学生工作类

美国学校的学生可以凭借自己的才能在各种组织中担当角色，负责组织和策划活动，管理内部成员，甚至有些学校允许部分学生参与学校的管理。美国学校的众多活动都不是由学校策划组织的，而是由学生团体负责包括策划、运营、宣传等在内的整个活动。例如，组织演讲会、辩论会、文艺晚会、慈善捐助活动，邀请嘉宾为学生开设主题演讲等等。这些活动有利于学生充分发挥和提高自身的领导才能、管理才能和组织能力。

总之，美国学校的课外活动绚烂多彩，有声有色，它们被视为帮助学生全面发展、增长才干、适应社会生活不可缺少的一部分。而且，在美国想要考入顶尖大学，仅仅依靠优异的学习成绩是远远不够的，课外活动常常被作为大学录取的重要参考标准，因为他们认为学生所参加的课外活动及其在课外活动中的表现和心得常常能够更真实地反映出学生的品质、能力和潜力。

美国学校的文娱类社团众多，话剧社、合唱团、乐队、舞蹈队、摄影社、校刊校报社应有尽有

图片 The Dunn School 提供

Emma Willard School

What Makes US Schools and Colleges Unique

别具特色的美国校园生活

文 *Christopher Hall*

美国学校为学生提供了各种各样的机会去发展自己的兴趣和爱好，从音乐、戏剧、舞蹈等艺术类活动到各种不同的体育和运动休闲，这些兴趣和爱好将使学生受益终生。身在顶尖学校，你将会发现有许多令人激动不已的机会都向你敞开了大门。

美国——运动天堂

看一下美国顶尖学校的体育活动表，你就会发现这里是一片充满无尽可能性的地方。学校整个季节都会有各种各样的活动，这意味着你无论任何时候都能参加自己喜欢的活动。

美国的运动与世界上其他许多国家都不同，它不喜欢追随全球的潮流，而喜欢独辟蹊径，寻找属于自己的特色运动。美国最为重要的四项运动是美式足球、棒球、篮球和冰球。虽然后两项运动在世界其他地方也很常见，但是美式足球和棒球却只在少数地方盛行。在美国，你将有机会体验这两种独特的运动，因为这两项运动在绝大多数美国学校都很盛行，并且会有自己的独特规则。

图片 Emma Willard School 提供

此外，长曲棍球也是颇有特色的美式运动。长曲棍球是一项美国本土运动，起源于12世纪，在许多美国寄宿学校都很流行，并在近年来迅速成为美国学校非常重要的一项运动——从1990年至2008年长曲棍球在高中的参与度提高了528%。长曲棍球融合了足球、冰球以及曲棍球运动的一些特点，并且简单易学，广受欢迎，尤其是对初学者来说。

在美国，竞争性的体育运动是学校教育哲学的一部分——校际之间的体育赛事常常会引起轰动，极受学生关注。因此，如果你觉得自己的体育很棒，水平已经让自己很满意了，那么你将有机会在美国学校参加高水平的比赛。但是，不管怎样，体育活动绝对不能影响你的学业，而只是你学习生活的一种补充。

军乐队——美国的象征

在美国，军乐队堪称是符号性的象征，常常出现在一些体育活动和爱国活动之中，最为著名的是在美国独立日和感恩节的活动中。无论是在大学还是在高中，军乐队都非常重要。军乐队就像是一个集体。军乐团整个学年都会有活动，甚至在夏季。军乐队成员年龄不等、背景不同，这使得军乐队成员可以和不同年龄的学生建立亲密而持久的友谊，而不会仅局限于同年级的学生。而且，参加军乐队你还有机会融入当地的社会集体之中，你会有机会参加一些游行与阅兵仪式，以及其他许多重要节日活动，提高你在所处环境中的文化意识。

按照传统，军乐队所有成员都要身穿同样的制服，常常是军装，但是乐队的领导可能会穿不同的服装以便将自己与其他成员区分开来。虽然许多学校的军乐团常常会有些自己的道具，但是至少会有部分成员会举着旗帜或横幅。军乐团最常使用的乐器是打击乐器和铜乐器（包括小号、短号和长号），但是一些比较大型的军乐队还会有木管乐器，可能会有单簧管、萨克斯和长笛。其他一些军乐队可能还会有女领队和舞蹈人员。

无论你在军乐队是什么角色，你都会学到团队合作，以及遵守纪律和服从命令的重要性，这些对你将来的发展都将颇有裨益。而且，无论你担任什么角色，成功都需要你努力拼搏并乐于奉献，仅仅依靠天赋是不够的。

Harkness 桌子
——真正独特的教育方式

当让你描述一个普通教室的话，几乎毫无疑问你会先描述一个方形或者长方形的教室，前面是一个大黑板，面对着黑板是一排排、一列列整齐摆放着的学生桌。大部分学校的教室可能都是这样，但一些顶级美国寄宿学校的教室却别具风格。

这些学校在教室中使用的是 Harkness 桌子，椭圆形，大概可以坐12个学生。使用这种桌子，你会发现你将不可避免地与老师和同学目光接触。在上辅导课或开会时使用这种与众不同的桌子，不但可以使学生感受到真正的亲密，同时还能使课堂更为活泼，使学生获得更多的关注，使学生的创造性得到激发。因为，使用这种桌子就不会有学生坐在角落不参加讨论，所有的学生都必须认真准备，并积极主动地参与到课堂讨论中。学生必须积极思考，并乐于与大家分享自己的观点和看法。在这种课堂中，老师常常退居幕后，仅仅起一个引导的作用。在这里，健康的讨论被大力提倡，即使是老师的观点也可以被公开挑战。

Emma Willard School

在2010维京兰游行大赛上的游行乐队表演

Lawrenceville 学校的 Harkness 桌子

图片 Emma Willard School、Lawrenceville School 提供

Northfield Mount Hermon School

Settling In
初到美国：投入新生活的基本装备

独自来到异国他乡，离开父母的庇护，也开始了属于自己的征途。翻开留学美国的新篇章，每个人的身心都需要逐步适应环境。掌握第一手的资讯，做好全面细致的准备，将帮助学生以最好的状态迅速投入新生活。

文 任姗姗

图片 Northfield Mount Hermon School 提供

手机

手机已经成为日常生活中不可或缺的一部分，许多父母都希望自己的孩子在国外留学时拥有一部手机，这样他们就能在必要的时候与孩子及时取得联系。

手机分为双频 GSM/GPRS（900/1800）、三频 GSM/GPRS（900/1800/1900）、四频 GSM/GPRS（850/900/1800/1900）和 CDMA 的网络制式（800/1900）。美国的手机支持 1900MHZ 频段，少部分手机支持 850MHZ，所以从国内买的手机，只要支持 1900MHZ 的就可以在美国用。另外美国的手机多数是不插卡的 CDMA 手机，所以在中国买的手机带到美国，一定要办理 GSM 1900 的 SIM 卡才行。另外注意中国电压是 220V，美国是 110V，所以注意你的手机充电器是否支持不同电压。

美国有四大电话公司（无论在美国哪个地方，这些网络都能覆盖）：采用 CDMA 路线的 Sprint PCS 和 Verizon Wireless（大多数手机没有电话卡，只能用他们给的手机）；采用 GSM 路线的 T-mobile 和 AT&T（大多数手机有电话卡，可以用国内带的 1900MHZ 手机）。这四家运营商的资费标准、套餐类型上基本上差不多，区别在于各个公司的宣传策略以及各地不同的优惠政策。选择运营商时，还要预计一下你在美国一般都给谁打电话，你周围的人都用什么品牌的运营商，因为同一个运营商的手机之间打电话是永久免费的。

在美国买手机，可以在各大手机运营商的官网上购买：

Verizon 品牌：www.verizonwireless.com

AT&T 品牌：www.att.com

T-mobile 品牌：www.t-mobile.com

Sprint 品牌：www.sprint.com

其次可以到比较知名的购物网站购买：

LETSTALK：www.letstalk.com

亚马逊：www.amazon.com

沃尔玛：www.walmart.com

易趣网：www.ebay.com

新蛋网：www.newegg.com

在线购买你需要用到信用卡，而办理美国银行信用卡需要 SSN（社会保险号），所以想采用这种方式买手机而没有信用卡的学生，可以让美国的朋友或同学代买。当然，也可以在当地商店或运营商网点办理手机业务。和中国类似，移动电话也要签订协议、付费才能使用，很多 1~2 年的套餐协议手机是免费的，学生应当带好护照、学生证等相关证件到当地网点详细咨询具体细节再进行办理。

对于学生来说，拨打国际长途的另一种简单方法是购买一张预付费电话卡。可以购买赠送 5~10 美元不等金额的电话卡。每张卡都有一个免费接入号码，还有一个保密的 PIN 密码。电话卡可以在报亭、邮局、商店和网上买到。应该注意比较各家公司提供的打往中国的话费费率，因为不同的公司、不同的国别费率可能相差很大。

银行账户

美国对于 18 岁以下青少年以自己的名义开设银行账户有很多限制，绝大多数银行对此类客户只提供“监护人账户”，这实际上是一个以监护人和孩子共同的名义开设的共有账户，可以提供信用卡和/或借记卡，共有账户中的成年监护人对此卡负责，监护人也可以通过借记卡更方便地了解孩子的开销情况。另一种方法是在中国国内以家长的名义为孩子开设一个美国银行账号。大多数大型国际银行会通过它们的国际银行中心帮助家长在中国办理这种业务。有很多寄宿学校不在城镇中心，因此它们也会为国际学生提供银行式服务，父母可以将特殊的零用钱寄给学校以供自己的孩子全年开销。学校会给学生提供定量的零用钱，也可以用这个账户支付额外的开支，如短途出游、旅行或出租车。

Buffalo Seminary School

The Putney School

图片 Buffalo Seminary School、The Putney School 提供

18 岁以上的学生可以自由地以自己的名义开设银行账户。每家银行对开设账户所需要的文件有不同的要求，基本上是护照、居住地址、联系电话、学生证、学校的介绍信等，因此在开户前应该向银行咨询清楚。开设账户一般需要半个多小时就可以，大部分学生都会选择开设“学生账户”，这种基本的低利率账户有助于学生迅速取款。选择银行时一般选全美大连锁银行较好，如 Bank of America 等，或者是选择离学校近的银行，即使是小银行也没关系，只要方便就可以。开户后，银行会给一个临时支票本，临时支票本与正式支票本具有同样的功效，同时在银行你需订购一个正式支票本，费用在 10~20 美元不等，所需费用银行会直接从账户中扣除。在美国用支票付款非常普遍，与现金同效，用支票时千万注意不要开空头支票，否则需支付至少几十美元的罚款。除了支票别忘了同时向银行申请一张银行卡或 Debit Card，Visa 或 Master Card，申请后一般银行会在一周左右把卡寄来。在美国几乎处处都用卡，特别是网上购物一定少不了卡。在开设账户时还可以同时申请学生信用卡，银行都有为学生特别准备的学生卡，额度较低但却是建立信誉的良好开端，如果符合条件可以申请。最后，不要忘了在银行办理网上银行事宜，包括网名建立、密码选择等，在银行办理会比自己回去上网办省好多时间，而且安全可靠不易出错。

出行

在美国，飞机是一种非常常见的交通工具，美国国土幅员辽阔，坐飞机往返各大城市方便快捷。学生可以通过以下几个网站订机票：

Indian Spring School

Priceline
www.priceline.com
Expedia
www.expedia.com
kayak
www.kayak.com
Student universe
www.studentuniverse.com

最后一个网站需要用学校的邮箱注册，因为那里的优惠机票只针对学生，有时候会有相当便宜的打折机票放出。

美国城市街道的名称，除了商业大街和主干道一般是以不同的内涵命名，居民住宅或社区大都是以数码定为街名。如从 1 街开始，按顺序往下排列。街道呈方块状，没有死胡同，路路相联，直线伸展。一个城市少则几十、多则上百或数百条街道，以全球通用的阿拉伯数码命名街道，好识别、容易记、便于找。全市无论哪个地方发生交通事故、刑事案件、医疗抢救，报警报医三分钟以内一定赶到。这样的街道不论是否繁华或是大小，都便于本国人民和外籍人员的识别，这已经具有世界意义了。

也许在城市中最常见的出行方式就是步行，它方便、迅速而且安全，但注意一定要遵守交通法规，注意交通信号，才能确保自己的安全。

美国的铁路系统也十分发达，有着非常完善的城际火车网，学生可以乘坐火车由一座城市前往另一座城市。不过，大部分寄宿学校所在的城镇较小，没有火车站，学生可能还需要搭乘出租车往返学校和火车站。

美国的长途巴士因其舒适、快捷、经济而颇受欢迎，长途汽车公司有好几家，路线最广的是灰狗长途汽车公司（Grey Hound），除美国国内各地外，还可以通到加拿大。搭乘公共交通车辆要注意自己的钱物，留心车内的动静，如发现异常尽快告诉司机处理，自己不要随便介入。等车时要和其他乘客站在一起，不要太靠近马路，以保证安全。如果是夜晚，一定要在灯光明亮或有人的地方等车。上车后如果乘客稀少，要尽量坐在靠近司机的位子。

有时学生夜晚回家不方便搭乘公交车或是随身携带了许多行李，还是乘坐出租车比较安全有效。在美国出租车费用稍微有些昂贵，有些学校会预定出租车以便学生期末离校、开学返校。

在美国的大城市，纽约、波士顿、华盛顿、费城、芝加哥、洛杉矶、旧金山都有高度发达的地铁网。居民可以乘坐地铁前往城市的不同角落，十分方便。地铁站通常都位于城市人口最密集的区域。

另外一种常见的出行方式是骑自行车。和中国一样，美国主要城市交通都很拥堵，乘坐公交或出租车可能会慢得让人窒息，因此许多人选择骑自行车出行。如果你决定这么做，一定要记住戴上头盔并确定自己了解美国的交通法规，不骑时要使用自行车锁。

图片 Indian Spring School 提供

Visa Q & A
美国签证问与答

Q：赴美签证有哪些类型？留学生适合哪种签证？

A：美国签证包括两种：移民签证和非移民签证。非移民美国签证大致可分为六类：旅游/商务签证、学生签证、工作签证、文艺工作者签证、新闻媒体代表签证、过境签证。其中适用于国际留学生的签证主要包括：学术类国际学生 F 签证；职业培训类国际学生 M 签证。F 与 M 类签证又各分为两类：F1、M1 是留学生所使用的签证；F2、M2 是留学生的配偶及其年幼子女所使用的签证。

Q：中国可以申请美国非移民签证的领事馆有哪些？申请时应选择哪个领事馆？

A：中国居民申请美国非移民签证的领事馆有：美国驻北京大使馆、美国驻上海、广州、成都、沈阳、香港领事馆。各个使领馆有自己的管辖区：北京领事区包括北京、天津、甘肃、河北、河南、湖北、湖南、内蒙古、江西、宁夏、山东、陕西、山西、青海和新疆。成都领区包括重庆、贵州、四川、西藏、云南；广州领区包括福建、广东、广西、海南；上海领区包括：安徽、江苏、上海、浙江；沈阳领区包括黑龙江、吉林、辽宁；香港领区包括香港、澳门。中国居民签证申请人应到其长期居住地所属领区的美国使领馆申请签证。

Q：申请留学的学生是否只有在拿到 I-20 表后才能预约面谈时间？如若被多所学校录取，持有多个 I-20，该怎么办？

A：虽然学生在面谈时必须出示校方发放的 I-20 表，但是事实上由于签证面谈需要提前很长时间预约，所以学生在收到 I-20 表之前也可预约面谈，只要保证在约定日之前能够拿到 I-20 表即可。如果您收到了多所学校的 I-20，您只能从中选择一个，并将其它多余的 I-20 寄回至原发放学校。

Q：学生需提前多久进行签证面谈？

A：北京美国驻华大使馆敦促所有计划赴美学习的学生和进行学术研究的交流访问学者于项目开始前两个月来馆面谈。大部分学生和交流访问学者签证申请一般都能在几天内审理完成；然而有一些签证申请需要进行额外行政审理。对于学生和交流访问学者签证，行政审理目前需要 3~4 周。

Q：DS-160 表是什么？填写这个表格之后还需要其他的表格吗？

A：DS-160 表格是一种非移民签证电子申请系统的在线表格。国内的美国驻北京大使馆、美国驻上海、广州、成都、沈阳、香港的领事馆都已于 2010 年 3 月开始受理 DS-160 表格。一般而言，填写 DS-160 在线申请表格后，无需再填写之前的 DS-156，DS-157，DS-158。使用 DS-160 表格可以提高领事馆的签证处理速度，以缩短申请人签证面谈的等待时间。

Q：如何才能提高签证申请的成功率？

A：首先，想要赴美留学的申请人必须证明自己有在美国完成全日制学习的能力；其次，申请人必须使大使馆相信您前往美国的唯一目的是在已建立的学术机构完成学业，而非移民；再次，申请人还必须证明有能力承担学费和生活费。

Q：持 F 或 M 类签证可以在美国停留多久？

A：两类签证的在美停留时间有所不同：F 类签证持有者至多可在美停留 I-20 表上所示期限外加 60 天；而 M 类签证持有者可在美停留一年或 I-20 表上所示期限外加 30 天，但后者要小于前者。

Q：学生在美国留学期间，离开美国后再次入境时是否需要签证？

A：如果您的签证尚处于有效期内，在美国境外只是短期旅行，而且您所就读的学校仍然是 I-20 表上所显示的学校，那么您无须重新办理签证手续。但是，如果您在美国境外的停留期长达 5 个月以上，美国公民和移民服务处强烈建议您重新申请签证。

Q：学生在美留学期间，签证到期了该怎么办？

A：在您还保持全日制学生的身份期间，如果您一直呆在美国，那么您暂时不用为签证担心，但是一旦您要离开美国，则必须重新申请一张有效签证，以便返校学习。

Q：留学生毕业后如何获得 H-1B 工作签证？

A：一般而言，学生毕业后申请绿卡是先从 F1 学生签证转为 H-1B 工作签证，之后再申请绿卡。F1 签证类学生毕业时有一年的 OPT（Optional Practical Training），由学校的国际学生办公室签在你的 I-20 上，然后交送移民局办理。之后，你会拿到一张工作许可证，一年有效，但一年之内成功申请到绿卡的几率很小，所以一般人都要经过 H1 这一程序。H1 签证基本上是雇主在为你办理，你只需准备好学位、身份等相关证明即可。但是现在有资格并乐意为职员办理 H-1B 的雇主越来越少了，所以申请 H-1B 本身就不容易。

通常 H1 的整个申请过程需要 2~4 个月的时间，从 H-1B 到成功申请绿卡则根据个人情况需要不等的时间。H-1B 签证的有效期最长三年为一期，期满可以再延长三年。

USA Student Visa Application
美国学生签证申请指南

申请签证是留学准备的最后一步，也是最终得以入境美国踏上留学征程的通行证，所以学生朋友们千万要认真对待签证申请，及时到相关官网上了解最新签证政策，或找有资质有经验的公司代办签证，以免耽误美国的学习。

申请时间

要获得学生签证，申请人必须首先申请一所美国学校并被其接收。当您被接收后，学校会为您签发一份 I-20 或 I-20M 表格。申请签证时您必须出示该表格。美国大使馆敦促学生尽早地致电签证信息服务中心，电话 4008-872-333 或（021）3881-4611，进行面试预约，这样就可以尽可能预约到开课前两个月去面谈。

如何申请

1.预约面谈时间

要预约签证面谈时间，请先到中信银行购买预先付费的加密电话卡或登陆签证信息服务中心的网站购买通话密码。买到预先付费的加密电话卡后，请致电签证信息服务中心预约签证面谈时间或咨询签证问题。请在致电前准备好以下信息：申请人全名、护照号码、身份证号码、联系方式、访美目的、在华常住地以及以前是否被拒签过等等。

Indian Spring School

2.支付申请费用

目前的非移民签证申请费用是 140 美元。所有申请人必须在指定的中信银行缴纳签证申请费。此费用不予退款。中信银行开具的两联收据需和其它申请材料一起递交。

3.准备符合要求的照片1张

照片具体要求请参阅：photos.state.gov/libraries/china/196482/PDF%20File/DS-160%20Digital%20Photo%20Requirements.pdf

4.在线填写DS-160签证申请表

DS-160 签证申请表填写，请参阅：chinese.usembassy-china.org.cn/ds160instructions.html

5.准备签证申请所需材料

1）有效护照：如果您的护照将在距您预计抵美日期的 6 个月内过期、或已损坏、或护照上已无空白的签证签发页，请在面谈之前先申请一本新护照。

2）DS-160 表格确认页：请在上面注明您的中文姓名、您中文姓名的电报码、中文家庭地址、公司名字及地址。请将您的表格确认页竖着打印在 A4 纸上。面谈时请携带打印出来的 DS-160 表格确认页，不要使用传真的确认页。

3）照片 1 张：于 6 个月内拍摄的 2 英寸 x2 英寸（51 毫米 x51 毫米）正方形白色背景的彩色正面照。详情请见照片要求。请用透明胶带将您的照片贴在护照封面上。

4）签证申请费收据原件：您可以在中信银行在中国的任何分行支付签证申请费 966 元人民币。请将收据用胶水或胶条粘贴在确认页的下半页上。

5）填写完整的学生和交流访问学者信息系统 (SEVIS) 表格：填写完整的 I-20A-B 表（发放给 F1 学生）或 I-20M-N 表（发放给 M-1 学生），表上必须有学校指定官员（DSO）和申请人本人的签字。表格上的姓名必须与您护照上的姓名完全一致，并已被美国的学术机构输入 SEVIS 系统。

图片 Indian Spring School 提供

6）SEVIS 费收据：大多数 J、F 和 M 类签证的申请人现在必须支付维护学生和交流访问学者信息系统（SEVIS）的费用。请在前来面谈时携带电子版收据或 I-797 收据原件。

7）在中国有牢固约束力的证明：出示经济、社会、家庭或其它方面有约束力的文件，以帮助证明您在美国短暂停留后有意愿返回中国。

8）资金证明：证明您有能力无需工作即可支付整个在美停留期间的费用。

9）研究/学习计划：在美期间计划学习或研究工作的详细信息，高校学生应包括您所在美国大学的导师和/或系主任的名字及电子邮件地址。

10）个人简历：详细描述您以前的学术和工作方面的经历，包括一份所发表文章的清单。

11）返校老生的学校成绩单：欲返回美国学校就读的老生应该在申请签证时递交所学课程的官方成绩单。

12）导师的个人情况介绍：已经在美国大学里被分配了导师的研究生应当携带导师的个人情况介绍、简历或网页打印件。

6.签证面谈

1) 到达相应的使领馆后请先在外面排队，在预约时间之前等候大约 30 分钟。

2) 接受安全检查：请不要随身携带任何电子产品，包括手机。也不要携带背包、手提箱、公文包或手推童车等。申请人只能携带跟签证申请有关的文件。

3) 到指定窗口递交 DS-160 表格确认页和材料，之后等待指纹扫描和签证面谈。等候时间大约为 3 个小时左右。

4) 如果您的签证申请得到批准，我们会将签证印在您的护照上并将印有签证的护照在面谈后的 5 个工作日内邮寄给您。或者，您也可以选择在面谈之日后的 2~3 个工作日到使馆附近的中国邮政自取签证。某些特殊情况，如申请需要进行行政审理、需补充支持材料或需要进行打假调查等可能会影响签证申请的审理速度并推迟签发签证的时间。

以上信息参见美国驻中国大使馆官方网站（beijing.usembassy-china.org.cn）。签证政策可能会有所更新，如果您想通过自己申请签证的话，建议登录官网及时了解相关信息。

温馨提示

文中所涉及签证材料并非毫无遗漏，在面谈时出示以上文件也不能确保您获得签证。您必须提前做好准备，以便能够在面谈时合理解释您的访美目的和回国理由，并出示相关证据证明自己的陈述。

申请签证是留学准备的最后一步，也是最终得以入境美国踏上留学征程的通行证

图片 Miller School 提供

The Importance of a Good Consultant
称心顾问 引领未来

文 Andrew Bannish

必益教育美国部教育顾问，毕业于波士顿大学，先后在上海复旦大学和吉林长春学习中文。

中国经济的飞速发展向人们展示了一连串令人目瞪口呆的数据：两位数的 GDP 增长率、日益增大的贸易额以及一个不可思议的新数字 10000%——这是 2005 到 2011 年中国学生赴美国寄宿学校学习的增长率。这个新数字既是中国家庭这些年来与日俱增的购买力的表现，同时也预示着美国学校招生热潮的来临。为入读美国学校，中国学生之间的竞争愈演愈烈，大量的伪咨询顾问则希望借机揽钱，对此，美国学校招生办公室对招生流程展开了全面检查。对于那些希望寻找高质量教育咨询顾问来引领其进入美国名校的家庭而言，所有的这一切意味着他们需要非常小心地挑选适合自己的顾问。如果你是这群努力寻找称心顾问的家长中的一员，那么请牢记以下的几点：

寻找一名咨询顾问，而非一家中介

我相信许多读者对中介的性质比较了解：中介即是通过自有渠道遣送学生赴其在美国的合作学校学习并从中收取费用的机构。而咨询顾问则是抱着将孩子培养成美国名校候选人的目的而与孩子一起努力的某类群体。对于一些小型、排名靠后且捐赠少的学校或者知名度不高的学校而言，因为自愿申请的人数不足，所以它们常常需要借助中介的力量招收更多的学生；而那些顶尖的、入学门槛高的学校，因为生源稳定，所以完全不需要依靠中介。虽然留学中介能够帮助你入学，但它们在美国的“兄弟学校”（即合作伙伴）大多缺乏竞争力，每年都需要招收很多可以支付全额学费的外国学生，中国学生显然是他们期待的。正如柴郡高中的前任代理校长说：“如果你还需要每年可以支付 5 万美元的生源 20 名，那你在中国能如愿。”中介机构仅提供简单的中介服务，但中介费却高达 25,000 至 300,000 人民币（以上）不等；而咨询顾问则更充分地利用学生所付的费用，不仅帮助他们入读适合的学校，还考虑到其后续发展。

寻找那些能够给予你真实期望的顾问

为了他们的孩子可以被哈佛或麻省理工录取，全世界绝大多数父母都愿意牺牲一切，这是事实，已经印证

Bannish 先生的母校波士顿大学

图片 作者本人 提供

Bannish 先生在接受家长的咨询

在他们追寻美国顶尖寄宿学校的梦想上。美国许多顶尖寄宿学校每年通常仅从 300 余名申请者中招收 5 至 10 名中国学生，所以对于大多数父母而言，现实真的很残酷。如果你遇到的咨询顾问肆意地向你承诺你的孩子可以进入这些名校，那么这名顾问十有八九是想在你掏腰包后逃之夭夭。我们鼓励每个人都去追逐自己的梦想，但重要的是，你要了解美国学校的现实状况，以防某些人误导你。

寻找那些真正了解体制的人

保证你能被美国教育体制下的名校录取的最佳向导是那些切身体验过这种体制的人。他们在美国的高中和大学院校学习，体验过录取中的种种酸甜苦辣，并且还具有多年的就读这类学校的经验；他们不仅能够回答你关于在这些学校生活的问题，而且还能以美式思维去思考该如何应对录取，提高成功的机率。例如，许多中国学生为了取得高分而放弃参加课外活动和社区服务，不幸的是，这极有可能成为被美国顶尖学校拒绝的原因。因此，只有在这些学校就读过的人才知道怎样做才能成功被录取，所以，咨询顾问的最佳人选无疑是那些曾经在美国生活过的人。

寻找诚实的顾问

2010 年，教育咨询公司 Zinch 发现在 250 名申请美国院校的北京高中生当中，90% 的学生递交了伪造的推荐信；70% 的学生让他人代写大学入学作文；50% 的学生提交了虚假的成绩报告；10% 的学生列举了他们实际上并没有获得的荣誉。对此情形万分失望的寄宿学校招生工作人员采取了大量措施揪出这些“欺骗者”，还将那些协助学生制造虚假信息的知名教育类公司拉入黑名单。提供此类服务的公司与美国学校之间的关系很差，最容易导致落榜的就是让这类公司提供服务。

询问合适的问题

一名顾问的首要责任就是针对客户提出的问题找到最好的解决方法。一名称心的教育咨询顾问除了能够回答关于美国学校的所有问题外，还必须能够回答其所属公司的相关问题。你可以提出如下的要求：与公司以前或现在客户联系，或者查询往年的实例。同时，你应该确保顾问对孩子申请的学校有深入的了解。《彭博商业周刊》曾刊载了一篇文章，讲述两名中国学生如何通过不同的中介机构到国外学校念书的故事。一名学生最终入读一所拥有惊人数量学习障碍型学生的学校，而另外一名学生则在一所拥有很多中国学生的学校学习，在那样的环境下，练习英语是不可能的。所以，你应该主动让你的顾问提供尽可能多的学校信息，而不是被动等待顾问向你汇报信息，在孩子过去念书后才发现所读学校不尽如意，那可就后悔莫及了。

美国的学校为那些聪明的中国小思想家们打开了通往这个日益国际化的世界的大门，我在此呼吁美国和中国的父母：想为你的孩子找到一所如意的学校只有一个方法，那就是寻觅一位称心的顾问，引领你前行，带领你体验其中的过程。

祝大家好运！

图片 作者本人 提供

Introduction to the Ivy League
常春藤联盟

文 常雅婷

康奈尔大学

常春藤联盟（Ivy League）最初是一个由美国8所大学所组建的体育联盟，现在则常常被视为一个顶尖大学联盟。这8所大学分别为哈佛大学、耶鲁大学、宾夕法尼亚大学、普林斯顿大学、哥伦比亚大学、布朗大学、达特茅斯学院和康奈尔大学，它们都位于美国东北部，具有深厚的历史文化底蕴，学术水平一流。

美国大学之间自1900年开始进行非正式的橄榄球赛事，将规模、形式相似的学校编为一组，每年举行一次竞赛。1936年，哈佛大学、耶鲁大学、普林斯顿大学、哥伦比亚大学、康奈尔大学、达特茅斯大学的校刊编辑就曾提议建立一个顶级学院的体育竞赛协会。1937年纽约《先驱论坛报》体育记者Stanley Woodward以“常春藤”来比喻参加橄榄球比赛的大学，因为这些大学古老的建筑都被常春藤所覆盖。1945年，这八所大学的体育教练们签署了第一个常春藤协议，为这8支橄榄球队设立了学术、财政和运动标准。1954年这项常春藤协议被扩展到其他所有运动，“常春藤联盟”一词被正式沿用，“常春藤联盟”也由此正式成立。

关于“常春藤联盟”名称的由来还有另外一种说法，认为其起源于“四联盟”运动协会，“四联盟”运动协会包括哥伦比亚大学、哈佛大学、普林斯顿大学和耶鲁大学。“四联盟”以罗马数字书写为IV League，IV与Ivy发音一样，后来该联盟就演变为Ivy League。

常春藤联盟学校概况一览表

大学名称	所获捐赠资金（$）	教师人数	学生总数	录取比例	本科学生	本科国际学生比例	本科生学费（$）	本科生获得奖学金学生比例
哈佛大学	369.27亿	2107	19230	7.5%	6678	12.0%	33696	50%以上
耶鲁大学	226.86亿	3619	11416	8.6%	5247	9.0%	36500	55%
宾夕法尼亚大学	62.33亿	4127	24599	17.7%	10337	11.0%	40514	60%
普林斯顿大学	167.27亿	1172	7567	10.1%	5047	7.5%	35340	58%
哥伦比亚大学	71.47亿	3566	23196	11.2%	7495	8.9%	41316	53%
布朗大学	27.78亿	689	8318	8.1%	6095	14.0%	38048	41%
达特茅斯学院	39.44亿	607	5987	13.5%	4196	7.0%	38679	60%
康奈尔大学	55.78亿	2633	20633	20.7%	13931	8.7%	39666	40%

图片 Cornell University 提供

哈佛大学 Harvard University

地理位置：马萨诸塞州剑桥市

建校时间：1636 年

哈佛大学是美国最为古老的高等学府，也是美国乃至全球最为顶尖的大学。哈佛由毕业于剑桥大学的牧师约翰·哈佛所创建，初名哈佛学院。374 年来哈佛不断革故鼎新，引领美国大学的发展，如今已成为卓越超群、影响深远的学府。

学院设置

哈佛共有 15 个学院，本科学院有哈佛学院和拉德克利夫学院，研究生学院和专业学院有 12 所，分别为研究生学院、商学院、文理学院、设计学院、牙医学院、神学院、教育学院、工程学院、政治学院、法律学院、医学院、公共卫生学院，此外还有一个继续教育学院。

课外生活

哈佛大学学生课外生活丰富，社团多达 400 余个，包括 41 个体育团队、50 多个宗教和文化社团、学生会、公众服务社团、表演与视觉艺术社团、4 个出版与媒体社团等等。哈佛作为各种政治、文化与艺术的汇集地，每年都会有大量杰出的政治家、企业家、作家、科学家、艺术家来校开设讲座，分享自己的人生经历与感受，为哈佛学子提供宝贵的精神财富。

奖学金

哈佛大学从社会各界所获的财政资助，居世界大学之最，学校有充足的实力为学生提供大量奖学金。2009~2010 学年，哈佛本科生中有一半以上都获得了奖学金，奖学金总额高达 1.45 亿美元。

著名学院

哈佛商学院（Harvard Business School）被称为培养企业人才的“西点军校”，以工商管理硕士课程（MBA）为核心，并提供工商管理博士课程（DBA）。哈佛商学院资金实力雄厚，捐赠基金高达 29.71 亿美元，年财政支出达 4.23 亿美元，现在每年的研究预算也已超过 1 亿美元，远远超过其他大学的商学院。商学院的学生极度关心企业发展，毕业后深受各大公司的欢迎，据统计现在 51.69% 的哈佛商学院校友都在各大公司管理阶层任职。

耶鲁大学 Yale University

地理位置：康涅狄格州纽黑文市

建校时间：1701 年

耶鲁大学，初名大学学院，它是美国第三古老的大学，校园古香古色，建筑大都是歌特式和乔治王朝式风格，颇有古典之美。

重视本科教育

耶鲁大学是一所顶级研究型大学，但并没有因重视研究而忽视本科教育，恰恰相反，她将本科教育视为自身的核心，这在美国研究型大学中并不多见。耶鲁大学本科部称为“耶鲁学院”，绝大多数专业都重在通识教育，鼓励学生探索本专业之外的领域，即使是工程学这种专业性较强的学科也不例外，仅有极少的几个本科院系着眼于专业性教育的准备。

热爱政治体育

耶鲁学生关心政治，政治社团众多，既有青年共和党人，又有青年民主党人，还有十分活跃的耶鲁政治联盟等。他们关心国家大事，经常举行政治辩论，并积极参与政治活动。美国 44 任总统中，其中 5 位都毕业于耶鲁大学。此外，耶鲁学生也喜欢驰骋于体育赛场，奥运会比赛恢复以来的 110 多年中，耶鲁人共获得了 50 余枚金牌。

著名学院

耶鲁大学的法学院被称为“全美最佳法学院”，经常在各种排行榜中位居第一，美国前总统克林顿及夫人希拉里均是耶鲁法学院的著名校友。该院的教育目标不仅是培养律师，还有政治家和改革者。

图片 Harvard University、Yale University 提供

宾夕法尼亚大学 University of Pennsylvania

地理位置：宾夕法尼亚州费城

建校时间：1740 年

宾夕法尼亚大学，初名费城学院，由本杰明·富兰克林所创建，是美国第四所大学。宾夕法尼亚大学提供本科教育的学院有 4 个，提供研究生与专业教育的学院有 12 个。宾夕法尼亚大学师生比例为 1：6，为学生提供的奖学金高达 1.2 亿。

学生概况

宾夕法尼亚大学学生规模庞大，来自于美国与世界各地，拥有不同的种族与文化背景。该校入学要求严格，2009 年秋季招收的本科生，95.3% 都毕业于美国排名前 10 的中学，SAT 的平均成绩为 1440。

研究实力

作为一所研究型大学，研究是宾夕法尼亚大学的核心工作之一。该校有 165 个研究中心和机构，3800 名教师、1000 余名博士后、5400 余名研究助理，2010 年研究经费达 8.14 亿美元。

著名学院

沃顿商学院是美国第一所商业管理学院，也是全美最好的三所商业学院之一。该院不仅致力于传播商业知识和培养商界领导人才，同时还致力于进行深入的商业研究，设有 18 个研究中心。

哥伦比亚大学 Columbia University

地理位置：纽约市曼哈顿

建校时间：1754 年

哥伦比亚大学，原名国王学院，美国独立后为了纪念哥伦布发现美洲，更名为哥伦比亚大学。她位于美国的文化和金融中心纽约，华尔街、百老汇、林肯中心等为学生提供了宝贵资源。

学院设置

哥伦比亚大学是世界最著名的学术研究机构之一，下设 3 个本科生学院，13 个研究生和专业学院，1 个继续教育学院。哥伦比亚大学诸多学院都享有极高的声誉，其新闻学院享誉全球，教育学院是全球最大、课程设置最全面的教育学院之一；其医学院是美国最早设立医学博士学位的学院。此外，该校的法学、商科等也广受好评。

著名校友

哥伦比亚大学拥有庞大的校友网络，遍布世界 150 多个国家。欧元之父蒙代尔、美国前总统罗斯福、联合国前秘书长加林、中国著名学者胡适、诗人徐志摩等都是哥伦比亚大学的校友。至 2009 年，哥伦比亚的校友和教授中共有 93 人获得诺贝尔奖，4 人获得国家科学奖。不少校友还会解囊资助，哥大每年都会有大量学生从中受益，一年的奖学金总额可达 4980 万美元，而且该校的国际商务研究所也是在校友捐赠下建立而成的。

著名学院

哥伦比亚大学新闻学院是由美国报业大亨约瑟夫·普利策出资捐助而建的，是世界最为优秀的新闻学院，还是普利策奖的创设和颁发单位。该院秉承了普利策的新闻理念，注重新闻的实践性，鼓励学生从复杂环境中挖掘事实真相，并将其清晰准确地传递给大众。

普林斯顿大学 Princeton University

地理位置：新泽西州普林斯顿市

建校时间：1746 年

普林斯顿大学，原名新泽西学院，提供人文、社会科学、自然科学、工程学方面的本科和研究生教育。普林斯顿大学以重质量、重研究、重理论的传统闻名于世，专业设置求精而不求全，坚持学术至上的原则。普林斯顿大学几乎所有专业都处于领先地位，但却不开设最热门的法学、商科、医学等专业学院。

学术诚信

普林斯顿大学极为强调学术诚信，该校的“荣誉规章”（Honor Code）规定每位学生都要书写一份保证书，承诺所有书面作业绝无剽窃，而且也不会违反其它道德规范。依据“荣誉规章”，学生不仅要严于律己，而且有义务向学校检举其他学生违反该制度的现象。普林斯顿的考试没有教师监考，但是在“荣誉规章”的约束下，几乎所有学生都能严于律己，诚信守则。

雄厚师资

普林斯顿大学师资力量雄厚，教授大多都是知名专家学者，荣获过重量级奖项。相对论大师爱因斯坦、“电子计算机之父”和数学大师约翰·冯·诺依曼、诺贝尔文学奖获得者托尼·莫里森都是普林斯顿的著名教授；华裔诺贝尔奖获得者李政道、杨振宁也曾担任该校的高级研究院研究员。

著名学院

伍德鲁·威尔逊公共与国际事务学院是由美国前总统、普林斯顿校友兼校长伍德鲁·威尔逊于 1930 年所创建的，它致力于帮助学生成为公共与国际事务中的领导者。

图片 University of Pennsylvania 提供

布朗大学 Brown University

地理位置：罗德岛州普罗维斯登

建校时间：1764 年

布朗大学，原名罗得岛学院，1804 年尼古拉斯•布朗（Nicholas Brown）为罗得岛学院捐款 5,000 美元，使得该校设立了第一个教授席位。为了感谢尼古拉斯•布朗，罗得岛学院在同年更名为布朗大学。布朗大学是常春藤联盟中第一所可以接受任何宗教背景的学生入学的高校，现在布朗大学的学生来自美国及世界各地。

院系设置

布朗大学下设本科生学院、研究生学院、医学院，以及新成立的工程学院。布朗大学的许多专业都处于领先地位，例如工程、医学、历史、宗教、地质、比较文学等等。在八所常春藤盟校中，布朗大学最早成立了面向本科生的工程系，该系于 2010 年 7 月升级为布朗工程学院。另外，该校还别具创新地开设了面向本科生的数学史系，这在美国乃至世界都是绝无仅有的。

独特教纲

布朗大学一方面坚持教研高标准，另一方面又极具创新精神，实行"布朗教纲"，充分满足学生的个体需求，使其享受最为自由的教育体验。布朗大学不会为学生设置限制性课表，没有必修课，学生可以从全校所有课程中选择超越专业要求的课程修读。学生每学期只需上 4 门课，在毕业前所修读的课程只要达到 30 门，取得了 C 等以上成绩，具备一定的写作能力即可毕业。而且，布朗大学的成绩等级没有加减号，不及格的成绩也不会出现在成绩单上。

著名学院

布朗大学的研究生学院创建于 1887 年，现有学生 2000 余名，提供 8 种硕士学位和 40 多个研究方向的博士学位教育。该院的许多专业都具有良好的学术声誉，根据 2010 年《美国新闻与世界报导》公布的研究生专业排名，该院的应用数学位居全美第 5 名，增长经济学位居第 8 名，历史学排名第 14，英语排名第 13，数学排名第 14，经济学排名第 17，工程学与计算机科学均排名第 20。

达特茅斯学院 Dartmouth College

地理位置：新罕布什尔州汉诺佛

建校时间：1769 年

达特茅斯学院由依利扎维洛克牧师所创建，最初只招生男生，这种传统延续了 203 年，直到 1972 年才开始招收女生。直到现在男生仍然是该校的学生主体，约占 2/3。不过该校在招生时并没有性别、种族等限制。

教育概况

达特茅斯学院是常春藤联盟中唯一一所仍然保留"学院"之称的大学，但这并不意味着该校不能提供研究生教育。达特茅斯学院本科教育分为 40 多个科系，研究生和专业学院包括文理类研究生院、Tuke 商学院、Thayer 工程学院、Dartmouth 医学院。

特色学期制度

达特茅斯学院的学期制度颇具特色，每学年分为 4 个学期，每学期 10 个星期。除了三年级时夏天学期必须上课外，学生可以根据自己的爱好任意挑选三个学期上课，其余时间自由支配。

康奈尔大学 Cornell University

地理位置：纽约州伊萨卡

建校时间：1865 年

康奈尔大学由埃兹拉·康奈尔和安德鲁·迪克森·怀特所建立，是常春藤联盟中唯一一所在美国独立战争后创办的大学。康奈尔大学堪称美国大学教育的"平等先锋"，是美国第一批明确在录取标准中反对种族和性别歧视，接受任何信仰、种族、性别学生的大学之一。

学院设置

康奈尔大学拥有 3 个校区，14 个学院，其中文理学院是该校最大的本科生学院，开设 4000 多种课程，70 多个本科专业，93 个研究生专业。学校主校区位于纽约伊萨卡，设有 7 个本科生学院，4 个研究生与专业学院；纽约校区拥有 2 个医学类研究生与专业学院；另外一个校区位于卡塔尔教育城。

选修制度

康奈尔大学的课程选修制度颇具特色，本科学生可在入学注册时依据一定要求选择主修课程，其余课程均可自行选修，她是美国最早实行学生自行选修课程的学校之一。这种选修制度使得学生不受专业所限，可以接受全面教育，文理并重。

著名学院

康奈尔大学的酒店管理学院是一所本科学院，成立于 1922 年。她是常春藤联盟中唯一一所酒店管理学院，也是酒店管理领域的世界顶级学院。该院专职教师共有 60 余名，他们都是各自领域的专家学者，教授学生最前沿的专业知识。学院开设各种商务课程，包括制定战略与规划、设计与建设、融资与市场营销、管理与运作等。而且学院还为学生提供在全球各地的餐饮行业实践的机会，使学生能够将理论运用于实际工作之中。

图片 Dartmouth College 提供

Applying to the Ivy League
申请常春藤盟校

文 常雅婷

常春藤联盟身为全球顶尖学府，散发着无穷的魅力，吸引着众多莘莘学子。因此，常春藤联盟每年都会有众多学生报考，竞争甚为激烈，平均录取率只有10%左右。想要从众多学生中脱颖而出、达成所愿可从以下几个方面着手：

明确申请期限及类型

美国大学的本科申请分为提前录取和常规录取两种，大多数学校同时接受这两种申请，但是哈佛和普林斯顿大学不接受提前录取申请，其他六所常春藤盟校同时接受常规录取申请和提前录取申请。虽然各个大学申请提前录取的截止日期并不相同，但是基本上为11月1日。申请常规录取的截止日期大多为1月份，也有部分在2月份，例如宾夕法尼亚大学为2月15日。一般来说，提前录取没有常规录取的竞争那么激烈，所以申请者被录取的可能性会更大一些。大学基本上在12月15日就会发出提前录取通知，如果学生未被录取还可以申报常规录取；但是一旦被提前录取，学生则只能前往该校就读。而正常申请的录取通知一般会在4月1日前后发出。学生应根据自身情况及学校情况做出是否申请提前录取的选择，并在截止日期之前完成申请。

详细了解学校情况

申请学校之前，一定要详细了解各个大学的情况，优势专业、学院、学费、入学条件、学校氛围、有没有什么特殊要求、招生程序等。常春藤联盟大部分是由学校统一招生，但是哥伦比亚大学的各个院系设有独立的招生办公室，并有自身的独特申请规定和审核办法。申请者需结合自身爱好与竞争力进行权衡，自己究竟是否适合所要申请的学校和专业。而且，这对撰写相关申请材料也很有帮助，如果招生老师从你的申请材料中发现你对学校并非很了解，这会使招生老师对你的印象大打折扣，从而丧失录取机会。

优异成绩为基础

虽然美国常春藤联盟并非只注重成绩不注重能力，但是优异的学习成绩仍然是衡量学生学习能力和成就的重要指标，是申请常春藤联盟的重要条件之一。

SAT/ACT 和 SATII 专项测验

申请常春藤联盟的本科席位，学生基本上都要有良好的SAT/ACT和SATII专项测验考试成绩。例如哈佛大学要求所有学生都必须参加SAT/ACT和两门SATII考试，被哈佛录取的学生每门SAT和SATII几乎都在650-800之间。耶鲁大学学生的SAT成绩和ACT的成绩基本上为：SAT-阅读700~800；SAT-数学700~780；SAT-写作700~790；ACT 30~34。康奈尔大学学生SAT-阅读成绩在600分以上的占86%，SAT-数学成绩在600以上的占93%，ACT成绩在30分以上的达71%。不过个别学院不要求SATII考试成绩，例如康奈尔大学农业与生命学院就不要求学生参加SAT专项测验。

TOEFL/IELTS 考试

对于国际学生而言，优异的TOEFL/IELTS成绩也是很有必要的。康奈尔大学要求非英语母语的申请者必须提交雅思或者托福成绩，除非申请者的SAT批判性阅读达到了670分，或者已经在美国等以英语为官方语言的国家学习四年以上。康奈尔大学对雅思考试成绩的要求是7分，托福电脑方式的考试需达到100分，纸笔方式的考试需达到600分。

常春藤联盟研究生学术要求：

- GRE/GMAT/LSAT/MCAT成绩：GRE是申请美国研究生绝大多数专业都需要参加的一项考试；GMAT是申请商科研究生需要参加的考试；LSAT是申请法律研究生需要参加的考试；MCAT是申请医学类研究生需要参加的考试。哈佛大学商学院、宾夕法尼亚大学商学院、哥伦比亚大学商学院、达特茅斯学院塔克商学院大部分学生的GMAT成绩都会达到700分以上，哈佛商学院一半学生的GMAT成绩都在700~760之间。
- GPA即Grade Point Average，是申请者在大学期间的平均成绩点数，是申请美国研究生时非常重要的一项指标。申请常春藤联盟的学生其GPA成绩都很高，基本上要达到3.5，例如哈佛商学院学生的平均GPA为3.67。
- 申请美国大学研究生课程同样需要TOEFL/IELTS成绩，它是效仿衡量申请者英语能力的依据。一般情况下，申请者一旦被认定语言能力不达标，最后几乎都会以失败而告终。

耶鲁大学是美国第三古老的大学，也是常春藤联盟之一

虽然并非所有常春藤联盟都要求TOEFL/IELTS成绩，但是良好的托福或雅思成绩只会为你带来竞争优势，而不会削弱你的竞争力。而且，如果你尚未确定申请哪些大学，取得了托福或雅思考试成绩将能够扩大您的选择面，不会因没有该项成绩而遗憾地与理想学校擦肩而过。

综合素质为支撑

申请常春藤联盟仅凭借优异的学术成绩是远远不够的，它强调的是学生的全面发展。哈佛大学表示在学习成绩之外，“招生委员会也会考虑其他方面的因素，例如是否积极参加集体活动、是否具有领导才能和工作经历等。招生委员会会通过老师、顾问、校长和校友来了解申请者的个人强项，克服困难的能力以及其他个人资质，所有这些对于招生委员会的最终决定而言都非常重要。”高校精心设计的全套申请程序，申请表、老师撰写的推荐信、学生的个人陈述、招生委员会的面谈等等都是为了能够全面、准确地评估申请者。最终能否被录取取决于学生的个人素质。虽然常春藤联盟并没有明确统一的招生标准，但是各个学校所重视的因素大致相同，主要包括：

领导才能

常春藤联盟以培养世界顶尖人才为己任，因此领导才能在其看来是非常重要的素质。学生是否参加过竞选？是否成功担任过学生干部？是否组织过活动？在组织活动中表现如何？对待学生工作的态度如何？是否具有领导才能？这些都是学校希望了解的重要信息。因此积极地参加学生工作，在学生社团中多做些有意义的事，培养自己的领导才能将对你的申请大有裨益。

工作经历

切切实实的工作经历能够帮助学生真正地了解社会，尽快适应社会，这种人生财富尤为珍贵，因此常春藤联盟非常重视学生的工作经历。你可以在申请材料中提及自己的感悟和收获，如何克服工作困难等，这可以使招生老师更好地了解你。如果学生的工作经历能够与学生的个人兴趣以及专业选择相关的话，就更容易赢得老师的好感。招生老师会认为申请者是一个很执着专一的人，而你的申请也是经过理性思考之后慎重做出的选择。

课外活动

积极参加课外活动，拥有广泛爱好和兴趣的学生常常会比较容易赢得招生老师的青睐。不过，现在许多学生都会积极参加课外活动，几乎所有学校也都会为学生提供丰富多彩的活动。这也就意味着如果你参加课外活动没有什么独特之处，那么你并不容易脱颖而出。而如果你能在课外活动的某方面取得一定的成绩，比如参加当地、国家的比赛与演出，就会使你与众不同。

书写个人陈述温馨提示：

- 切忌别人代写和内容不真实。老师希望从中发现真实而优秀的你，只有真情才能打动人，而且如果被发现内容不真实，将会对你的申请产生致命危害。
- 切忌夸夸其谈，全是优点。“金无足赤，人无完人”，可以谈及自己的小缺点，并表明自己积极努力，追求完美的态度。
- 切忌空洞，要以事实为支撑。可以谈及对你的成长、性格、能力有较大影响的事情，成功与失败并非是最重要的，关键是你从中得到的收获。

图片 Yale University 提供

谢文悦（Wendy Hsieh）

出生于中国台湾，成长在泰国，高中毕业后进入美国著名的宾夕法尼亚大学学习建筑，毕业后回到泰国工作。工作 7 年后又萌生了继续深造、攻读 MBA 的念头，并同时获得了剑桥和牛津两所名校的 offer，最终选择在剑桥大学攻读 MBA。

My Elite Schools Tour

从宾大到剑桥 我的名校之旅

采访/文 常雅婷 任姗姗

对话谢文悦

Q：您为什么选择宾夕法尼亚大学？

A：宾夕法尼亚大学是常春藤联盟（Ivy League）之一，有很高的国际声誉，这里有很多著名的教授和校友。而且，我喜欢建筑，并想要学习建筑，而宾大的建筑学也很强。还有一个重要原因就是，我的好朋友也在宾大就读。所以，我就选择了宾大。

Q：刚到宾夕法尼亚大学时，你对她有什么印象呢？

A：宾大的风景非常美丽，是我见过最漂亮的大学之一。而且宾大的老师人都很好，很热心，关心学生，无论是在生活上还是在学习上遇到问题，这里的老师都很乐于为学生提供帮助。这一点其实对国际学生来说是很重要的，国际学生孤身一人来到异国他乡，难免会遇到各种各样的问题，有这样一群老师，会让你更快地适应这里。另外，宾大也是一个非常多元化的大学，有许多来自各个国家和地区的学生，是练习英语和了解不同文化的好机会。

Q：刚到美国时，常常会有些不适应，你当初有什么感觉？你是如何调整的？

A：最主要的问题还是语言障碍，这也是绝大多数国际学生都会遇到的问题。之前在泰国时我感觉自己的英语还是很不错的，但是刚到美国听到真正的美国英语时，我常常听不懂他们在说什么。英语对他们来说是母语，他们常常说得很快，而且这里的学生来自不同地方，讲英语多少还是会有一些口音，刚开始会不太习惯。想要快速适应这里，你就要不断地去听、去说，只有在锻炼中才能提高。

我在其他方面没有太大的不适应，可能是从小我在家里都非常独立。我的父母一直都很注意培养我的独立性，虽然我们家有阿姨，但是还是会让我自己打扫房间、自己做饭……所以，在到了美国之后，遇到问题也会自己去解决，不会感觉太不适应。

Q：您在宾夕法尼亚大学最难忘的经历是什么？

A：我曾经跟着学校教授到以色列进行考古，虽然我的专业是建筑，但是考古也是我们学习的一部分。我们到考古地点进行挖掘、考查和分析。因为这个项目，我在以色列工作了 2 个月，在这个过程中我意识到在思考问题和做决定时一定要将社会和文化因素考虑在内。此外，在当时想要获得以色列的护照和签证是非常困难的，但是我有幸在学校的帮助下取得了以色列的护照和签证，并且亲身体验、深度了解了中东的生活。

Q：宾夕法尼亚的学习生活对你有哪些影响？

A：如果我没有到美国留学而是在泰国上大学，那么我的视野可能会比较狭窄，我只会以泰国人的角度看待和思考问题。在宾大的留学生活使我对世界有了更多了解，接触到了不同国家和地区的学生，也了解了不少异国文化，并学会以别人的立场和角度来思考和处理问题。

在美国留学期间，我参加了许多志愿者活动，我非常乐意去帮助别人。美国是一个富国，但是也有不少穷人和可怜的人。我曾经到监狱里教数学，为那些无家可归的人发面包，这些志愿者活动让我看到了社会的多面性。

Q：就职业发展而言，宾夕法尼亚大学是如何让你为以后的工作做准备的呢？

A：我学习的是建筑专业，建筑需要良好的分析能力，而分析能力其实是互通的，在管理等其它工作中同样重要。而且我在宾大接触到了各种各样的人，有着非常丰富的社交，这其实就像是 HR 一样，需要与各色人群打交道。这种人际交往能力对我以后的工作也有重大影响。

图片 作者本人 提供

Q：您在工作之后为何会萌生继续出国深造的想法呢？

A：当时我大学毕业已经7年了，社会变化得真的很快，我想要了解人们都是如何工作的，我觉得自己需要再继续深造、并提升自己。而且我也想要休息一下，补充一些能量之后再继续上路。

Q：这次为什么会选择英国的剑桥大学攻读MBA呢？

A：我之前一直没有去过英国，想要体验一下不同的国家和文化。其实我当时不仅收到了剑桥的offer，还收到了牛津的offer，之所以选择剑桥是因为我以前非常尊敬的老板也曾在剑桥学习过，还有一位我非常敬重的同事也曾在剑桥学习，所以我觉得在剑桥我一定能学有所获。

Q：你既在美国留过学，又在英国留过学，以你的个人体验来说，你觉得二者有哪些不同之处？

A：我觉得在学习方面，英美并没有太大差异。当时剑桥的MBA还很新，开设MBA教育的时间并不是很久，其教育模式很多都来自美国，就像是将哈佛模式复制到英国剑桥。

但是在其他方面英美之间还是有许多差异的。我个人觉得美国要相对更为方便一些，比如在美国出门一般都是乘公交、地铁或者开车，很少走路或骑自行车；而在英国，人们常常会步行或骑自行车。在美国，所有的道路都是按照阿拉伯数字标记的，直直的，一条路只有一个编号，很好找，不容易迷路；在英国许多时候明明是同一条道路，在不同路段却会有不同的名称，所以刚开始的时候会感到困惑和迷茫，容易迷路。美国和英国的思维方式和行为方式也很不一样，美国人喜欢直来直去，直入主题，直击要害；而英国人则更为含蓄和间接，而不是直奔主题，很多时候你需要仔细去体会对方的意思。

Q：你觉得之前的工作经验对你的MBA学习有哪些帮助？

A：学习MBA常常会有很多实例研究，工作经验能够让我更好地理解问题。我觉得学习MBA拥有3~4年的工作经验很有必要，而那些没有工作经验、本科毕业后直接攻读MBA的学生没有解决实际问题的经验，常常会在学习中遇到一些问题。

MBA的学习压力比较大，你需要阅读很多的书籍，并且常常需要在很短的时间内完成一项任务。为了在规定时间内完成任务，我们常常将任务合理分配，每个人承担一部分，这样就可以为每个人节省时间。这其实就像是在工作中一样，大家是一个团队，各司其职，齐心合力。拥有一定的工作经验，能够让我们这个团队更好地运作，大家能够更好地彼此合作，彼此帮助，完成任务。

Q：你对打算出国留学的学生有什么建议吗？

A：我觉得留学生到了国外之后要积极主动地展示自己，要自信，多多练习英语。中国人常常比较客气谦虚，不喜欢张扬，但是到了国外之后一定不要不好意思，要敢于表现自己，敢于练习英语，即使你有时候并不清楚自己要说什么，但是也要努力张口保持说英语的状态。

“我觉得留学生到了国外之后要积极主动地展示自己，要自信，多多练习英语”

图片 作者本人 提供

高傅CEO朱燕：智慧的财富人生

朱燕

高傅财富 CEO，中欧国际工商管理学院 EMBA，资深英国特许公认会计师（FCCA）注册理财师。拥有超过 15 年的跨国公司管理经验，在基金、股票、外汇、保险、信托、房产等诸多金融投资领域积累了丰富的理论知识和实战经验。

越来越多的中国父母选择在孩子中学，甚至小学阶段就将其送出国门，到海外留学，接受更为开放的教育和多元文化的熏陶。对于父母来说，孩子出国留学意味着要负担高昂的学费和生活费，不过，在聪明的父母眼里，这同样也是一次财富增值的机会，房产、基金、海外投资……

高傅财富 CEO 朱燕女士将告诉我们如何确立正确的理财观念，开启智慧的财富人生。

对话高傅 CEO 朱燕女士

Q：对孩子在国外留学的父母，您建议他们从哪几个方面进行理财规划？

A：出国留学是一笔不小的开销。很多父母是提前几年开始准备子女的海外留学费用，有的甚至孩子刚出生就开始规划了。 我们建议父母将子女教育金费纳入家庭财富管理的整体中去规划。 父母是子女的安全伞。父母在子女成长期间，留学期间的身体健康状况，事业状况都对子女有着直接的影响。 同时子女在海外学习，将来是否移民，是否要为子女购置海外资产，也需要提前考虑。我建议看到这篇文章同时有打算送子女出国的父母立即规划下家庭理财，包括消费和支出、投资、负债、养老、教育、遗产、现金流量和保障保险这八个方面。特别值得一提的是我们要从生活目标为基础来做财务规划，这就是家庭理财 CFO 的概念了。

Q：家庭理财 CFO 是个很独特的概念，家庭财富管理过程中为什么要强调 CFO 这个角色？

A：在传统观念中，CFO 被认为是掌握企业发展命脉的关键人物之一。其实，家庭财富管理中的 CFO 同样有着举足轻重的作用，如果有一位精于规划家庭财务状况的 CFO，理财失策的情况就能够避免。作为客户家庭理财的 CFO，高傅会帮助客户明确自己家庭理财的目标是什么，确定了长期、中期、中短期的财务目标后再制定理财策略。在策略制定过程中，我们会关注一些外部环境和因素来帮助决策，比如家庭目前所处的状态。比较年轻的成长型家庭和拥有一定财富基础的成熟型家庭，两者对于理财的关注点是不同的。同时，我们也会关注当前的经济环境，因为这会影响最终资产配置的决策。在确定整体策略后，再细化一些具体的目标，比如预期的回报率、投资的期限和可承受的风险等等。在这些框架下，我们会做一个大类的资产配置，然后在各个大类中找寻符合策略的产品，进行后续跟进和持续性的服务。可以说，帮助客户定位自己的理财目标是我们的服务特色。回归到留学子女家庭，由于每个家庭的情况都不一样，并且大家对未来生活的规划也不一样，就需要高傅家庭理财 CFO 去定制化的服务客户。

Q：高傅在中国市场有哪些优势？

A：财富管理在中国市场是一个比较新的行业，高端的财富管理在中国也只有四五年的历史。我们从财富管理体系比较成熟的澳大利亚直接引入品牌，把这套理念和体系直接带到中国。另一方面，中国的投资者和消费者都具有非常宽广的国际视野，能接受我们的理财观念和模式。在这样一个新兴环境下，高傅是非常有优势的。所以我也会告诉自己，告诉高傅的员工，只要我们踏踏实实地把正确的理财观念和服务模式提供给客户，我相信客户自己能清晰地把握方向。

Q：可以简单介绍高傅财富吗？

A：我很早就开始关注国外顾问式理财的概念，发现这个行业的一些理念是中国投资者普遍缺乏的，但这些正确的理念对个人以及家庭的理财都有很大帮助。所以，在 2009 年，我组建了独立的第三方理财顾问机构——高傅财富。高傅财富引进了一种全新的理财概念——以提供顾问服务为主、产品为辅。在高傅，我们提倡把经营企业的理念和经验应用到家庭理财上，而顾问式财富管理公司相当于客户家庭理财的 CFO。

Q：相信我们的《名校指南》发表后，很多读者都会对家庭理财 CFO 的理念感兴趣，能否请朱总送一份大礼包给我们的读者？

A：高傅非常关注自己的企业社会责任，很感谢《名校指南》的平台，能够让我们将有价值的理念带给留学子女家庭。 那么对于前 100 位杂志的读者，我们会送出一次免费咨询服务，希望能帮到大家。

高端私密交友平台
持续贴心的服务
信托
公募基金
一对一专属理财服务
不定期优化调整
PE
券商集合理财
阳光私募
综合理财规划方案
保险

耶鲁大学

Types of Scholarships for the Ivy League

常春藤联盟奖学金体系

文 常雅婷

常春藤联盟作为世界顶级私立大学，毫无疑问，其费用是极为昂贵的，普通家庭很难承担。2009~2010学年常春藤联盟本科生的学费、住宿费、生活费总和以宾夕法尼亚大学最高，达到49,986美元，三项总费用最低的是达特茅斯学院，但也需要36,915美元。除此之外，学生还需向学校支付3,000美元左右的书本费以及其他个人支出。

不过，为了平衡昂贵的费用，常春藤联盟也为学生提供了极为可观的奖学金。哈佛大学2009~2010学年仅哈佛学院的奖学金总额就高达1.45亿美元，而2010~2011年学年再创新高，近1.58亿。宾夕法尼亚大学2009~2010学年本科生获得奖学金的比例为80%，总金额达1.2亿美元。

图片 Yale University 提供

奖学金类别

校内奖学金

校内奖学金是常青藤联盟学校、院系以及校友等为学生提供的奖学金，种类非常丰富，资金来源多样而充足，为学生的成功申请提供了保障。

校内奖学金按照是否需要学生提供劳动可分为非服务性奖学金（Non-service Scholarship）和服务性奖学金（Service Scholarship）。非服务性奖学金是指学校依据一定原则无偿发放给学生的奖学金，学生不需要以劳动和服务为条件，而服务性奖学金则需要学生付出一定的劳动和服务。

1、非服务性奖学金

非服务性奖学金又可分为：

1）全奖

全奖是所有奖学金类型中金额最高、竞争最激烈的一种。一般情况下，获得了此项奖学金的学生除了不用为学费、学杂费、住宿费、保险费和生活费发愁外，还会有一定的零花钱。也正是因为如此，获得全奖助学金的学生不能再申请其他奖学金。

2）减免费用奖学金

减免费用奖学金相对于全奖助学金而言金额要少一些，但是申请起来也会更容易，大部分学生所获得都是这种类型的奖学金。减免费用可能是减免学费，也可能是减免学杂费、住宿费等。这项奖学金不能涵盖学生求学的所有费用，因此即使减免了费用，尤其是减免部分费用，对于家庭较为困难的学生而言，依然会有较大的生活压力。不过，获得这类奖学金的学生，可以同时申请其他种类的奖学金。

2、服务性奖学金

1）助研和助教类奖学金（Research Assistantship & Teaching Assistantship）

常春藤联盟会为学生提供一些助研和助教的岗位，使学生可以一边学习，一边协助教授进行研究和教学，并通过自己的劳动获得相应报酬。不过助研和助教的工作一般以研究生居多，本科生中只有极少数人才能获得此类奖学金。

助研和助教类奖学金常常会在为学生发放津贴的同时，为学生减免学费，这样学生基本上就不会有太大的经济压力了。常春藤联盟的助研助教类津贴基本在 2 万美元 / 学年以上，学生每周工作不超过 20 个小时，并且常常会有一个工作考核。例如普林斯顿大学 2010~2011 年助研类奖金额为 23,250 美元（通过考核）或 22,250 美元（未通过考核），而助教类奖学金将达到 25,450 美元（通过考核）或 23,650 美元（未通过考核）。

2）其他校内工作（On-Campus Job）

按照美国移民局的规定，虽然国际学生不得随意为其他机构、企业和个人工作，但学生在美国求学期间可以在学校、非营利性机构和政府部门工作，国际学生每周最多工作 20 小时，假期每周最多 40 小时，每小时最低为 5.15 美金。常春藤联盟为学生提供了一些校内工作岗位，包括在大学食堂、书店、图书馆、俱乐部以及校内行政办公室工作。达特茅斯学院 2008~2009 学年有 37.6% 的学生获得了校内工作，资助总额达 340 万美元，学生平均所获资助金额为 2,024 美元。哥伦比亚大学校内工作薪资为 2,750 美元 / 学年，每周工作时间不多于 10 小时。2009~2010 学年，耶鲁大学学生的校内工作平均收入为 2,600 美元，此外，耶鲁还为学生提供了一些暑期工作，本科新生的暑期收入最少为 1,200 美元，2~4 年级则为 2,450 美元，学生平均薪资为 11.5 美元 / 小时。

校外奖学金

除了学校内部提供的奖学金以外，学生还可以申请校外奖学金。校外奖学金的资金来源多样，包括中学、民间组织、学生家长、企业等等。这种奖学金项目是独立于学校之外的，部分是依据学生在学术、体育、艺术表演等方面的优秀表现进行评定；还有一些会综合学生的资金需求与优异表现进行评定。

常用的校外奖学金申请网站

- www.collegeboard.com；
- www.scholarships.com；
- www.sourcesforstudents.com；
- www.fastweb.com；
- www.collegenet.com；
- www.fastaid.com；
- www.finaid.org

此外，常春藤联盟的中国校友会或校友有时也会为成功被其母校录取的中国留学生提供奖学金，例如哈佛大学北京校友会就设立了中国学子基金，以奖学金的方式资助被哈佛录取的优秀中国学子完成学业。

校外奖学金主要用于抵消学生自己需要贡献的资金以及学校为学生提供的资金支持，例如抵消学生贷款和需要学生打工贡献的资金，不能用于减少家庭所需支付的资金。哈佛大学规定学生所获的校外奖学金将首先用于抵消学生学期期间的打工收入，其次是暑期打工收入，超额部分将用于替代相等额度的非服务性奖学金。2009~2010 学年哈佛本科生学院学生获得的校外资助总额达 1,300 万美元；哈佛 MBA 项目学生获得的外部奖学金达 2 万美元（两年）。

温馨提示

在你成功申请奖学金之后（全奖助学金除外），如果你认为自身经济压力仍然很大，可以继续与学校及学院以及校外奖学金等部门交涉，或者申请校外奖学金，说明自身情况，你依然有机会获得资金支持和帮助。

奖学金评定标准

奖学金的主要评定标准分为两种，一种是以学生表现为基础的资助（Merit-Based）；一种是以学生的财政需求为基础的资助（Need-Based）。Merit-Based 奖学金依据的是学生出色的学业、体育或表演才艺等；Need-Based 奖学金依据的是学生所需要得到的资金援助，需要通过反映家庭收入、财产和其他因素的文件来证实。

常春藤联盟在评定本科学生奖学金时采用的是 Need-Based 的标准，依据学生的资金需求，而不依据学术成绩、运动特长或文艺表演评定奖学金。宾夕法尼亚大学声明“与其他常春藤盟校一样，本校不会以优秀的学术和体育成绩为标准提供奖学金，而只会依据资金需求，本校致力于 100% 地满足学生的需求。无论是 5,000 美元，还是 50,000 美元，本校都会为学生寻找资源提供资助。”而且学生是否申请奖学金与学校录取几率没有关系，常春藤联盟的本科录取采用的是 Need-Blind（资金需求无关）原则，录取时不考虑学生是否需要学校资助。

研究生奖学金在评定时既有按资金需求评定的，也有按照优秀评定的，还有的会综合这两种标准评定。

常春藤联盟为学生提供了极为可观的奖学金

如何申请奖学金

奖学金申请方式

比较常见的是在线申请，推荐学生使用在线填写申请表的方式。不过，部分学校也接受纸质申请，例如哈佛大学本科学院和普林斯顿大学本科学院均可接受这两种申请。

奖学金金额计算

奖学金资助 = 教育支出 - 家庭贡献金额

申请截止日期

奖学金申请一般是与学校申请同时进行的，常春藤联盟本科生奖学金申请一般需在 1 月 15 日之前完成，特殊情况可延长至 2 月 1 日；研究生学院和职业学院的截止日期一般在 2~3 月份。学生在被学校录取之后依然有机会申请一些校内奖学金和校外奖学金。

申请所需文件

- 申请表
- 父母纳税申报表
- 学生纳税申报表
- W-2 工资与报税表

学校在判定学生的财政资助需求时会重视以下因素：家庭成员数量、学生收入及资产、父母收入及资产、特殊家庭情况和家庭中正在就读大学的孩子数量。

温馨提示

一般来说，家庭中正在读大学的孩子数量越多，学生获得奖学金的几率和金额也就越大。例如耶鲁大学耶鲁学院对于父母年收入达 9 万美元的家庭，如果只有一个孩子上大学，父母大约需为孩子缴纳 2,950 美元 / 年；如果两个孩子上大学则只需缴纳 1,500 美元 / 年；父母年收入达 18 万美元，如果是一个孩子上大学父母则需资助 23,050 美元 / 年，如是两个孩子父母则只需为学生资助 11,650 美元 / 年。

材料递交截止日期

常春藤联盟各个大学及学院材料递交期限有所差别，但基本上在 3~4 月份。学生可采用邮寄或传真的方式将材料递交给校方，如果采用邮寄还需考虑邮寄时间，因此建议学生尽早整理并递交材料。

校方决定及学生回复

常春藤联盟一般会在收到材料后的两三个星期内做出评定，大概在 4 月底之前，会以书函形式通知你是否获得奖学金资助、资助金额为多少、能否覆盖全年的总消费。申请人需要在收到书面信函后尽快做出是否接受奖学金资助的回复。

图片 Brown University 提供

Alumni of the Ivy League

常春藤联盟风云校友录

文 常雅婷

常春藤联盟人才辈出，群英荟萃，从政界总统到商界领袖，从学界诺贝尔奖获得者到文艺界的闪耀之星，无数名人在常春藤联盟留下了自己的身影，并成为母校的骄傲。

政界：总统政要辈出

美国总统	就读院校
约翰·亚当斯	哈佛大学
詹姆斯·麦迪逊	普林斯顿大学
约翰·昆西·亚当斯	哈佛大学
威廉·哈里森	宾夕法尼亚大学
拉瑟福德·海斯	哈佛大学
西奥多·罗斯福	哈佛大学、哥伦比亚大学
威廉·塔夫脱	耶鲁大学
伍德罗·威尔逊	普林斯顿大学
富兰克林·罗斯福	哈佛大学、哥伦比亚大学
约翰·肯尼迪	哈佛大学、普林斯顿大学
杰拉尔德·福特	耶鲁大学
乔治·赫伯特·沃克·布什	耶鲁大学
威廉·杰斐逊·克林顿	耶鲁大学
乔治·沃克·布什	耶鲁大学、哈佛大学
贝拉克·奥巴马	哥伦比亚大学、哈佛大学

奥巴马

美国44任总统中接受过大学教育的共有33位，其中15位毕业于常春藤联盟，另外，美国第34任总统德怀特·艾森豪威尔曾担任哥伦比亚大学校长。除总统外，美国还有大量杰出的政要毕业于常春藤联盟，例如美国前国务卿亨利·基辛格出自哈佛；现任副总统切尼、美国国务卿、前第一夫人希拉里毕业于耶鲁；美国第一夫人米歇尔·奥巴马曾就读于普林斯顿大学和哈佛大学；美国前副总统尼尔森·洛克菲勒曾就读于达特茅斯学院；现任美国驻华大使洪博培毕业于宾夕法尼亚大学。

此外，常春藤联盟还为其他国家和地区培养了政治领导人，如首任加纳总统、非洲独立运动领袖克瓦米·恩克鲁玛、韩国前国务总理李洪九、中国台湾地区前领导人李登辉等。

商界：叱咤风云领军人物

斯蒂夫·鲍尔

常春藤联盟不仅培养了一大批政客，还为商界打造了众多叱咤风云的领军人物。特朗普集团主席与首席执行官唐纳德·特朗普曾就读于宾夕法尼亚大学沃顿商学院，攻读财务和商业管理，其子小唐纳德追随父亲的脚步，也曾在宾夕法尼亚大学学习，毕业后加入特朗普集团，现担任执行副总裁；杜邦公司首任总裁尤金·杜邦也毕业于宾夕法尼亚大学。美国著名投资家沃伦·巴菲特、飞机设计师和企业家波音、可口可乐公司前董事长戈伊苏埃塔、《时代》周刊创始人亨利·鲁斯、联邦快递创始人弗雷德·史密斯、IBM公司前董事长约翰·艾克斯都是哥伦比亚大学的校友；微软公司CEO斯蒂夫·鲍尔毕业于哈佛大学。

学界：各领域突出贡献

常春藤联盟属于研究型大学，极为重视和强调科学研究，许多校友都在科学研究方面有着突出贡献。康奈尔大学校友赛珍珠凭借小说《大地》成为美国第一位普利策奖女性获得者，并于1938年获得诺贝尔文学奖；普林斯顿大学校友尤金·奥尼尔堪称美国民族戏剧的奠基人，先后四次获得美国普利策奖，并于1936年获得诺贝尔文学奖，代表作有《琼斯皇》、《毛猿》。

常春藤联盟在中国学界也有诸多名人校友，例如2008年中国国家最高科学技术奖获得者徐光宪毕业于哥伦比亚大学；诗人徐志摩曾留学康奈尔和哥伦比亚大学；梁实秋曾就读于哈佛和哥伦比亚大学；在中国引起一股“郎旋风”的经济学家和教授郎咸平曾在宾夕法尼亚大学沃顿商学院攻读博士学位。

文艺界：星光熠熠

常春藤联盟为美国影视界输送了大量光彩照人的文艺明星，其中耶鲁大学校友梅里尔·斯特里普两度摘取奥斯卡奖；普林斯顿大学校友文特沃斯·米勒所主演的美剧《越狱》风靡全球；电影《哈利·波特》的女主角艾玛·沃特森现就读于布朗大学；哥伦比亚大学校友詹姆斯·卡格耐因其在影视界的巨大成就荣获了美国电影学会的“终身成就奖”；耶鲁大学校友伊莱亚·卡赞曾获奥斯卡奖，是美国著名导演和作家，《推销员之死》、《欲望号街车》、《绅士们的商议》都是其代表作；著名的美籍华裔音乐家谭盾曾就读于哥伦比亚大学……

The Second Generation Enters the Hotseat

学成归国 二代继业

企业家们将自己的子女送往国外读书几成定律——经济条件的允许，继承的需要，或者其实更简单：留学是开拓视野、进化个人的必经途径。

在很多中国人的印象中，相较英国，美国的教育观念及文化不够严谨但足够开放，提倡独立思考而非制度化的教学，因而更适合心智年龄相对成熟的学生。加之，某种程度上，美国的大学院校比中学更为著名，企业家们更倾向于将自己的孩子送去读大学。

如今，二代们基本都已学成归来。其中有一些，已经在父亲的企业中担任着“二代守业者”的角色，还有一些，则从头开始，开创了自己的一片天。

文 艾蔻

美国华尔街

杜 厦

朱志平

严介和

杨国强

最后的独立积累

刘畅，新希望集团董事长刘永好之女。16 岁赴美留学，2002 年获得 MBA 学位后归国。之前她的媒体曝光率几乎为零，而在今年，刘永好主动将其推到了公众之前。甫一出现，刘畅的身份便是新希望集团旗下四川南方希望的董事长。

教育的完成某种程度上是企业家二代们担当能力的最终积累。很多企业家都在子女学成归国之后，便让其在企业中承担角色，逐步完成继承的过渡。

宗庆后的女儿宗馥莉，中学时即赴美留学，之后继续在美国读大学，主修国际贸易。2004 年，宗馥莉回国。2010 年，宗馥莉整合了娃哈哈供应部、工程部等各个部门的进出口相关业务，出任进出口公司的总经理，同时兼管集团对外投资，开始推动娃哈哈品牌的国际化。

还有碧桂园董事长杨国强的女儿杨惠妍。这个曾经登上胡润百富首富宝座的神秘女性，至今从未接受过媒体采访，甚至找不到一张合乎发表规格的照片——唯一可考的便是其教育经历：毕业于美国俄亥俄州立大学，获得市场营销及物流专业学士学位。杨惠妍 2005 年加入碧桂园担任采购部经理，如今，作为公司执行董事，主要负责整体采购监督、企业资源管理，并参与制订发展策略。

同方联合控股董事长朱志平每每提及儿子，总是自豪之情溢于言表。其子的学业成就，在整个浙商二代中堪称出色：2008 年，其子从南京大学电子信息工程系毕业后，收到了来自耶鲁、斯坦福、康奈尔、牛津和杜克等 7 所知名大学的硕士录取通知书。最终，他选择了耶鲁大学，学习金融专业。

新浪 CEO 曹国伟的儿子则在美国 Philip Exeter 中学就读，后者有美国的伊顿中学之称。而曹国伟本人，也曾在大学毕业后赴美国深造，在美国拿了两个硕士学位。

更多的企业家子女还处于“受保护”的状态。比如严介和的女儿。媒体除了知道他的女儿在斯坦福读大学之外，再难寻觅更多的信息。或许，对于这些在自身领域已经拥有大成就的企业家，需要给自己的子女更多的准备时间。

二代转身

也有一些非常规的继承甚而是创业。因其特殊性和显而易见的成功，他们值得刊入史册。教育于其中，更像是微妙的潜移默化而非盛大的奇途。

比如万向集团创始人鲁冠球的儿子鲁伟鼎，现任万向集团总裁兼 CEO。鲁伟鼎生于 1971 年，高中未毕业便被父亲送去新加坡学习了半年的企业管理，回国后，鲁冠球将企业事务对其进行言传身教。1992 年，在经历了集团各个岗位的轮转后，鲁伟鼎开始担任集团副总裁。此后，在万向集团的上市和美国公司的创立过程中，鲁伟鼎立下了汗马功劳。1994 年，23 岁的鲁伟鼎开始担任万向集团总裁。5 年后，鲁伟鼎赴美国读书，回国后担任万向集团 CEO，成为万向集团实质性的少掌门。

媒体叙述曾经的首富刘永行的创业经历，总是会从他的儿子刘相宇“过年吃不上肉”的故事开始。如今，出生于 1975 年的刘相宇，早已过而立之年，虽拥有父辈创造的财富，并陆续接过它们，但仍旧保持低调，并热心慈善。刘相宇初中毕业后即被父亲送去美国读书，多年独立生活的经历让他拥有极强的独立性和生活自理能力。刘相宇从加州大学米歇尔学院毕业后，刘永行并未将自己的企业交给儿子，而是坚信“授人以鱼不如授人以渔”，让刘相宇首先在自我创业中实现自身综合能力的完善与提高。

杜宇村也曾经拥有父辈提供的平台——其父杜厦一手打造的家世界。而在家世界股权转让后，他又走上了自我创业的路途。杜宇村 16 岁便去美国留学，直至 23 岁学成归国，在美国度过了将近八年的时间。他坦言大学的专业与如今的事业并无关系，但是在美国的那段经历，对他之后性格以及价值观的形成都有至关重要的作用。

宗庆后

鲁冠球

刘永行

图片 东方IC 提供

Eight Years Overseas

杜宇村：留美八年

文 Echo Wang

杜宇村

16岁赴美留学，相继就读于Sunny Hills High School、加州大学伯克利分校和佐治亚理工学院。2002年回国，先在父亲的企业中担任职务，后自行创业。杜宇村为杜厦长子，其家族2010年以100亿身家位列胡润百富榜第85位。

杜宇村，杜厦长子。2002 年留学归国后，杜宇村开始在父亲的家世界集团中担任职位，历任门店部门经理、门店店长、采购及营销执行副总裁，成为一个二代守业者。2008 年，家世界股权转让后，他创立了“D CASA 炫家”，重新开始了属于自己的创业之路。

当年因为父亲的企业，杜宇村在念完大学后又在乔治亚大学修读了物流课程，但创业之后，他坦言自己曾经学过的专业与现在的工作毫无关系。然而无论如何，16 岁便赴美留学的杜宇村，当被问及留学对于之后人生的意义时，他思考良久，表示这原本不是“意义”二字所能囊括——“我的性格以及价值观的形成都深受这段美国生活的影响”。

搬家去美国

决定去美国是在杜宇村 16 岁那年，当时他高一刚读完上半学期。留学的原因是很简单：“家里人觉得那里的教育环境会好一些，”与很多将孩子送出国留学的父母想法一样。但不一样的是，杜宇村的母亲和弟弟，都和他一起去了美国，弟弟也是读书，母亲则照顾他俩的生活起居，闲来也会去成人大学学习。这几乎“举家”的搬迁，让杜宇村与其他留学生相比，在新旧环境之间有相对顺利的对接，“基本没有不适应”。

美国的高中是 9 年级到 12 年级，国内的高一则相当于美国的 10 年级。来到美国后，杜宇村就读于洛杉矶 Sunny Hills High School，从 10 年级开始念起。“和很多留学生一样，刚去的时候碰到的困难主要还是英语”，杜宇村坦言。“一开始的学习集中在补英文，一天有三节课上的都是 ESL，大概半年多之后，听课就基本没问题了。”但为了考入更好的大学，杜宇村读了两个 12 年级，“这样整体的英文水平会更高一些，学分的状况也会比较好”。

最终杜宇村考上了美国最著名的公立大学——加州大学伯克利分校（University of California，Berkeley），专业则是电子电脑工程。这也是这所大学最好的专业之一。

成为好学生

说到美国教育与国内教育的区别，杜宇村并没有宏观地叙述美国的教育更开放、更注重素质教育等比较普遍的理论，而是就自身的状况作出了一些说明。“我在国内并不能算上是一个好学生，只能是中等，但在美国，我就成为了一个所谓的、传统意义上的好学生了。”

其中原因，杜宇村印象最深刻的是中美教科书的差异。“让我印象比较深刻的是，国内这边自己读教科书是读不懂的，并且老师教的东西以及考试的东西都与教科书有些差异。但是在美国，比如说在大学，就算是不去学校上课，通过仔细认真地读教科书，包括做教科书里面的题目，最后也可以完全掌握老师讲解的内容。国外的教科书编写得更加容易让别人理解跟掌握。”杜宇村说。

但是和许多中国留学生一样，杜宇村也觉得自己对美国学校比较重视的社团、社区等涉及社交的活动，做得不是特别出色。“这些方面我觉得相对来说还是中国人的弱项，不过因为学习成绩还不错，因而对美国的教育方式和教育环境还是蛮适应的。”

不要挑战孩子的独立能力

杜宇村的整个留学过程并无太大的波澜，也并没有经历其他很多留学生都会遭遇的与环境格格不入、孤独、恐惧、想家等种种负面情绪。他觉得自己在这方面特别幸运，“因为有家庭成员的陪伴，有一个相对比较稳定的环境”。当被问及要给意欲留学的留学生哪些建议时，杜宇村自认为自己能给到的最有价值的建议便是：孩子出国留学时尽可能有家人的陪伴。

之所以有这样的建议，是因为杜宇村身边的一些真实事例。在他周围，也有一些小留学生，独自留学，住在亲戚或者父母的朋友家里。“但他们所面临的环境和状态与我的相比，差异还是很大的。”

对于“让孩子一个人留学更能培养其独立性”的观点，杜宇村并不认同。在他看来，一个孩子留学在外是否能

图片 被访者提供

做到独立，“完全取决于孩子自身的性格和他自我控制和约束的能力。”而如果父母在身边，则能够更好的去监督和指导，更好地去提高独立性和生活能力。“让孩子自己去培养独立性，我觉得是不对的。”

杜宇村还指出，如今在国内，送孩子出国的家长可能存在一些误区：有些父母认为只要自己的子女出过国、留过洋，便拥有了未来辉煌前景的通行证。“客观地说，出国留学还是很简单的，也比较容易混出来，但是并不代表这个孩子在社会上的竞争力和能力的真正的提高。”如今国内的很多企业，也并不会盲目地去认可一个“海归”，更多的还是看他在面试中或者说工作中所表现出的能力。“所以我觉得对家长来讲，应该把孩子放在一个自己看得见摸得着的环境中成长是比较关键的，不然我觉得是浪费时间。”杜宇村说。

超越意义的八年

杜宇村在美国一共呆了八年之久。2001 年伯克利大学毕业后，因为打算去父亲公司帮忙的缘故，他又去佐治亚理工学院学习了将近一年的物流专业课程，并最终于 2002 年底回国。在美国的学习、交友以及种种的打工经历，让这八年成为他人生中的重要部分。

这段留学经历，对杜宇村以后的工作和生活来说，“已经不仅仅是意义的问题”。它已经成为塑造杜宇村如今的人生观价值观、甚至性格的重要部分。

“因为出去的时间相对较早，16 岁一直到 23 岁多，这段时间让我真正了解了美国文化，真正理解了美国文化，并且我的性格以及我的价值观形成都深受这段时间的美国生活的影响。”

图片 被访者 提供

许多

My Life at Harvard

许多：人在哈佛

文 Echo Wang

1987年出生于上海，成长于香港。初中就读于香港拔萃女书院，后赴美留学，进入Centennial High School；大学考入加州大学伯克利分校，获得经济与建筑双学士学位。现为哈佛大学建筑设计专业研究生二年级学生。

对许多的采访在淮海路上的一个咖啡馆中进行，她穿着碎花裙和短开衫，径直走过来和我打招呼。她的笑容犹如邻家女孩，有淡淡的化妆，和上海的其他年轻女生并无区别。但是她的经历，又有那么点不一样。她的母亲陈燕华，曾经是著名的少儿节目主持人，并出演过电视剧和电影；父亲许子东，是香港岭南大学教授，同时担任《锵锵三人行》的嘉宾主持。父母的光芒并没有掩盖许多的成长，从在香港拔萃女书院开始，一路到伯克利，到哈佛，许多的学业历程本身已很闪亮。叙述起自己在美国的求学经历，许多并没有历数其中的孤独或辛苦，言谈中反而显现出由衷的“快乐成长”。她可能觉得这已经是人生中的一部分，既然选择，便要悉心经营。但就旁观者来看，付出几多，方会成长几多。

谨慎对待每一次选择

许多的美国留学生涯，与多数国内出去的留学生相比，并不具有典型性。她虽出生在上海，但成长在香港，并且拥有香港籍。她在香港念小学，初中就读的则是著名的拔萃女书院（Diocesan Girls' School）。当时她的年纪还小，对于去美国这回事，基本还是听从了父母的意见。“我爸爸当时跟我解释，如果去美国读书拿学位，将来既可以在美国欧洲求职，也可以在中国工作。比在香港或者内地读书，多一点选择。”而对许多来说，当时却也考虑了一些眼前的实际问题：在香港的初中已经面临选择文理科，这对她来说显得有些难以抉择。但如果去美国读书，直至高中才会有文理分科的要求，这也成为她乐意去美国的原因之一。实际上，在学业面临一定的取舍时，许多总是显得相当谨慎。一方面大概因为内心对自己的要求过多，另外一方面，是害怕错过真正的兴趣所在。许多的大学是在加州大学伯克利分校(University of California，Berkeley）就读的。刚去美国的时候，她寄宿在亲戚家，报考伯克利，很大程度上还是因为亲戚当时搬到了加州，她也就拥有了加州的state residency。“这样的话，我如果在本州的公立学校就读，就会比其他州来的学生的学费便宜几倍。美国就是这样。”除此还有一个原因，是在专业选择上，许多从小喜欢美术，又想脚踏实地，所以学习建筑，“但有时又很犹豫要不要将建筑作为终身的职业”。而伯克利是一所综合大学，能提供更多的尝试机会。许多在这里，最终是修读了建筑和经济两个专业，取得了双学士学位。经济专业华人多，建筑专业洋人多。伯克利大学优美的校园环境、良好的学习氛围以及多元的校园风气，让许多在采访中禁不住感叹：“我真的是度过了非常愉快的四年”。四年之后，许多觉得自己还是喜欢建筑多一点，于是继续求学，这一次，是哈佛大学。

哈佛大学建筑设计院

学习与生活共同成长

对于小留学生们，外人常会问起的，总有适不适应之类的问题。许多的外表看来还是个甜美小女生，但言谈之中，是对自己留学生活的完全享受与认可。虽然父母不在身边，但其中体验，无疑已是人生中的宝贵财富。在许多的叙述中，香港的教育模式与内地不无相像之处：“完全是老师教，学生吸收。下课或者放学后，学生自己做题。”但在美国，老师和学生的角色却变得模糊。老师也会教一部分，但是大部分时间是学生在讨论。老师并不会告诉你应该怎样，而是靠你自己去得出结论。尤其是文科的东西，没有标准答案。“有的课，两个名教授在对话，这对我来说是非常震撼的。学生在课堂上，突然有了说话的机会。”因为各种交流的需要，于是英语成为一个不大不小的关卡。其实大多数留学生都会碰到这样的问题，在国内看似英语很流利，但到了完全的英语环

图片 被访者提供

哈佛大学校园一景

境中，还会有或多或少的挫折感。许多也坦言刚去的时候因为英语的原因会错失一些机会，“比如别人回答得很好的问题，其实我自己也可以的，但是表达上就欠缺那么一点点。”所以当被问及想给留学生的建议时，许多指出其中重要的一点，便是要有自信，敢于发言。这对提高语言能力和尽快融入当地，都起着至关重要的作用。 从大学考入伯克利，到现在研究生就读哈佛大学建筑系，许多的求学经历堪称耀目。许多的“海外生存技巧”，说来也并不复杂。她认为，一个人外出读书应当具备“灵活性”，要有“open mind”，要自立。而她自己，一直在积极适应环境，结识了很多朋友，自信乐观，并乐于尝试新事物。用她自己的话说，“除了学习上要成长，生活上也要成长”。而这两方面的共同成长，也让她在国外学习生活的整体情形，显得相当如鱼得水。

自己的成绩自己衡量

大学即将毕业的时候，许多决定研究生阶段继续修读建筑。和国内考研不一样的是，在美国可以申请不止一所学校。研究生并非需要考试，而是“申请”——根据各个学校的要求，提供自己的大学成绩，并完成一篇论文（essay）。论文内容大致包括自己为什么选择这个学校以及这个专业等等。在这篇文章里，“真实性和吸引力很重要”，许多说，“要让学校觉得你是一个有故事的人，并且有个性、有潜力”。而建筑设计专业的学生，还需要同时提供自己的作品，“它不仅是过往作业的简单集合，还需要你自己去设计，自己装订，每个细节，都要体现出个人的元素”。除了哈佛，录取许多的还有耶鲁、哥伦比亚、伯克利等知名大学。但她最终选择了哈佛。问及原因，一方面由于哈佛很多名教授，另一方面，许多笑言：“因为奖学金也比较多”。在学业上，许多的经历表面看来顺风顺水，“但实际上，今年我有点觉得差点会过不去了。”哈佛的建筑设计院是著名的“不关灯学院”，学生们都很刻苦，竞争激烈，熬夜频繁。没完没了的项目要做。“但这对我来说还不是最难的。最难的是这里的教育方式是批评性的而非鼓励的，因为设计讲求完美，所以会一直说你不够好”。 但积极乐观的许多也会从正面来看待问题：“因为别人一直在说你的失败，所以遇到挫折，反而不会轻言放弃。”最重要的是，“自己的成绩应该交由自己来衡量”。 许多说，看上去，"又是现代主义哲学，又是古典建筑史"，师生们挖空心思，折腾一些和现实好像没什么关系的玄而又玄的设计。但想想这个建筑学院对20世纪全世界的建筑发展都有过重要影响，许多只希望眼前这些“令人头晕的神马，最终不是浮云”。

图片 被访者 提供

Adapting To A Competitive School Environment

带着竞争的思维前行

整理 张菲菲

黄文稀

15岁即赴海外留学，硕士学历。现任汇通天下集团有限公司行政总裁、汇通天下基金有限公司董事。其父黄世再现担任大中华国际投资集团有限公司董事局主席，2009年位列胡润百富榜第88名。

黄文稀15岁即出国留学，先后曾在瑞士、美国和伦敦就读，如今已完成在耶鲁大学的MBA课程。8年时间，历经三个国家，因而对于留学海外这件事，她有着比旁人更多的发言权。

对话黄文稀

Q：请给我们的读者做一个简短的自我介绍，特别是你在美国的学习经历。

A：我从15岁开始就开始接受国外的教育，至今过去8年了。我在瑞士高中学习，在美国完成了我的学士学位，在此期间曾在英国伦敦进行了一个学期的学习交流，并获得了由纽约大学和香港科技大学联合提供的硕士学位证书。如今，我已经完成了在耶鲁大学的MBA课程。

Q：为什么你选择了美国的学校而不是英国、澳大利亚或者其他国家？

A：因为美国的学校通常提倡开放式的学习环境，他们有知识渊博的教授而且许多大学提供更好的教学设施。这一点与英国的学校相比尤其突出。至于澳大利亚，不知是否偶然，我很少能从朋友那里听到积极的一面。

耶鲁大学

Q：这种特殊的教育方式给你印象最深的是什么？

A：美国教育在第一年和第二年通常提供一般课程给所有的学生。这意味着绝大多数学生将进行一个通识课程学习，这样他们能有机会在学校里花时间研究自己真正感兴趣的东西。两年之后，学生可以决定他们想要继续学习的主修科目是什么。与英国、香港、中国的教育体系相比而言，这些国家全都需要学生在进入学校之前决定他们想要学习什么，这一点对于语言较弱，处于劣势地位的留学生来说尤其困难。

Q：到达美国之后你是怎么样去适应新的生活环境的？

A：在校外租公寓之前，我第一个月住在一个寄宿家庭家中，这帮助我很快融入了美国文化。但是我想建议留学生们，如果学校提供住宿，第一年最好住在学校里。是否提供住宿，也应当成为选择学校时的一个重要考虑因素。住在学校里可以促使留学生与美国学生在日常生活中打交道，这样能很快的提升英语口语的能力。我会尽量关注中国人和美国人之间的差异，以确保我能和同学直接准确的交谈。

Q：在留学期间什么东西给你影响最大？

A：竞争思维，不断的把其他人作为榜样标杆。这就是美国人一直所做的。

Q：在美国的留学经历对你的就业有什么帮助？为什么？

A：是的，它教会了我商业知识、创新的思维、调查研究的技能（通过实地的阅读大量不同类型的书籍）和怎样与你的朋友进行清晰的沟通交流。

Q：你能给那些想要去美国留学的中国学生一些建议吗？

A：在班上要大胆发声，和你的同班同学练习说英语；参加社团活动，和中国同学保持良好的人际关系；多读《金融时报》和《华尔街日报》；好好享受生活。

图片 视觉中国 提供

The Linden Hall School

Things to Do Before Going Overseas
出国前的准备

成功地被理想学校录取，顺利获得留学美国的签证之后，在为此而欢呼雀跃、兴奋不已的同时，你是否意识到未来也是充满挑战的呢？你是否已经为迎接挑战做好充分的准备了呢？

文 常雅婷

准备你的行囊

背起行囊，远赴异国他乡，无论父母还是自己总感觉需要带的东西很多，究竟该如何取舍呢？

通常学生在乘坐飞机时携带的行李是有一定限制的，随身携带的行李长宽高总和要小于115厘米，重量不超过18千克。而且随身携带的液体类东西不能超过100毫升，否则只能采取托运。如果行李较多，无法随身携带，航空公司可以为你办理托运。一般来说，托运行李的长宽高总和不得超过158厘米，重量不得超过23千克（美国限重50磅），数量最多为2个。但是不同航空公司、不同航线、不同机舱也可能会有所差别。

赴美留学，最需要携带的物品当然是护照、非移民签证、I-20表。许多美国学校都要求学生出具相关免疫证明，如果没有免疫证明，可能需要在美国重新接受免疫注射等，在美国注射不仅会为你增加麻烦，而且价格也会比较贵。另外，在你到达美国入境口时，工作人员还会给你一张入境－出境记录表（I-94）。请在出国时随身携带这些文件，并在到达美国后保管好，否则将会影响到你在美国的求学和停留。

图片 The Linden Hall School 提供

需要携带的学习用品有：中英电子词典、双语字典、具有录音功能的电子产品，这些对你的英语学习将大有裨益，也是帮你适应美国教育不可缺少的东西。此外，美国的书籍价格昂贵，学生可依据自身需求，携带一些重要书籍。

美国学生穿衣服都比较休闲，因此国内的日常装即可。不过最好再带一套正式场合穿的衣服，以便有时会参加宴会或派对。洗漱用品类以液体居多，但在乘坐飞机时随身携带的液体不能超过 100 毫升，而且需置于独立袋内，接受开瓶检查。如果必须携带的话，请做好检查准备，不要超标。你可以到美国之后再另外购买，美国的化妆品品牌多样，而且价格也要比国内便宜。另外，提醒学生携带一个插座转换器，因为美国和中国的插座不同，这个小小的插座能为你减少许多麻烦。

妥善转移资金

学生出国留学会有很大的花销，携带大量现金既不安全，也不合法律规定（一般不高于 5,000 美钞，办理外币携带证的最多可携带 10,000 美钞）。因此，一般采用电汇、旅行支票或者国际信用卡的方式。电汇速度较快，适用于向学校缴纳相关费用，手续费为 1‰ 左右，另外还需支付电报费，境外收款人需凭护照在指定银行支取或转账。旅行支票既适用于直接缴纳学费，又适用于日常消费，但是一般到账时间较长，需要二三十天。另外，解决生活费也可使用国际信用卡，这样父母对孩子每个月的花费都会了如指掌，避免学生自制力较差无节制花费。除了大金额的货币以外，学生还需随身带一些零钱，以解决刚到美国时的一些日常小花销，例如打车、吃饭、打电话等。

提高英语水平

虽然，你已经被美国学校所录取，但是你的英语水平是否足够应付美国的学习和生活？如果不是如此，还是抓住出国之前的良机赶紧再提高一下英语吧！英语水平直接关系到你能否快速适应美国，能否跟得上美国学校的学习。专人辅导、听英文广播、看美国电影、电视剧都是不错的选择，这不仅有助于你提高英语水平，帮助你了解美国的风土人情，同时这也是你与美国学生聊天的谈资，使你更快地融入美国学校。

了解学校教育

学生在出国前要多多关注学校网站，了解学校的各个部门以及学校动态，熟悉学校文化。有些学校网站上会有优秀学长学姐的信息，结识这些校友，你可以从他们那里获得一些学习和生活方面的宝贵意见。想要结识学校校友，你也可以通过一些社交网站，这些网站上会有各个城市和许多学校尤其是大学的网站，你可以在此结识校友和一些华人团体。

美国的教育方式与校园文化与国内有很大差别，很多是需要你提前了解的并针对自己的不足予以改善和提高的，比如：

鼓励提问与思考

提问在美国人看来是喜欢思考、善于思考的表现。在课堂上，学生可以打断老师，提出自己的相关问题，授课老师会非常乐意为学生解答问题，而不会认为这是对老师的不尊敬。如果，学生认为老师讲错了，或者不同意老师的观点，同样可以提出自己的看法和疑问，不用感觉不好意思。独立思考并形成自己的观点和主见同样很重要，美国从来都不提倡死记硬背，而是要培养学生的独立思考能力。也许你还是一个唯老师观点是从的学生，但是从现在起试着去怀疑并思考一些问题吧，相信你对许多事情会有不同的认识和感受。如果不善于在众人面前发言和展示自己，试着培养一下自己的心理素质吧。

提倡全面发展

国内教育由于种种原因，虽然一直以素质教育为口号，但是始终没有脱胎换骨，爱好、特长、实践、课外活动、身体素质、能力、性格所有都要让位于学习。但是在美国，学习只是学生的一部分，与取得良好的学习成绩相比，具有良好的人格与能力才是更重要的。而且，所有这些在学生申请大学时都有可能成为影响你能否被成功录取的重要因素。因此，如果你在国内是个只注重学习的乖学生，不妨在出国之前多培养并发展一下自己的爱好和特长，多参加一些对提高自身的综合能力有意义的活动吧！

严禁抄袭

美国非常重视原创性，学生在完成作业时严禁抄袭，否则，一旦被发现，将会被严肃处理，甚至会被开除。因此，学生切忌抄袭。

电子方式通知

美国学校通知学生事情，不像在国内由老师或者学生干部告诉大家，而是通过邮件以及网站传达信息，因此你

Woodberry Forest School

图片 Woodberry Forest School 提供

需要经常关注学校及学院网页，并查收邮件。在学生入学之后学校会给每个学生一个以学生名字命名的邮箱。因此，学生每天都需要查收邮件，并按照轻重缓急进行处理。

熟悉美国文化

中美之间文化差异巨大，为了让自己更快融入美国及学校，你还需要对美国以及国家文化有更多的认识。书籍、电视、电影等都是你熟悉美国文化的不错选择。以下是一些你与美国学生和老师相处的过程中，必须要了解的一些文化：

避免隐私话题

外国人很强调隐私，因此在与同学和老师相处时，不要问一些私人问题，例如存款、收入、家庭情况、宗教信仰等等。

准时

美国人的时间观念很强，因此你在学习和生活中一定要按时，不要拖延。你不仅要按时完成作业、按时上课，与别人有约时，也一定要准时，否则是对别人的不尊重。虽然，在中国不准时的情况并不少见，约朋友见面，迟到半个小时也常常被视为正常情况，我们不会太介意。但是在美国，迟到几分钟都可能很让人很介意。

直接

美国人说话做事较为直接，不太含蓄。比如，别人邀请参加晚宴，如果他们不想参加，他们会明确告诉别人不行，而不会拖拖推推。这对中国人来说有时会感觉不太礼貌，有些尴尬，但是如果你熟悉美国的这一文化，也就容易接受了。

真诚

如果必须要在诚实但让人受伤与善意的谎言之间做出选择的话，我们很多时候会选择善意的谎言，但是美国人却是将真诚视为第一位的。与美国人交往，你可以委婉，但是千万不要给人一种虚伪的感觉。因为，真诚是美国人最为看重的品质之一，真诚即使会给人带来伤害，但是也能赢得别人的谅解，然而虚伪和谎言常常会给朋友沉重的打击。

禁止下载

中国人很习惯在网上下载电视、电影以及软件，但是在美国这却是违法的，被发现后会依据相关规定予以大约75美金的罚款。因此，千万不要因为不知道美国的政策而将自己陷入困境之中。

中美之间文化差异巨大，为了让自己更快融入美国及学校，你还需要对美国以及国家文化有更多的认识

图片 McCallie School 提供

Summer Camps
美国夏令营

你是否想要提高英语水平，说一口流利地道的英语？你是否想要留学美国，又因对异域他乡缺乏足够的了解而忧心忡忡？你是否想要体验真正的美国文化？如果你的答案是肯定的，那么美国夏令营将会是一个不错的选择。

美国的夏令营生活丰富多彩，拥有英语学习、军事、音乐、体育等多种类型。其中英语学习类最受中国学生尤其是有留学打算的学生的欢迎，因此本文将主要介绍英语夏令营。英语夏令营可以使学生学习纯正的英语，较大幅度地提高听说读写各项英语能力，同时，还有利于学生对美国以及美国教育有更为深入的认识，掌握第一手资料，并且结交世界各地的朋友，开阔视野。而且英语夏令营虽以英语学习为主要目的，但是她会将学习与多种课外活动相结合，如各种体育竞赛、文化表演、短途旅行、游览名胜等等，使学生的整个学习过程充满趣味，激发学生的学习积极性和热情。总之，英语夏令营将为你留下印象深刻的暑期体验，让你不虚此行！

美国的夏令营生活丰富多彩

图片 Choate Rosemary Hall School 提供

夏日探索夏令营
A Summer of Exploration

招生范围：9 ~ 17 岁，男女不限

时间：第一期 2012 年 7 月 1 日 ~ 7 月 21 日

第二期 2012 年 7 月 22 日 ~ 8 月 11 日

地点：针对 9 ~ 12 岁学生的班级

- 地点在马萨诸塞州圣马克中学

针对 13 ~ 14 岁学生的班级

- 地点在马萨诸塞州威尔斯利大学

针对 15 ~ 17 岁学生的班级

- 地点在康涅狄格州耶鲁大学

住宿：学校住宿

费用：圣马克中学：$5,085（住宿生）

威尔斯利大学：$5,195（住宿生）

耶鲁大学：$5,395（住宿生）

网址：www.explo.org

课程内容：

该夏令营要求学生必须具有较高的英语水准，不同年龄段的学生所学内容也不同，充分考虑到学生的兴趣和接受能力。以耶鲁大学的课程为例，夏令营提供了表演艺术，人文和社会科学，视觉艺术，商业、法律和世界事务，写作和语言，科学、工程和数学等方面的几十种课程供学生选择，满足每一个学生的需求。

课外活动：

夏令营鼓励学生参加各种体育运动和艺术活动，如篮球、排球、羽毛球、游泳、武术和舞蹈等。周末时，夏令营会组织学生外出游览，如在耶鲁的学生就有机会参观 NBC 演播室、神秘水族馆、大都会艺术博物馆、现代艺术博物馆等，同时还享受了切尔西市场美食之旅和利奇菲尔德爵士音乐节的精彩演出。

列克星敦预科学校暑假英语课程 Lexington Prep School

时间： 第一期 2012 年 6 月 24 日 ~ 7 月 13 日
第二期 2012 年 7 月 15 日 ~ 8 月 3 日
第三期 2012 年 8 月 5 日 ~ 8 月 24 日

地点： 马萨诸塞州列克星敦市

住宿： 高档公寓（两人间，内设浴室）

费用： $7,600/学期（寄宿生）

网址： www.lexingtonprep.com/bizcodi/eng/pro03.php

课程内容：

列克星敦预科学校为有兴趣利用宝贵的暑假时间来提高学术水平、语言水平和应试水平的学生提供了三种不同的可选方案，即 SAT、SSAT 和 ESL 课程，由经验丰富的教师执教，学员能与来自世界各地十七个国家的学生一起学习和娱乐。暑期课程采取小班化教学，以确保教师了解每个学生的个性和兴趣点。列克星敦采取独特的教学方式，以参与讨论为基本学习方式，发展学生书写和演讲方面的能力，而非简单说教、重复训练或单纯教授学生考试技巧。

课外活动：

该项目会在周末组织学生进行才艺表演，参观大学校园，去海滩游玩或者去当地的购物中心采购，平时也会开展一些与学习相关的有趣活动，如词汇游戏、竞标赛等，同时，在项目结束时，会召开毕业典礼。

双溪球场夏令营 Camp Twin Creeks

招生范围： 7 ~ 16 岁，男女不限

时间： 一周一期或两周一期

地点： 弗吉尼亚州西部明尼哈斯普林斯市

网址： www.camptwincreeks.com

申请方式： 网上申请

课程内容：

孩子们在这个夏令营中可以享受到无穷的乐趣。每个孩子在这里都能接触到很多新鲜事物，认识新朋友，在和这些朋友的交往中锻炼自己的领导才能、提升自己的自信。每天的活动安排为：上午每个学生可以参加 3 项核心活动，既有足球、网球、棒球、篮球、水球、排球、曲棍球、山地自行车、游泳等运动项目，也有木工、钓鱼、手工艺制作、火箭研究、音乐剧等活动；下午可以自由选择参加如极限飞盘、长曲棍球、沙滩排球、素描、网站设计和健美操等活动；晚饭之后，仍然有大量有趣的活动等着学生参加，如夺旗、飞盘等。在享受冒险乐趣的同时，学生们还可以参加 ESL 课程，但此课程将额外付费，费用为每学期 $195。

特别活动：

该夏令营会组织学生到穆默湖游玩、组织学生骑马、骑山地车、泛舟等，同时，每个营员都能享受一个通宵的露营之旅。

夏令营中能体验真正的美国文化

图片 The Chatham Hall School 提供

Dana Hall School

哈佛和麻省理工暑期研修班
The Elite University Experience at Harvard and MIT

招生范围：14 ~ 18 岁

时间：2012 年 7 月 16 日 ~ 8 月 7 日

地点：马塞诸塞州波士顿市

住宿：学校住宿

费用：￥58,000

网 址：http://behk.org/en/schools/summer-program/summer-course-at-harvard-a-mit-usa.html

课程内容：

根据个人兴趣爱好，学生可以在三个不同专业之间进行选择。研修班课程将全部由哈佛和麻省理工两所高校的教授授课。学术课程不仅仅只是传道的讲座，更多地是要培养学生全面发展的能力。在体验顶级名校大师风采的同时，研修班还将着重培养学生的软实力，为今后申请名校做准备。

课外活动：

在课堂学习之外，学生还将有机会参与各种游艺活动，如可以漫步自由小径，体验 18 世纪古镇，观看波士顿红袜队棒球比赛，游览波士顿地区其他知名高校和名胜，让学生在体验名校课堂的同时，增加对美国校园文化的了解。

沃萨茨学院夏季学习班
Wasatch Academy

时间：2012 年 6 月 24 号 ~ 8 月 4 号

地点：犹他州芒特普林森市

住宿：学校住宿

费用：$7,875/6 周（住宿生）

网址：www.wasatchacademy.org/summer-programs

课程内容：

沃萨茨学院夏季学习班拥有十分丰富的暑期课程经验，致力于培养学生在学术、社会和道德等各方面的能力。在六周的时间里，他们提供大量课程，如电脑游戏设计、英语、ESL 课程、西班牙语、历史（美国和欧洲）、学习策略、数学（代数 I 或 II，几何或微积分）、机器人、SAT/ACT 课程、科学（包括生物、物理、化学或心理学等）、歌曲的创作录制、表演、托付课程、辅导课（需额外付费）等等。

课外活动：

每天下午 3 点半到 5 点半，是选修课时间。学生可以根据自己的爱好选择参加哪些活动。休闲娱乐方面，包括空降蹦床、BMX（自行车越野）比赛、保龄球、滑滑板、水上公园等；户外运动方面，包括钓鱼、徒步旅行、山地自行车、攀岩等；另外，还包括马术、影视和视觉艺术、荒野探险等。

图片 Dana Hall School 提供

全球领导者的摇篮

暑期研修班简介

伊顿公学暑期研修班自2005年开始面向中国学生开放。进入研修班的学生须经过英语水平测试、学习能力以及性格方面的面试选拔。通过为期三周的学习生活，学生们不仅能够提高英语水平并强化纯正的英式英语发音，同时还能增加学生对于英国文化的认识并增强自信心。

■ 分层式英语学习　■ 小班教学　■ 伊顿真体验　■ 拓展学习　■ 英国览胜

暑期研修班受益

英国的文化、历史、礼节对每个研修班学生来说都将终生受用，有助于学生与西方人自如沟通，融入新的文化；有助于培养学生在当今全球化经济形势下的文化敏感度。

这段经历对于那些有志出国留学而又对未来目标不甚明确的学生来说不失为理想的选择。研修班的课程能够让他们在安全和督导的环境下充分体验这次不寻常的经历。

学生感言

在伊顿公学度过的这三个星期是我人生到目前为止最棒的三个星期。我度过了了不起的三个星期，而且我相信同组的其他同学也有同感。我之前从没来过欧洲，所以没有怎么接触过英语国家的文化，尽管我来自香港（因为香港曾经是英国的殖民地所以还留有一点点英国文化的痕迹，例如英国风格的建筑）。在没有安排远足的日子里我们会上英语课，老师都很平易近人，他们带领我们通过游戏，小测验和其他活动来提高英语水平。通常情况下，在下午或者早晨，我们会到伦敦的各种景点游览。我们还参观了著名的牛津大学和剑桥大学，以及去大型的商场购物，有的时候还会在伦敦的大小街道里散步。我们通过短途旅行体验英国文化、了解英国历史。我们每天都会品尝各种英式的食物，每个星期天我们都会吃传统的英式正餐。在此期间，我不光体验了英国文化，英语水平也有了大幅的提高。我强烈推荐中国的同学们参加下一年的伊顿公学暑期研修班，你们一定会丰富的、有不同凡响的体会。

黄子捷 Calvin

课程时间：
2012年7月14日至8月4日
招收对象：
年龄13-17岁的学生
名额：
全国160名(80男孩 80女孩)

Importance of Language Support
美国ESL课程

何为 ESL 课程

ESL 全称是 English as a Second Language，是专门教授非英语母语的国际学生英语的课程，帮助世界各国的学生顺利在英语国家学习。美国，虽然移民政策比较严格，但是每年还是有许多学生跟随父母来到美国学习，另外，美国教育举世闻名，吸引着无数的学生前往美国学校就读。可是这些学生在刚刚进入美国学校时，很难与英语母语的学生一样上同样的英语课程，因此专门针对国际学生和移民学生开设 ESL 课程也就显得非常必要了。

在美国留学的国际学生大部分都是中学生和大学生，学生在与英语母语学生共同学习英语课程和专业课程之前，许多都需要学习 ESL 课程，除非是有合格的托福等语言成绩。美国许多学校都开设 ESL 课程，无论是小学、中学还是大学、学院。此外，还有一些专门的语言学校和公司，以及非营利性组织为新移民开办的语言课程。但是对于国际学生来说，如果所就读的学校提供 ESL 课程，一般都是参加所就读学校的 ESL 课程以及附属于大学和学院的 ESL 课程。学生在学习过 ESL 课程，达到学校要求后，就可以进入正常的英语课程以及专业课程了。

没有通过 ESL 考试或雅思、托福考试的国际学生在入学以后，学校会安排学生参加语言课程的分班考试（Placement Test or Assessment Test），并根据学生成绩将其分到不同级别的班级。学生在本级别的学习合格之后可进入下一个级别的学习；如果没有合格，则需要继续学习本级别的课程；当然如果学生认为自己的英语水平已取得了很大进步，也可以向学校申请跳级，经过测试达到标准就能跳级学习。如果经过学校的相关测评，你已经达到了与本土学生共同学习英语课程的水平，那么你就可以像本土学生一样学习普通的英语课程了。

不过，所有打算进入大学的高中国际学生，如果没有托福和雅思等官方认可的合格的英语考试成绩，均需参加 ESL 考试，并取得合格的 ESL 成绩，否则不能进入大学学习专业课程。ESL 考试分为听说读写四部分，考试时间分别为：听力 30 分钟、阅读 90 分钟、写作 60 分钟、口语 11~15 分钟。ESL 考试根据分数的不同会评定出不同的级别，91~100 分是最高级 5 级，81~90 分是 4 级，70~80 是 3 级，60~69 是 2 级，60 分以下 1 级。大部分大学都会要求学生的 ESL 成绩达到 3 级以上。

The Gunnery School

课程分类

ESL 课程可以分为强化课程（Intensive ESL）与学术课程（Academic ESL）两种，学生在顺利通过 ESL 考试或没有取得雅思、托福等语言成绩之前所学习的 ESL 课程是强化课程，许多私立中学或大学都会提供。通过 ESL 考试之后或者已取得达到要求的托福或雅思语言成绩之后继续学习的 ESL 课程是学术课程，这种课程是由大学为本校的国际学生开设的，便于其进行专业学习的课程。

虽然无论是 ESL 强化课程还是学术课程都包括听说读写四部分，但是强化课程和学术课程对这些能力有不同的偏重。强化课程更偏向于听、说能力，学术课程则偏向于读、写能力。学习强化课程不用计入学分，相对没有太大压力，学习内容和学习方式也比较有趣。强化课程常常没有固定的教材，老师可以更为自由地安排教学内容，使其更贴近学生的生活，生动有趣。

图片 The Gunnery School 提供

学生完成ESL考试，进入大学时学校会再次进行测验和分班，为国际学生开设相应级别的学术课程。学术课程是正式的大学课程，可以作为学生的选修课，并计入学分。ESL学术课程通常分为3个级别，但是不同学校可能也有所差别。学术课程相对繁重一点，跟一般的专业课一样，你需要完成老师布置的写作以及统计调查等，并参加期中考和期末考试。ESL学术课程不仅能提高学生的英语水平，同时还会教授学生如何从网络上和图书馆查找自己所需的相关资料，如何整理资料并撰写文章，如何界定是否是抄袭，如何避免抄袭等等非常实用的内容。

ESL课程的优势

有利于全面提高英语水平

对于一个国际学生来说，即使你的英文水平很好，但到达美国这样一个全英文的陌生环境中，还是会感觉英文水平不足以应付全新的生活。ESL课程是学习英语的系统化课程，实用性很强，可以从听说读写各个方面全面提高英语能力，可以使学生尽快地提升以英语进行会话交流以及写作、完成作业的能力，减小学生在课堂学习的压力。

更重视实际运用能力

ESL课程与托福、雅思等比起来更注重实际运用能力。虽然托福和雅思等考试成绩也常常被大学所认可，但是这些考试应试性成分比较强，真正的口语表达等往往得不到足够的重视，不少学生即使在这些考试中取得不错的成绩，但在与美国学生和老师口语交流中却常常出现问题，不能与人正常沟通。这也是为什么有的学生在拿到了托福或雅思证书，仍然会学习ESL课程的原因。

ESL成绩可以替代托福或雅思等语言考试成绩，入读美国大学

美国大多数大学都会要求学生有官方认可的语言能力证明，因此每年都有无以计数的学生参加托福考试，但是毕竟还是有很多学生会在托福考试的千军万马中“失足”或者因为种种原因未能参加托福、雅思等考试。ESL考试在美国已经得到了众多美国州立大学和私立大学的认可，学生可以将ESL成绩作为一种语言能力证明，ESL打开了又一扇留学美国的大门。

帮助学生适应美国的教学方式和美国文化

ESL课程是专门针对国际学生和移民学生而开设的，在课堂上学生不仅能提高英语，还能了解到许多美国文化。ESL课程非常注重实用性，取材也常常与社会生活密切相关，所以ESL课程能够让学生了解更多的美国文化。ESL课程会鼓励学生更多地参与到课堂学习中来，采用角色扮演、小组讨论、自由提问、演讲等多种形式，因此学生需要更为积极主动，克服胆怯心理，多发言，敢于在他人面前表现自己，多多与老师和同学进行互动沟通。而这正是典型的美式教育特点，因此ESL课程能够有效帮助学生适应新的教学方式。

ESL课程非常注重实用性，能够让学生了解更多的美国文化

图片 Holderness School 提供

International Schools in China
中国国际学校

众所周知，在中国许多国际学校的招收对象通常都是外籍或外籍华人的子女。不过，随着近两年来留学热潮的升温，一些中外合资或是中国人开办的国际学校也开始招收中国的学生，但前提是必须经过诸多的面试和考核。其实，这也在一定程度上缓解了许多父母为让孩子进入国际学校而特意申办移民的现状。

包玉刚实验学校

上海

上海中学国际部

上海中学国际部创办于1993年，是国内第一所由中国人自主管理的国际学校。1995年，该校国际部开始开设IB国际文凭课程，成为上海市第一所国际文凭学校。2007年，该校获美国大学理事会授权，开设AP课程，并成为PSAT考点。而且它还是教育部考试中心惟一设在中学的托福（TOFEL）考点。2009年，上海中学国际部又成为美国学术能力评估考试（SAT，类似于中国的高考）考点。该校学生在SAT考试中表现出色，有学生竟然取得了SAT三门科目满分2400分的骄人成绩。SATII专项测试中数学、物理、化学、汉语等科目也均有学生获得满分。

课程：美国课程，IB，AP
学生人数：2400
学龄范围：6~18
学费：38,800~42,800元/年
网址：www.shs.sh.cn

包玉刚实验学校

包玉刚实验学校是包陪庆教授为了纪念其父包玉刚先生而创建的非营利性双语双文化学校。学校聘请具有丰富教学经验的国内外精英担任教师。教师以母语授课，1~9级学习双语一体化课程，高中阶段会准备并学习IB课程，并注重学生英语水平和技能的提高，帮助学生做好到美、英、澳等英语国家留学的准备。学校与国内外知名学校紧密合作。

课程：国家统一教学大纲课程，国际文凭（IB）
学生人数：220
学龄范围：6~18
学费：120,000元/年（小学）、200,000元/年（中学暂定）
网址：www.ykpaoschool.cn

上海师范大学剑桥国际中心

该校是一所专业从事剑桥A-level和IGCSE课程教学与考试的全日制教育机构，学校现在包括A-level和IGCSE两个学部。除了A-level和GCSE课程外，学校还提供美国SAT考试的培训课程，帮助学生留学美国，增加学生的升学几率。学校拥有优秀的外国专业教师和中国教师组成的教学队伍，为有心留学的莘莘学子铺就一条直达世界名牌大学的通道。

课程：IGCSE, A-level, SAT
学生人数：700
学龄范围：14~17
学费：86,000元/年
网址：www.alevel-sh.com

上海协和国际学院

协和国际学院致力于在充满关爱的基督教环境中提供美式大学预备教育。该校以美国课程为基础努力全面培养学生，积极培养学生的创新能力、自信心、解决问题的能力以及对学习的热爱。学校还为学生提供基督教会关怀，关注学生的心灵世界，努力引导学生成为正直、尊重他人、有责任心和服务意识的人。学校采用小班制教学，每个班级最多20个人。

课程：美国大学预备课程AP
学生人数：1070
学龄范围：3~18
学费：146,000~195,000元/年
网址：www.ciss.com.cn

图片 东方IC提供

上海美国学院

上海美国学院历史悠久，创建于1912年，是一所私立、非营利性、男女合校制国际学校。学校提供从幼儿园到12年级的教育，拥有两个校区，一所建在浦东、一所建在浦西。

课程：AP, IB, SAT
学生人数：3000
学龄范围：3~18
学费：111,836~177,187元/年
网址：www.saschina.org

北京

北京王府学校

北京王府学校是一所面向世界、领航国际教育的中外合作制学校。它于2006年7月开始开设美国高中SATI、SATII和AP课程。该校于2004年获得了剑桥国际考试委员会的授权，成为其在北京设立的首家剑桥国际教育考试中心。

课程：AP, SAT, A-level, AEOP, TOEFL, IELTS
学生人数：300
学龄范围：6~18
学费：40,000~56,000元/年
网址：www.bjroyalschool.com

北京市私立汇佳学校

汇佳学校是集小学、初中、高中为一体的十二年制，中外籍学生同校就读的全寄宿私立学校，也是北京市规模最大的一所私立中小学。汇佳学校于1998年加入IBO组织，是中国开设IB课程最早的学校之一。

课程：国际文凭课程（IB）
学生人数：2,000
学龄范围：6~18
学费：120,000元/年
网址：www.huijia2000.com

广州

广州英豪学校

广州英豪学校创建于1993年，是广州市一级中学，首届广东省十佳民办学校。学校有幼儿园、小学部、中学部（初中～高中）、中学托福班以及国际部出国培训班。在2008年4月，英国剑桥国际考试委员会（CIE）正式授权英豪国际教育中心为（中国）剑桥国际A-level考试中心之一。

课程：A-level
学生人数：2200
学龄范围：15~18
学费：86,000元/年
网址：www.yh2000.com

深圳教育国际交流学院

深圳教育国际交流学院是中国首家经英国剑桥大学考试院（CIE）正式授权的全日制国际高中，也是剑桥大学考试院注册考试中心(编号：CN260)。学院专注于发展英国剑桥大学考试院（CIE）授权的国际普通高中证书和高级证书A-level课程体系。

课程：A-level
学生人数：600
学龄范围：15~18
学费：79,000元/年
网址：www.alevel.com.cn

江苏

苏州外国语学校

苏州外语学校是南京大学的附属学校以及北京外国语大学的实验学校。学校依托全国著名高校和权威学术研究机构，以“文理并重，突出外语，国际融合，全面发展”的理念，促进学校不断发展。目前，该校开设剑桥国际考试CIE课程和美国大学ACT考试的预科GAC课程，毕业生全部被美国、加拿大知名大学录取。

课程：A-level, GAC
学生人数：180
学龄范围：16~18
学费：70,000 ~72,000元/年
网址：www.sfls.com.cn

南京外国语学校

南京外国语学校于1963年由国务院决定创办，是全国首批七所外国语学校之一。学校的中加国际高中班、剑桥国际高中实验班、中澳预科班同时招收本地生源与外地生源。中加国际高中采用全加拿大高中教学环境，按照加拿大教学大纲和课程设置进行教学，学生毕业时可申请加拿大、美国以及其他英语国家的大学；剑桥国际高中实验班主要学习GCSE和A-level课程，毕业时可以申请世界各地的大学。

课程：GCSE, A-level, 加拿大课程，澳洲大学预科课程
学生人数：600
学龄范围：16~18
学费：60,000~90,000元/年
网址：www.nfls.com.cn

四川

成都美视国际学校国际部

成都美视国际学校是中国西部地区唯一一所经过国际和跨地区教育委员会认证，国际文凭组织正式授权的IB国际文凭学校，提供从幼小衔接班到高中的教育。该校的国际部同时招收大陆和其他国家的学生，并在高中阶段为学生提供IB课程和美国高中AP课程。该校还与加拿大哥伦比亚国际学院携手开设中加课程实验班，合格后根据成绩申请加拿大大学以及哥伦比亚学院在美、英、澳等国的联盟大学。

课程：IB, AP, 中加班，中国课程
学生人数：2200
年龄范围：5~18
学费：48,100~101,300元/年（国际部）
17,000~20,000元/年（校本部）
网址：www.meishischool.com

牛津国际公学成都学校

牛津国际公学成都学校是一所提供国际化课程的寄宿制学校。学校师资力量雄厚，拥有众多经验丰富的中外籍教师。教学模式延续英国顶级寄宿制中学采取的小班化教学，注重每个学生学术能力的培养、技能的提升和个性的全面发展。同时，学生还学习东西方文化的精髓，学贯中西，更富有竞争力。

课程：A-level, IGCSE
学生人数：50
学龄范围：15~18
学费：108,000元/年
网址：www.chengduoic.com

CHARTERHOUSE

切特豪斯小学者暑期研修班

切特豪斯公学于 1611 年成立，是英国最古老的九所私立公学之一，与伊顿公学、哈罗公学和温切斯特公学齐名。公学在其长达 400 年的历史中享有极高的学术声誉。切特豪斯公学为英国培养出了许多杰出的人才。包括童子军的创始人 Rober Baden Powell，以及劳斯莱斯的现任 CEO 约翰罗斯阁下。

公学于 19 世纪 70 年代从伦敦市中心迁至环境优美的萨瑞郡中心，靠近伦敦和希斯罗机场。在这个人杰地灵的小镇里云集了众多的杰出商业人士、金融界精英和明星。

公学占地 215 英亩，在英国享有“最美丽的校园”之称。校园建筑集合了不同历史时期的建筑风格，其中 19 世纪末期的一些建筑富丽堂皇，比如由 Giles Gilbert Scott 爵士设计的公学教堂，该教堂是用来纪念在第一次世界大战中牺牲的公学校友。为了配合公学的发展，公学于 1970 年修建了更多现代风格的建筑，如 Ben Travers 歌剧院和 John Derry 科技中心。

公学坚持延续她的传统和历史，培养了众多的学术家，艺术家，体育运动员和社会精英。公学的艺术设施极为完善，为戏剧、美术和音乐的学习创造了良好的学习条件。

公学除了拥有包括舞台、绘画和音乐设备在内的各种艺术设施外，公学还拥有 79 英亩的体育场地，其中包括运动场，足球场及室内运动中心。切特豪斯公学还和足球有着不解之缘，该校学生帮助了英国足球协会在 1863 年的诞生。直到今天，每年包括曼联，切尔西，利物浦在内的众多英国足球俱乐部都还在为争夺足总杯而努力拼搏。至今，足球也是公学最受欢迎的体育项目。

切特豪斯公学是一所名副其实的精英学校，欢迎您在暑期来访我校！

上海办事处　电话：021-33607080　邮编：200040
上海市静安区南京西路 1486 号 东海广场 35 楼 05 室

成都办事处　电话：028-86180180　邮编：610017
成都市顺城大街 308 号 冠城广场 8 楼 M 单元

北京办事处　电话：010-65869979　邮编：100125
北京市朝阳区农展馆南路 13 号 瑞辰国际中心 1106 室

深圳办事处　电话：0755-82776061　邮编：518026
深圳市福田区金田路 金中环商务大厦 2415 室

www.behk.org

切特豪斯公学是一所名副其实的精英学校！我们诚切地邀请您和我们一起去访问她！

英语课程

学生会学习英语读物并自己进行故事创作，全面学习英语阅读、写作、口语和语法。学校每天晚上会安排专人辅导，以保证学生按时完成课外作业。学生不仅可以在课堂上练习发音与口语，还可以通过戏剧表演等活动进行练习。学生每天用英语撰写日记，记录在学校的学习生活。

科学课

学生每天都会学习科学类课程，掌握相关词汇以促进课程学习，与老师一起做趣味性十足的科学实验，学习基本的化学、物理和生物知识。校园中的一草一物都会用来进行研究，与此同时，学生还会进行一系列的实验，比如如何扔鸡蛋才能不将它打破。

英国历史文化课

学生将会学习英国历史上一至两个重要时期，以及这些时期对当今英国文化社会的影响。这些历史时期会包括诺曼人入侵时期、伊丽莎白时期的英格兰。学生会参观课上学习的重要时期有关的历史文化景点，从而加深其对英国的了解。

地理课

学生将会学习地理构成以及江河湖海、气候对地理的影响。切特豪斯公学坐落于英国的“杰出自然风景区”，在这里，我们就可以观察山川从而了解其来源。而学校校园正是学生学习画画和阅读地图的绝佳场所。在英国人的生活中，天气是一个重要的话题，对天气变化的了解也会有所涉及。

在英国寄宿学校，课外活动在学生生活中占很大的比重，学生会参加以下活动：

- 体育活动
- 话剧
- 美术
- 景点游览

课程时间：

2012 年 7 月 14 日至 7 月 28 日

招收对象：

年龄 8 – 12 岁的学生

名　　额：

全国 38 名（19男孩 19女孩）

Interview With the Headmaster of the Shanghai High School

走近上海中学国际部

——专访上海中学校长唐盛昌

对于打算送孩子出国留学的家长来说，出国留学前先让孩子在国内的国际学校学习当是一种明智的选择。上海中学国际部是一所非常优秀的国际学校，为此，我们特邀上海中学校长唐盛昌先生为您解答上海中学国际部的相关情况。

唐盛昌

采访/文 常雅婷 刘群芳

对话唐盛昌

Q：许多家长都因能将孩子送进上海中学国际部而感到高兴，您觉得为什么家长们纷纷想要选择贵校呢？

A：我想主要有以下几方面原因：首先，上海中学国际部成功地将东西方教育融为一体。虽然我们国际部的教育体系是以西方体系为主，但是我们认为中国的教育也有一些自身的优势，因此我们积极将东方的教学优势融入到了西方体系。其次，相比其它国际学校而言，上海中学国际部有更多的中国因素。作为中国的一所国际学校，不少学生可能会在中国发展，或者是从事一些与中国相关的合作等等，那么，融入更多的中国因素对他们将来的发展会有很大帮助。最后，我们的教育质量和管理水平也非常高，甚至可以与国外的一些著名学校相比肩。

Q：优质的教师队伍对学校和学生至关重要，那么贵校是如何甄选教师的呢？

A：我们的教师基本素质都是很过硬的，国际部的老师基本上都具有相关学科硕士以上文凭。在选拔时，主要有三方面的标准：第一，教师本身的学科专业水平，我们可能比一般学校对老师的要求标准要高很多，甚至可能会比国外的一些学校还要严格；第二，老师要有良好的英语水平，外籍教师自然不用说，许多中国老师也都有过海外留学经历；最后，教师的基本素质和能力。我们深知专业知识并不是老师的全部，我们非常注重老师的责任心、爱心，以及与学生的交流能力等综合素质。此外，我们还有强有力的淘汰机制，这也是我们高素质师资队伍的有力保障。我们极为注重学生和家长对老师的评价和反馈，并会根据评价和反馈，淘汰一部分不是足够优秀的老师，汲取新的教师力量，不断提高教育质量。

Q：除了教师，学校设施对于学生择校以及在学校的学习和生活也有重要影响，您能不能介绍一下学校的硬件设施？

A：从环境上来说，整个校园就像是一座花园，绿化很好，一半以上的校园都被绿色所覆盖，树木成荫，空气清新，给学生提供了非常不错的学习环境。在音乐设施方面，从4年级开始钢琴就是必修课，共有40多间琴房供学生上课和练习。我们也会组织一些上海学校的钢琴比赛，这也是上海最高层次的中小学生钢琴比赛。在体育方面，我们有独立的室内游泳馆、网球馆、羽毛球馆等等，而其它学校一般都是一个综合性的体育馆；美术方面，我们有专门的美术馆，提供20多种美术项目学习，包括油画、版画、素描、卡通等等。不少美术老师都是国家美术协会的成员，他们的许多作品都被上海以及国家所收藏。科技方面，我们有一流的科技设备，拥有专门的科学实验楼，其设施水平相当一部分已经达到了大学实验室的水准。

Q：上海中学国际部的学生来自世界各地，英语对有些学生是母语，对有些学生是第二语言，而且不同学生的英语水平也会有很大差异，那么学校是如何针对不同学生开展英语教学的呢？

A：就英语来说，我们会将学生的英语水平划分为五六种不同等级。学生在入校之初，我们会为英语程度不够高的非英语母语的学生提供ESL（English as a Second Language，英语作为第二语言）强化课程。之后，我们的英语教学也会分别针对英语母语学生与非英语母语学生开设适合他们水准的英语课程。如果，在这个过程中，学生对英语授课还有一定理解和学习困难的话，我们也会以其它方式提供额外帮助，使学生尽快适应。其实，我们也

图片 作者本人提供

有一些学生刚开始入学的时候，基本不会英语，经过在学校几年的学习之后，都能很熟练运用英语，甚至有学生可以掌握好几门语言，自己的母语、英语、汉语等，甚至有人还能掌握一门上海话。

Q：据说上海中学国际部的学生每人都有一张个性化的课表，即使是同一个班的学生课表差异也可能很大，请问这个课表是如何制定的呢？

A：其实每个学生有自己个性化的课表也是国际主流形态。高度的课程自主选择权，小班制教学，学分制，丰富的课程等等，这些都是为了满足学生的不同个体需求。学生某一学科的水平强，在该科目的学习中就能在高级别的班级学习，同一学生，科目不同，上课的级别也不同。这样学生总能在更适合其自身水平的班级学习，也就更能激发和调动学生的学习积极性和学习能力，更能满足学生个性化发展的需求。

Q：上海中学国际部很早就加入了 IB 国际文凭组织，您认为 IB 课程具有哪些优势？

A：IB 课程的优势，我想从 IB 与 A-Level 的对比来谈，一般来说 A-Level 课程和初中的 GCSE 课程前后有很大的连贯性，学过 GCSE 课程才能更好地学习 A-Level 课程。而 IB 课程的设计框架比较完备，对不同教育背景的学生，有较强的普遍性。对于优秀学生而言能提供较大的发展空间，是相当合适的。

Q：对于学生的成长成才来说，学习无疑是非常重要的一方面，但除了学习，学生个人能力和素质的培养也不容忽视，那么贵校是如何帮助学生平衡发展，培养学生的能力和素质的呢？

A：首先，我们不仅重视学生的学业学习，对于体育、艺术、人文以及道德和行为准则的教育也很关注。其次，每个学生都有自己的强项和爱好，我们有高素质的教师队伍和一流的设施，可以使学生充分发挥在某些方面的潜能，使学生取得更好发展。最后，我们也很重视学生的社会活动能力，常常会组织一些社会活动。例如，今年，我们有学生前往西藏的一个县进行世博宣传，并带着西藏的 1 名老师和 2 名学生来参加世博会，最后又将他们送回西藏。我们的学生还经常捐书在西部建立图书馆，举办慈善活动，到敬老院服务或进行演出等。这些社会活动，对学生的交际能力、社会活动能力都会有很大的促进和提高。

Q：除了学校，家长在孩子的教育过程中也具有重要责任，那么贵校有哪些方法来促进家长与学校的沟通呢？

A：很多学校是通过家长委员会或者家长会的方式来与家长进行沟通，向家长反馈孩子的在校表现。但是我们认为仅仅通过这些还不够，家长委员会人数毕竟有限，绝大部分的家长不能参与其中；而家长会又不可能召开得很频繁。因此，我们采用自己的方式班主任制来与家长沟通，1 个班主任全面负责 20 几名学生，学生有任何事情，班主任都可以直接通过电话或 Email 的方式与家长联系。老师们不仅会在上班时间与家长进行沟通，甚至也常常在周末或晚上与家长进行一对一的联系和沟通。当然，这对班主任本身的责任心要求很高，如果老师不负责就会产生很大的影响。但是，我们每一个年级段，都会有老师负责促进，这种推动机制可以使学校与家长的沟通得以保障。

上海中学国际部

图片 上海中学国际部 提供

What Makes A Boarding School
美国寄宿学校

文 任珊珊

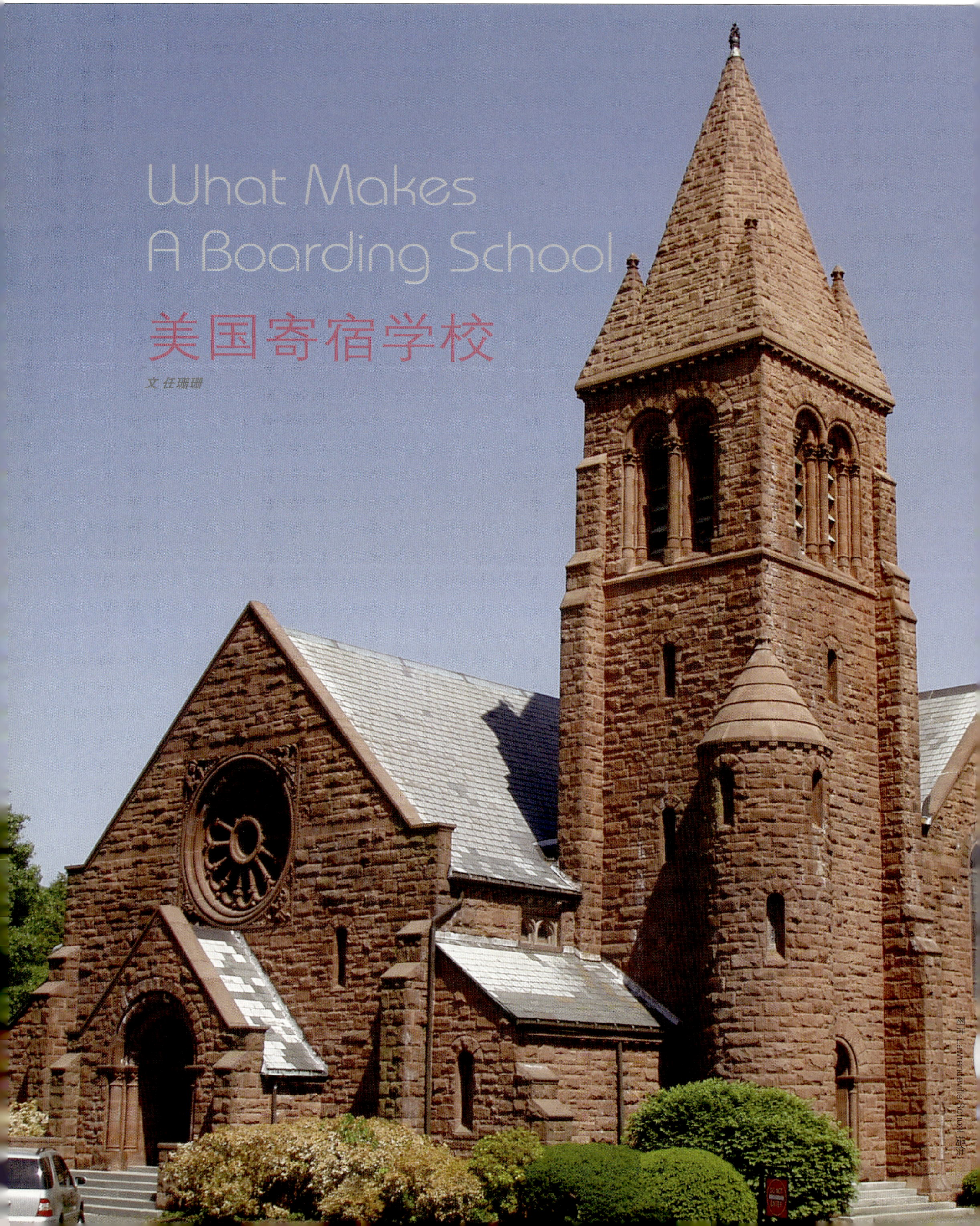

图片 Lawrenceville School 提供

美国寄宿学校，是美国教育，而且是美国精英教育的一个重要组成部分。这些学校都是那些致力于教育行业以实现其人生愿望的教育家们开设的。他们的人生愿望一般是希望学生学到专业的知识，在道德和精神方面都有良好的发展，通过竞技使学生的素质得到锻炼等。大部分寄宿学校的初期目标是为学生们能进入好的大学而做准备。其中一些学校已有 200 多年的历史，培养了一批在世界政治、经济和教育方面影响重大的领导人。

独特优势

美国私立寄宿学校为哈佛大学、耶鲁大学等名校输送了大批学生，在历史上被称为哈佛耶鲁的“Feeder School”，即人才专送中学。二战前，当时的常春藤盟校，大部分都在美国东北部的贵族私立学校中招生，形成从贵族寄宿中学到常春藤联盟名校的一条龙教育体系。一般而言，在美国著名寄宿学校上学，毕业后进入美国著名大学的比例要远远大于公立高中。克林顿的女儿切尔西当年就放弃公立中学而选择了私立寄宿学校，还曾引起了轩然大波，争论的焦点是总统应该以身作则，不该让女儿放弃公立教育，但私立寄宿学校的地位由此可见一斑。

美国寄宿学校不仅继承了良好的教育传统，还注重学术创新，从而能不断地丰富学生生活。这些学校中，有早在美国独立战争之前就已建立的，也有在 20 世纪末建成的。学校规模从少于百名学生到近千名不等。坐落于乡村的学校可以拥有数百英亩的田园式校园，位于城市的学校则将都市作为学生们拓展视野的理想场所。有些学校拥有出众的运动团队，有些学校则在视觉艺术、表演艺术方面更胜一筹。美国寄宿学校具有将知识、体育、艺术和传统有机结合的独特优势，成为人们关注的热点和追求的目标。

一流课程与综合素质的培养

美国的寄宿学校提供一流的课程和专业，并由专业老师任教，致力于为青年学生提供良好的教育以及帮助他们实现个人和社会价值。学校课程多样并分成不同的级数，学生可以依照自身的程度和学习兴趣来选课。AP 课程，即“大学预修课程”让成绩优异的学生预修大学学分，该学分除了日后可以抵免大学相关课程的学分之外，还可以作为申请美国大学的有力凭证。寄宿中学的教师大都具有教育硕士以上的学历，采用小班制教学，每班的学生在 20 个以下，师生比例一般在 1：5 到 1：16 之间，以确保学生可以获得较多的关注和照顾。

寄宿学校细心周到的咨询辅导也是其一大特色。以升学为主的同学，学校有健全的大学申请辅导，从个人资料到考试准备，都可以给学生一个完整的规划。对于国际学生，学校提供暑假及课后的英文辅导课，帮助学生尽快适应美国的教学环境和方式。学校还有专门的生活老师对学生的日常生活进行指导和照顾，既能让孩子独立在美国接受教育，锻炼其自立能力，又可令家长完全不用担心孩子的安全问题。

寄宿学校也十分重视培养学生的综合素质，配备了各种先进完善的艺术和运动设施。例如，迪尔菲尔德学院拥有 29 个室外网球场、1 个 8 人跑道、2 个室外草地球场、1 个大联盟职业棒球场、1 座可容纳 20 艘赛艇的船库、2 个举重训练房、13 个壁球馆、2 个排球 / 篮球两用场、1 个大型摔跤房、1 个健身房、1 个室内冰球场和 1 个游泳馆。

美国寄宿学校给学生世界一流教育的体验，为学生进入顶尖大学做好准备，还能锻炼学生的独立自理能力，使得他们更快成熟。在英语听说读写能力加强的同时，学生可以熟悉美国的文化、地理、经济和日常生活。学生在寄宿学校有很多当选班长或各种学生社团负责人的机会，能够在多元化和国际化的校园里结交世界各地的朋友。学生建立起跨越全球的交际网，不同背景的学生彼此包容理解，长大后能更高效地从事国际商务，成为跨国团队中的领导者。多元文化还能教会学生从不同的角度观察思考问题，从而丰富他们的人生观和世界观。学校赋予学生在学术知识、艺术修养、文明礼貌、社交能力等方面的优势将使他们受益一生。

美国寄宿学校虽然费用比较昂贵，但对学生和家长而言，绝对是物有所值。美国私立教育两百多年来长盛不衰，处于世界领先地位。私立学校办学水平高、学校管理好、体制制度成熟、教学质量好，这些特点使美国私立教育在美国教育公立化的条件下仍然能欣欣向荣。

美国寄宿学校正式开课日期是每年的 8 月或 9 月，学年结束为次年的 5 月或 6 月，共分为两个学期，每年 12 月到 1 月间有 3 到 4 星期的假期（有些学校则是三学期制度）。

寄宿学校分类

按学生性别分

- 男校，只招收男生；
- 女校，只招收女生；
- 男女合校，招收男生和女生，这样的学校占大多数。

特种寄宿学校

- 军事化学校；
- 男校、女校，也有男女合校；
- 艺术学校，在不同的艺术领域（音乐、舞蹈、电影等）培养学生。

按宗教背景分

- 无宗教背景学校；
- 有宗教背景学校（也尊重各种不同信仰）。

Frequently Asked Questions about American Boarding Schools

美国寄宿学校FAQ

文 Raymond S. Broadhead

美国田纳西州贝尔巴克尔镇 The Webb School 校长（www.thewebbschool.com）

中国家长在为孩子选择美国寄宿学校时会有许多问题，为此我为大家整理了我校（The Webb School）所收到的一些常见问题。当然，以下并不能覆盖所有，如果您有其他想要了解的，可以与学校的招生办公室联系，他们会很乐意为您解答。

对话 Raymond S. Broadhead

Q：中国学生为何要选择美国寄宿学校？

A：选择美国寄宿学校有许多优势，其中非常重要的一点在于可以提高你的英语交流技能——无论是口语交流技能还是书面表达技能。学校宿舍生活能够使你沉浸于英语母语学生的文化之中。

选择美国寄宿学校有利于你适应并习惯西方教育，他们采用小班制，除了讲座式教学，还常常采用讨论式。美国寄宿学校还具有非常出色的大学申请辅导体系。而且就读于美国寄宿学校的中国学生由于具有在美国学习的经历，在大学录取过程中也具有一定优势。另外，在美国寄宿学校，中国学生还有机会参加丰富多彩的课外活动，例如，今年 The Webb School 一个来自中国的 9 年级新生就是学校高尔夫球队的第一球员。

Q：有一个美国学生作宿舍舍友会有哪些好处？

A：与美国学生同住一个宿舍不仅可以提高中国学生的英语能力，还有利于中国学生熟悉和适应美国文化。在 The Webb School，不少国际学生都和他们的美国学生舍友成为了非常亲密的朋友。一些国际学生还会在学校放假期间呆在他们的美国舍友家里，并邀请舍友的家庭在暑假期间到自己的国家。当前世界全球化的程度越来越高，因此这种文化交流对双方也都是互惠互利的。

图片 The Webb School 提供

许多家长会在学校的开放日陪同儿子或女儿到新学校参观，这有利于学生更好地在学校安顿下来

Q：英语第二语言课程（即 English as a Second Language，简称 ESL）有哪些好处？

A：ESL 课程由经验丰富的老师采用小班制授课，他们将尽力满足每一个学生个体的需求，帮助非英语母语的学生适应和掌握英语阅读与写作。学校会根据国际学生的标准化考试、面试以及写作成绩将他们分到不同的 ESL 班级。之后随着国际学生英语水平的提高，大部分学校学生在 11 年级或者 12 年级之前会逐渐“主流化”，转为与美国本土学生一起接受正常英语课程教育。

Q：我应该如何选择宿舍？

A：选择宿舍时有许多因素需要考虑，其中宿舍的大小是一个非常重要的因素。比如说，学校有没有很大的多层宿舍楼？或者有没有比较小，但更亲密温馨的宿舍楼？学校有多少宿舍管理人员，他们的工作时间是什么时候？有没有教职工家庭住在宿舍楼附近，或者是宿舍楼内？宿舍的安全问题怎么样？在夜间宿舍楼会锁门吗？学校是不是位于一个安全的社区中？以上这些，都是需要考虑的因素。

Q：我在周末会有哪些活动？

A：请务必向学校咨询周末有哪些活动。部分学校，尤其是新英格兰地区的学校，周六是要上课的。而有些学校周六不上课，你可以了解一下学校周末有什么活动——包括校内和校外。学校常常会组织学生观看戏剧演出、体育赛事、音乐会、展览、电影，去餐馆聚餐，远足徒步、野营，或者是到当地的购物广场购物逛街。你要弄清楚学校是位于城市里，还是小镇周边——因为有些学生 / 家长更喜欢位于城市的学校，而另一些学生 / 家长则更喜欢位于乡村的学校。

Q：我的孩子想家怎么办？

A：孩子想家是比较常见的现象，尤其是刚开学的前两周。对于远离父母和亲人的学生而言，这是一个非常重要的调整和适应期。学生需要时间在一个新学校结交新朋友，适应不同的文化、教学方式以及寄宿学校生活。不过，学校对于想家的学生会有多方面的帮助。在宿舍，会有与你有过相似经历的高年级学生以及宿舍管理人员，他们随时乐意倾听学生的心声并给学生提出一些建议。另外，大多数学校都有经过专门培训的指导老师，可以为学生提供任何有关青少年问题的心理咨询，例如想家、难过以及各种关系问题。

Q：中国家长能去学校看学生吗？

A：许多家长会在学校的开放日陪同儿子或女儿到新学校参观，这有利于学生更好地在学校安顿下来。如果学生家长在美国有业务的话，他们会经常短暂地到学校看看孩子。大部分情况下，学生可以和父母呆在酒店或者出来一起在校外吃饭。而且，参观学校还可以使家长有机会看到孩子参加体育活动或其它课外活动甚至是在课堂上的表现。学校还可以协助家长申请获得到美国看望孩子的签证。

图片 The Webb School 提供

朱诚铭

出国前就读于上海外国语大学附属中学，2007年秋读完高二后进入美国Hotchkiss学校，现为普林斯顿大学数学专业学生。

Experience of an American Boarding School

漫谈美国寄宿学校之体验

采访/文 常雅婷

对话朱诚铭

Q：你当初为什么想去美国留学呢？

A：我在2005、2006、2007年三年都参加了Hotchkiss学校举办的暑期夏令营，我当时对这个学校和夏令营活动的感觉都很好。不过，最初我并没有打算出国留学，在我第二次参加学校夏令营时，学校夏令营的主任跟我说，我很优秀，鼓励我试着申请这个学校。后来我就进行了申请，而且只申请了这一所，最终顺利被学校录取了。

Q：很多学生和家长都很关心什么时候是出国的最佳时间，你个人觉得什么时候比较适合？

A：我知道现在中国学生出国是越来越早，但我个人觉得初中毕业以后再出国比较合适。因为，如果学生太小，世界观、价值观、道德观等都还没有成型。出国之后，学生面对很大的自由，如果自身思想还不成熟，独立性不够，自控和自律能力不够，可能会产生一些问题。所以打算出国时，孩子和家长要做好心理准备，出国留学并不是件容易的事情，比在国内还要辛苦很多，例如要得到别人的认同，自己要加倍努力；要与Native Speaker一起竞争；要自己照顾自己……当然，出国留学也会有很多好处。

Q：学生在申请学校写个人陈述（Personal Statement）时，你觉得有哪些需要注意的呢？

A：我之前也帮许多学生看过个人陈述，我觉得不少中国学生写个人陈述容易把话说得太大，空口说白话，一直说自己能力有多强，却没有实例来支撑。我觉得写个人陈述最重要的就是要突出个性，以实例支撑，忌讳空洞无力。这些实例可以是很小的事情、点滴的感受，只要能体现自己的与众不同就可以，老师会从中以小见大。坦白说，你的学习成绩、能力从其他申请材料中都可以看到，招生导师每天读成千上百的个人陈述，在成绩及其他实力相当的情况下，想让老师录取你而不是别人，你就需要让老师发现你的个性和独特之处，你能够带给学校别人都没有的一些东西。所以，你的个人陈述就要有血有肉，能够使自己的鲜明形象跃然纸上，使老师对你的印象从平面的变为一个立体的。

Q：很多学生刚到国外时会有不适应，你当时情况怎样？

A：我当时在国内的英语还不错，所以到美国之后语言对我来说倒是没有什么不能适应的。但是由于文化和教育方式上的一些差异，有时候尤其是刚开始还是会有一些问题。还有，外国人对中国或者中国人的看法有时可能会跟你不同，你可以跟他们进行公平公开的交流，表达你自己的看法。有些学生可能会被你说服，但是有些会比较固执，而且美国人觉得每个人都有选择自己想相信的观点的权利。不要为了一定要说服对方而争得面红耳赤，甚至做出更过激的行为，大家可以各持己见，和平共处。

不过，接触不同的文化与观点，即使有时是不太好的看法，也会让你有很大的收获，给予你别样的视角。原来在中国，我们受到的都是中国文化、教育的影响，而在这里你会接触不同的文化和视角，可以开拓自己的视野和思维，这一点对我而言很受用。

Q：你觉得在与美国学生以及其他国家的学生相处时，有哪些需要注意的？

A：一般来说，中国学生与国外学生相处还是蛮容易的，受中国传统文化的影响，中国学生都比较谦逊、客气、礼貌，很少有中国学生会冒犯到别人。反而是其他学生

图片 被访者提供

有时候开玩笑，由于文化差异中国人不是那么 relax，会觉得有些过分。对于这种玩笑不必太介意，很少有人会故意冒犯你。不过，如果真的感觉是很严重的冒犯或者是侮辱的话，可以直接跟学校说，学校对这种事情是很重视的，不会容忍这种事情的发生。

Q：回想你在美国寄宿学校的生活，你觉得与国内的学校有哪些不同？

A：美国大部分私立学校即使是公立学校规模都要比国内小，上课也是小班制教学，学生与学生，学生与老师之间彼此都很熟悉。无论是老师还是学生都很乐意互相帮助。

教育方法上，我们学校上文科课程的时候，都是学生与老师一起坐一个大圆桌，老师就在学生的旁边。通常是老师发问 - 学生讨论 - 老师引导，学生在其中起主导作用，能够很积极地参与到课堂之中。

理科教育虽然在基础教育的难度上不能跟国内比，但教育的方法上我感觉却更胜一筹：国内从小学到高中一直都是老师手把手教，同一类型的题可能会教好几遍。然而到大学一个礼拜也没多少课，老师教给你的很有限，很多时候需要学生自学。学生由于之前缺乏自学能力的锻炼，此时就会很不习惯。而在美国，这种学习方法的顺序与国内是反着的。通常是先让学生自学，自己做题，上课时让学生在黑板上解题，然后老师纠错、引导、讲解，这样可以很好地锻炼学生的自学能力。到了大学之后，你会发现这种自学能力非常有用。现在我在普林斯顿学数学，学生很难 100% 全部听懂老师所讲内容，这对学生自学能力要求很高，但由于之前已有了很好的培养和锻炼，学习起来就会好很多。

Q：你在寄宿学校有非常喜欢的老师吗？为什么喜欢？

A：我在寄宿学校喜欢的老师太多了，与老师们关系都很好。学校对我来说真的就像是"家"一样，虽然我现在早就毕业上大学了，但是还经常会回学校看看，毕业后有的老师有了孩子，我回去时还会看老师的孩子。

最喜欢的老师一位是当时的夏令营主任，我来这所学校跟他也有很大关系，在学校也很受他的照顾，感觉他们夫妻就像是我在美国的爸爸妈妈似的，非常亲密。

还有一位是我之前提到的讲授美国历史的老师，他 60 多岁了每次上课还古灵精怪得像个小孩子，知识渊博，幽默风趣。而且，他能很神奇地将枯燥的历史课讲得趣味十足，让我们自己进行思考，而不仅仅只是背。比如，他讲一个历史事件，会让我们自己去思考为什么会发生，会产生什么影响，如果这件事情是另外一个结果，又会有什么变化，除了表象事情背后还隐含着什么……总之，他会让我们一层一层自己去思考。他会在讲课时将很多事件联系在一起，使原本孤立的知识碎片，慢慢地像蜘蛛结网一样联系在一起。

2006 年，朱诚铭参加 Hotchkiss 暑期夏令营

Q：据说美国学校非常重视学生个体的差异性和学生的个性化发展，你觉得呢？学校哪些方面可以体现其对个性化的重视呢？

A：美国学校的确很重视学生的个性化发展。首先，美国的选课与国内有很大差异。虽然学生也会有一些必修课，但是学生会有很大的空间根据自己的兴趣爱好选择课程，无论你是对音乐、艺术、数理化、文史哲还是其他方面感兴趣，学校都会鼓励你学习自己感兴趣的课程。

其次，学校在课外为学生提供了丰富的机会，让学生一展所长。学校有完善的多种设施，例如在体育方面，我们学校有自己的室内冰场、室内壁球场、橄榄球场等等。学校不会规定你要参加哪种运动，而会鼓励你在自己感兴趣的领域多多挖掘和探索。另外，寄宿学校的俱乐部、兴趣小组以及社区服务组织，应有尽有。甚至你对某方面感兴趣，如果学校没有相应的社团，你还可以申请创办一个，其实所有这些组织当初都是由学生提议和建立的。我还记得我当时参加了一个叫做"中国关爱"的公益组织，我们会组织一些募捐活动，帮助中国的孤儿。所有这些我觉得对于学生的个性化发展都是很有帮助的。

Q：你觉得美国学生为什么会比较自信？

A：自信对美国人可以说是一种文化，这种自信不是盲目自大，而是一种自我肯定。他们不会因为某方面比别人差就自卑，坚信自己一定会有很多地方比别人强。就像刚才提到的，学校很重视学生的独特性培养，会关注到学生的方方面面，学生总能找到自身的优势，所以就不容易自卑。另外，美国学校还有一种尊重和平等的文化，这对培养人的自信也很有好处。

图片 被访者 提供

How to Apply
申请美国学校

文 任姗姗

美国学校的申请程序相当复杂，最好与熟知具体申请过程的留学顾问一起进行该项工作。

明确申请期限

每一所美国私立寄宿学校都有固定的招生时间，所有寄宿中学的开学时间都集中在每年 8 月底到 9 月初，多数顶尖学校的申请截止日期在 1 月 15 日至 2 月 1 日之间。虽然每个学校具体截止日期不同，但是学生最好至少提前 3 周正式递交申请，提前 1 年进行申请材料的准备。申请费每个学校有所不同，具体情况可以登录各学校网站查询，将申请费和申请材料一并寄出。如果错过了学校第一轮录取时间，等到第二轮录取时名额会比较少，所以学生应尽早申请以确保自己有更多机会。

准备标准化考试

有些学校需要学生提供标准化考试成绩（SSAT、ISEE、SLEP、TOEFL 等）。SSAT 成绩可以衡量学生将来在美国寄宿学校里完成功课的能力。有的学校接受 ISEE 成绩作为 SSAT 成绩的替代。并不是所有学校都要求申请学生提供 SSAT 或者 TOEFL 成绩，但如果申请人的 TOEFL 考试成绩很优秀，则大大增加了成功录取的几率。SLEP 是我们常说的中学生托福，很多学校接受将 SLEP 成绩作为托福成绩的替代。

学生要明确提交这些成绩的最后期限，提前开始备考。有经验的留学顾问会帮助学生与相应考试中心联系，安排好时间，确保学生及时向所申请的学校提交考试成绩。

Choate Rosemary Hall

申请程序

通常申请美国寄宿学校有两种方式，学生应该根据自身情况选择最适合最容易的方式。

个别申请

学生可以要求所申请学校寄送申请表。很多学校在网站上都有一个“request information”链接，这个链接里的内容会详细解释申请这个学校的所有详细程序。学生将申请表手写完成后和其他相关材料一并寄回学校。

大部分学校都有在线申请方式。对于学校来说，在线申请有节省时间的优势，学生的数据能即时加载到学校的数据库里。在线申请过程根据申请学校的差异也不尽相同，但总的来说，大体上都是在网站上找到申请程序说明后点击申请，输入电子邮箱地址，学生就会得到一个登录用户名，登录后可以在线完成申请表格的填写。当然，教师推荐表等则需要下载后打印出来。

通用申请

除了针对不同学校进行个别申请外，很多学校都接受一种“寄宿学校录取申请表”这种通用申请，这对于学生和需要填写推荐表的老师来说大大简化了申请过程。

通用申请表格所包括的内容有：

① 基本信息表。由申请学生的家人填写，包括申请人和家庭成员的基本信息，申请人参加标准化考试的时间及申请年级等信息。

② 申请人问卷。由申请学生本人填写，学生在该部分就一系列问题进行简短的论文式回答。

③ 家长陈述。由申请学生家长或监护人填写。

④ 申请作文。也叫个人陈述，这一部分在整个申请

图片 Choate Rosemary Hall 提供

材料中至关重要，它可以让学校招生人员透过众多基本信息看到一个真实又有个性的你。这篇文章要求申请人深思熟虑，文章要立意鲜明、举证有力、语言优美。务必要确保没有语法和拼写错误，因为任何语法错误或不妥当的回答都可能会导致申请失败。

⑤ 成绩单。学校会要求提供过去 2-3 年的成绩单，必要时附上英文翻译件。成绩单应由申请人原学校加盖公章。请注意保留一份成绩单的副本以备申请签证使用。

⑥ 推荐表。包括英语老师推荐表、数学老师推荐表和校长推荐表。因为老师和校长可能会比较忙，所以需要他们填写的推荐表一定要事先准备，尽早联系他们。推荐表上一定要有推荐人的亲笔签字。

在完成申请程序后，申请人还应与学校保持联系并积极准备面试。

准备面试

通常，学生向学校递交了全部申请材料，并安排好了托福成绩、SSAT 成绩的送分以后，理所当然地就认为自己的常规申请程序已经万事大吉了。殊不知，很多学校是将面试作为申请程序的一部分，而且是非常重要的环节。如果没有经过面试，招生委员会就会认为学生的申请还不完整，还不全面，要等到完善以后再进行审理。

面试，就是要面对面与学校招生代表进行沟通交流。一般情况下，各个学校每年都会安排招生代表到包括亚洲在内的世界各地进行巡回面试。所以，及时获得这些学校代表来面试的时间、地点等信息是非常重要的。这样，就免去了学生赴美国去面试的费用、时间等许多麻烦。 对于中国学生而言，如果刚好遇到学校校长过来面试，那录取的机会就更大了。有时，面试效果好的话，还可以豁免托福和 SSAT 等考试成绩，直接被学校录取。根据我们以往的经验，每年都有优秀学生面试发挥和表现突出而被排名前 100 的寄宿学校录取并豁免各种标准化考试。所以，希望赴美国读寄宿高中的同学，一定要选择经验和资源丰富的留学机构，密切关注有关学校面试的计划安排，从而尽早安排好自己的面试准备和规划，适时抓住面试良机。 如果一旦错过了校方来中国面试的机会又不能赴美面试，学生就一定要向学校争取电话面试的机会。通常，电话面试是由学校的 ESL 中心的主管进行，然后将面试的结果交给招生中心，最后由招生委员会进行审理。

面试结束后，要耐心等待校方回应。大多学校在三月发放录取通知书。收到通知书后，还要着手准备美国签证申请材料。

在完成申请程序后，申请人还应与学校保持联系并积极准备面试

图片 The Gunnery 提供

Choosing the Most Suitable Boarding School
寄宿学校：合适的才是好的

文 *Alexandra Allouche*

看看这些描述说的是不是你?

你花了一大笔钱，牺牲了大量的时间和精力为孩子准备各种各样的活动和课外学习，每天，你都在担心孩子，时刻想着他/她的学习进度如何。为什么要做这些呢？所有这一切无非是因为你希望孩子最终可能进入“最好的学校”或者“最好的大学”。

抛开这些的担忧和努力，许多家长并没有花时间去了解什么才是真正的“最好的学校”或者“最好的大学”？“最好的学校”或者“最好的大学”到底意味着什么？人们声称哈佛是最好的大学，仅仅是因为它排名第一，而当他们觉得另外一所大学“不好”时，仅仅是因为它排在第150位。难道这些排名真得能够决定你的孩子在将来能获得一份非常不错的工作或者成为佼佼者？美国其实并没有正式的排名机制，也没有正式使用过排名系统，在提到美国私立高中排行榜时，其实我们更可以把他们看做一份指南。

人们常常会引用某些杂志诸如美国新闻和世界报道等上的数据而发布一些排行榜名单，这些榜单有其合理性，但以下这点则更为重要：绝大多数的私立学校都能提供优质的教育。他们均开设了一系列广泛的课程，比如常规课程、AP课程、运动项目、课外活动、音乐、艺术以及暑期项目等。并且，大多数寄宿学校都以能将学生送入一所顶尖学校为荣。

在所有的寄宿学校提供同样的普通教育的情况下，如何为孩子选择一所“好”的寄宿学校？答案可以归结为以下一句话：寻找一所最适合孩子发展的学校。

当家长打算送孩子入读美国的学校时，应该确保自己事先已经考虑过如学校所提供的AP课程门数、课外活动数量、运动项目、音乐教育等等问题。比如孩子热爱艺术，那么家长就应该找一所能最大程度提高他/她艺术造诣的学校。美国顶尖学校理想中的学生不是那些仅仅曾在“名校”学习过的，而是那些具备个性和技能，并且这些个性和技能有助于其在未来取得成功的学生。就读常春藤名校的学生中就有大约一半来自美国的一些不知名的公立学校。

事实上，就算把孩子送到排名靠后的学校，也不意味着孩子就不能被顶尖大学录取。比如，孩子在一所排名较低的学校读书，但这所学校开设了很多课外活动，那么孩子很可能会成为一名更加全面发展的学生，并且还具备较强的领导能力。而这两个因素才对孩子能否能进入一所顶尖院校或者以后能否获得一份好工作起决定性作用。

因此，当你为子女选择学校时，第一步是要找出孩子与各大学校相似因素的最佳匹配项。如果孩子获得了为其量身定制的个性发展机会和技能提升机会，那么他/她不仅能够充分地发挥潜力，并且还能够进入好学校以及找到不错的工作。这些远比他们进入所谓的“顶尖学校”有用得多。

图片 Choate Rosemary Hall 提供

Top 100 US Boarding Schools
美国顶尖寄宿中学100强

随着近年来整个亚洲的留学低龄化的趋势，中国内地越来越多的家长也紧随韩国、日本、中国台湾、中国香港的潮流，已经开始计划把孩子在中学阶段就送到美国去学习。中国家长的心愿往往是不约而同的一致，即希望自己的孩子进入美国顶尖的高中去学习。我们在这里向读者推荐的美国顶尖寄宿中学具有良好的学习生活环境。许多学校与大自然混然一体，自成一个独立的社区，自然环境非常优美。这百所学校无论是教学设施还是体育等附属设施绝对一流，附属设施要好于绝大多数大学校园：很多学校拥有国际奥运会标准的游泳池、网球场、壁球场、足球场、高尔夫球场，甚至跑马场，而学校的教学设施全部实现电脑化教学，拥有图书馆，科学馆等。

考虑到学校的学习生活环境是否适合国际学生，针对每所学校，我们都提供了一些有价值的参考信息，所有信息都向我们展示了这些顶尖学校追求的共同目标和理念——培养未来的社会精英，为学生德智体全面发展提供良好的环境。我们所使用的信息主要来自于 Boarding School Review 和各个学校的官网，并会与学校的招生办取得直接联系搜集数据。通过与中国家长和学生的深入交流，我们了解到他们对美国寄宿学校的期望，因此本期我们能更好地挑选并推荐能满足家长和学生各种需求的顶尖寄宿中学。

我们推荐的百所名校大部分起源于新英格兰地区，即美国的东北部，包括缅因州、新罕布什尔州、佛蒙特州、罗德岛州、康涅狄格州、马塞诸色州的六个州组成，该地区以马塞诸色州的波士顿为核心被称为美国的教育中心，周围集中了很多美国顶尖寄宿中学。这百所名校中，SAT 平均成绩最高的是位于宾夕法尼亚州的 Linden Hall；如果您想找国际学生较多的学校，Grier School 的外籍学生比例高达 42%，Baylor School 的国际学生多达 246 人；如果您偏爱获得捐赠金额高的学校，Phillips Exeter Academy 以 850 万美元高居榜首。在本次的百所顶尖名校中，平均每年的学费较去年有所增长，为 42,360 美元，其中学费最昂贵的是 Groton School，而学费最经济的学校是 CFS, The School at Church Farm。

在美国读高中，学生毕业时不需要通过国家统一考试，但要完成各个学校规定的不同课程。由于每个学校的课程设计不尽相同，我们在筛选和推荐时，不将这一项作为参考指标。

我们根据不同的参考标准制作了一系列不同的推荐表，但是根据以往经验，没有任何一项单独的推荐表可以证明其中一所学校比其他任何一所好，因而这 100 所名校排名不分先后。对于学生来说，需要综合全面地考虑各种因素，最重要的是选择一个最适合自己的学校。

Thomas Jefferson Middle School

图片 Thomas Jefferson Middle School 提供

名校索引 Schools Index

	学校	类型	建校时间	校园规模（英亩）	学生人数	寄宿学生人数	国际学生人数	中国学生人数
A	Annie Wright School	女校	1884	10	145	73	48	8
	Asheville School	男女同校	1900	300	275	206	52	14
	Avon Old Farms School	男校	1927	1000	405	308	77	n/a
B	Baylor School	男女合校	1893	680	1069	321	246	25
	Berkshire School	男女同校	1907	500	380	334	72	7
	Blair Academy	男女同校	1848	423	450	360	68	12
	The Bolles School	男女同校	1933	52	1213	133	73	19
	Brooks School	男女同校	1926	242	371	260	56	n/a
C	The Canterbury School	男女合校	1915	150	360	252	61	20
	Cate School	男女同校	1910	150	265	225	42	7
	CFS, The School at Church Farm	男校	1918	150	190	175	36	5
	Chatham Hall	女校	1894	362	141	118	31	11
	Choate Rosemary Hall	男女同校	1890	458	850	629	111	36
	Colorado Rocky Mountain School	男女同校	1953	320	145	94	29	12
	Concord Academy	男女同校	1922	39	363	152	36	4
	Cranbrook Schools	男女同校	1922	319	799	272	103	n/a
	Culver Academies	男女合校	1894	1800	795	708	167	n/a
D	Dana Hall School	女校	1881	55	475	180	81	17
	Deerfield Academy	男女同校	1797	280	630	548	88	22
E	Emma Willard School	女校	1814	137	322	203	79	15
	Episcopal High School	男女同校	1839	135	435	435	30	n/a
	The Ethel Walker School	女校	1911	300	239	139	48	15
F	Fountain Valley School of Colorado	男女同校	1930	1100	244	165	43	9
	Foxcroft Academy	男女同校	1823	150	472	90	90	n/a
G	Georgetown Preparatory School	男校	1789	95	484	111	63	4
	The Governor's Academy	男女同校	1763	450	397	262	48	5
	Grier School	女校	1853	320	262	226	103	50
	Groton School	男女同校	1884	415	370	312	37	9
	The Gunnery	男女同校	1850	220	283	217	49	12
H	Hill School	男女同校	1851	300	500	402	63	n/a
	The Hockaday School	女校	1913	88	1087	141	33	20
	Holderness School	男女同校	1879	620	280	227	42	4
	The Hotchkiss School	男女同校	1891	810	599	547	107	10
	The Hun School of Princeton	男女同校	1914	45	595	150	65	5
I	Indian Springs School	男女同校	1952	350	261	73	27	1
K	Kent School	男女同校	1906	1200	560	515	93	n/a
	Kimball Union Academy	男女同校	1813	1300	317	222	86	20
L	Lake Forest Academy	男女合校	1857	150	400	200	108	n/a
	Lawrence Academy	男女同校	1793	100	399	200	52	11
	Lawrenceville School	男女同校	1810	700	810	553	66	n/a
	Linden Hall	女校	1746	47	210	168	n/a	n/a
	Loomis Chaffee School	男女同校	1874	300	680	403	101	15
M	The MacDuffie School	男女同校	1890	15	200	56	53	30
	The Madeira School	女校	1906	376	313	173	61	n/a
	The Masters School	男女同校	1877	96	438	168	55	10
	McCallie School	男校	1905	125	643	n/a	50	6
	Mercersburg Academy	男女同校	1893	300	430	366	77	20
	Middlesex School	男女同校	1901	350	375	263	34	6

SAT 平均分	课堂平均人数	AP 课程数量	录取率(%)	每年学费(美元)	所在州	网址	图片编号	参考坐标
1868	12	n/a	30	46,950	WA	www.aw.org	1	A-1
1860	13	17	47	42,110	NC	www.ashevilleschool.org	2	E-3
1724	12	12	48	46,650	CT	www.avonoldfarms.com	3	F-2
n/a	14	19	n/a	40,075	TN	www.baylorschool.org	4	E-3
n/a	12	16	29	48,100	MA	www.berkshireschool.org	5	F-2
1850	11	22	30	47,600	NJ	www.blair.edu	6	F-2
1800	15	21	35	38,950	FL	www.bolles.org	7	E-3
n/a	12	16	33	47,555	MA	www.brooksschool.org	8	F-2
1820	11	21	34	46,725	CT	www.cbury.org	9	F-2
1991	10	21	22	45,900	CA	www.cate.org	10	A-3
n/a	12	5	37	26,750	PA	www.gocfs.net	11	F-2
1700	8	13	65	39,000	VA	www.chathamhall.org	12	E-3
1993	12	25	21	46,420	CT	www.choate.edu	13	F-2
1701	10	4	75	41,900	CO	www.crms.org	14	B-2
2071	12	26	32	48,050	MA	www.concordacademy.org	15	F-2
1939	16	14	38	37,900	MI	www.schools.cranbrook.edu	16	E-2
n/a	14	21	0.49	38,000	IN	www.culver.org	17	E-2
1864	13	17	52	51,109	MA	www.danahall.org	18	F-2
2000	12	19	13	45,450	MA	www.deerfield.edu	19	F-2
1892	13	16	33	43,650	NY	www.emmawillard.org	20	F-2
n/a	12	26	40	45,300	VA	www.episcopalhighschool.org	21	F-2
1750	12	19	66	47,900	CT	www.ethelwalker.org	22	F-2
1760	11	18	65	44,100	CO	www.fvs.edu	23	C-2
1790	16	21	42	36,720	ME	www.foxcroftacademy.org	24	F-1
1975	16	24	23	48,160	MD	www.gprep.org	25	F-2
n/a	12	20	29	46,280	MA	www.thegovernorsacademy.org	26	F-2
1910	9	16	50	45,800	PA	www.grier.org	27	E-2
2080	13	30	19	49,810	MA	www.groton.org	28	F-2
1680	12	16	n/a	47,300	CT	www.gunnery.org	29	F-2
1855	12	23	38	47,500	PA	www.thehill.org	30	F-2
2020	14	21	21	43,674	TX	www.hockaday.org	31	D-3
1800	10	12	45	47,500	NH	www.holderness.org	32	F-1
2013	12	21	16	45,350	CT	www.hotchkiss.org	33	F-2
1820	13	14	N/a	44,420	NJ	www.hunschool.org	34	F-2
1970	14	24	52	34,000	AL	www.indiansprings.org	35	E-3
n/a	12	27	39	47,400	CT	www.kent-school.edu	36	F-2
1660	12	19	65	45,990	NH	www.kua.org	37	F-1
n/a	12	26	0.53	46,100	IL	www.lfanet.org	38	D-2
1732	14	8	50	46,200	MA	www.lacademy.edu	39	F-2
2061	12	22	23	48,800	NJ	www.lawrenceville.org	40	F-2
2095	12	17	n/a	40,750	PA	www.lindenhall.org	41	F-2
1950	12	38	28	47,100	CT	www.loomis.org	42	F-2
1720	11	10	57	40,995	MA	www.macduffie.com	43	F-2
n/a	12	17	66	48,497	VA	www.madeira.org	44	F-2
1980	14	16	40	47,780	NY	www.mastersny.org	45	F-2
1831	14	18	n/a	39,285	TN	www.mccallie.org	46	E-3
1830	12	41	34	46,950	PA	www.mercersburg.edu	47	E-2
2080	12	22	19	48,390	MA	www.mxschool.edu	48	F-2

资料来源：学校官网及招生办 2012 年信息、Boarding School Review2012 年信息 特别说明：部分数据可能并非最新，具体信息请参见学校官网

	学校	类型	建校时间	校园规模（英亩）	学生人数	寄宿学生人数	国际学生人数	中国学生人数
M	Millbrook School	男女同校	1931	800	272	211	32	6
	Milton Academy	男女同校	1798	125	675	338	68	7
	Miss Hall's School	女校	1898	85	180	135	54	30
	Miss Porter's School	女校	1843	50	333	206	26	9
N	Northfield Mount Hermon School	男女同校	1879	1565	650	520	163	45
O	Oregon Episcopal School	男女同校	1869	59	845	144	101	15
P	Peddie School	男女同校	1864	230	557	341	72	18
	The Pennington School	男女合校	1838	54	485	121	53	18
	Phillips Academy Andover	男女同校	1778	500	1,105	818	100	n/a
	Phillips Exeter Academy	男女同校	1781	619	1,063	861	96	n/a
	Pomfret School	男女同校	1894	500	350	271	56	9
	Portsmouth Abbey School	男女同校	1926	500	347	243	38	25
	Proctor Academy	男女同校	1848	3000	355	270	24	10
	The Putney School	男女同校	1935	500	219	170	52	25
R	Rabun Gap-Nacoochee School	男女同校	1903	1400	340	194	82	32
S	Saint Andrew's School	男女同校	1961	81	585	100	77	11
	Saint James School	男女同校	1842	672	215	144	43	17
	Saint John's Preparatory School	男女同校	1857	2700	313	103	80	32
	Saint Mary's School（NC）	女校	1842	23	275	122	25	7
	Salem Academy	女校	1772	64	167	96	45	27
	Salisbury School	男校	1901	725	305	284	58	n/a
	San Domenico School	女校	1850	515	140	70	34	30
	Santa Catalina School	女校	1950	36	252	115	31	5
	St. Andrew's School（RI）	男女同校	1893	100	218	45	11	17
	St. Andrew's School（DE）	男女同校	1929	2200	296	290	38	4
	St. George's School	男女同校	1896	125	357	303	45	3
	St. Mark's School	男女同校	1865	250	347	274	39	n/a
	St. Paul's School	男女同校	1856	2000	539	537	97	14
	St. Stephen's Episcopal School	男女同校	1950	370	681	163	70	28
	Stevenson School	男女同校	1952	60	530	265	85	10
	The Stony Brook School	男女同校	1922	55	314	189	63	25
	Stuart Hall School	男女同校	1844	8	302	108	49	26
	Suffield Academy	男女同校	1833	340	412	275	60	12
T	Tabor Academy	男女同校	1876	85	517	341	71	17
	The Taft School	男女同校	1890	224	580	500	94	10
	The Thacher School	男女同校	1889	425	240	215	26	4
	Thomas Jefferson School	男女同校	1946	20	89	48	23	n/a
	Trinity Pawling School	男校	1907	140	300	240	60	22
V	Villanova Preparatory School	男女同校	1924	131	280	89	74	22
	Virginia Episcopal School	男女同校	1916	160	180	117	36	15
W	Wayland Academy	男女同校	1855	55	197	146	39	n/a
	The Webb School	男女同校	1870	150	310	102	43	18
	The Webb Schools	男女同校	1922	70	400	231	83	n/a
	Western Reserve Academy	男女同校	1826	190	402	249	62	20
	Westminster School	男女同校	1888	390	390	262	47	6
	Westover School	女校	1909	145	207	132	38	8
	Westtown School	男女合校	1799	640	388	293	59	n/a
	The White Mountain School	男女同校	1886	250	112	85	35	25
	Wilbraham & Monson Academy	男女同校	1804	300	394	200	130	50
	The Williston Northampton School	男女同校	1841	125	460	276	88	13
	Woodberry Forest School	男校	1889	1200	405	402	43	9
	Wyoming Seminary	男女合校	1844	22	442	190	88	25

习惯。教职员工教育质量一流，经验丰富，并精心为学生安排个别指导，努力为学生提供高水准的教育。

升学方向
耶鲁大学、哥伦比亚大学、约翰·霍普金斯大学、纽约大学、俄亥俄州立大学、康涅狄格大学。

所在地 Avon, CT
学校类型 男校
建校时间 1927
校园规模（英亩）1000
学生人数 403
寄宿学生人数 306
国际学生人数 77
课堂平均人数 12
师生比例 1:6
SAT 平均分 1724
AP 课程数量 12
录取率（%）48
学费（美元 / 年）44,850
网址 www.avonoldfarms.com

Baylor School

Baylor 学校位于田纳西河河畔，学业成绩优异，早在 1954 年就开始设置了 AP 课程，现在该校开设了从艺术工作室到环境科学等 19 门大学水平的 AP 课程。学校的小班制教学、特色领导力项目、创新性课程、优秀的教师、宽广多样的课程选择，以及极具竞争力并得到国家认可的体育项目队伍都能使学生从中受益匪浅，获得良好发展。

升学方向
毕业生 100% 全部能考入大学和学院，其中包括常春藤联盟和其他许多知名大学和学院，80% 的学生能够考入第一志愿报考的大学。

所在地 Chattanooga, TN
学校类型 男女合校
建校时间 1893
校园规模（英亩）670
学生人数 1069
寄宿学生人数 321
国际学生人数 246
课堂平均人数 14
师生比例 1:8
SAT 平均分 n/a
AP 课程数量 22
录取率（%）n/a
学费（美元 / 年）39,790
网址 www.baylorschool.org

Berkshire School

Berkshire 中学为青年男女学生提供了高质量的学术教育，并注重学生高尚道德情操和领导能力的培养，使学生能够在日后成功升入知名大学，并从容自如地应对未来人生中的各种挑战。

升学方向
波士顿大学、圣劳伦斯大学、康奈尔大学、纽约大学、加州理工学院。

所在地 Sheffield, MA
学校类型 男女同校
建校时间 1907
校园规模（英亩）500
学生人数 380
寄宿学生人数 338
国际学生人数 72
中国学生人数 7
课堂平均人数 12
师生比例 1:6
SAT 平均分 1780
AP 课程数量 18
录取率（%）36
学费（美元 / 年）43,750
网址 www.berkshireschool.org

Blair Academy

Blair 学校主要有两大目标：其一，努力帮助学生做好大学入学准备，取得优异的学业成绩。其二，学校深知学业只是大学准备的一部分，该校也很注重对学生社会责任心、社会参与热情和领导力的培养。

升学方向
波士顿大学、康奈尔大学、乔治·华盛顿大学、纽约大学、哥伦比亚大学、宾夕法尼亚大学。

所在地 Blairstown, NJ
学校类型 男女同校
建校时间 1848
校园规模（英亩）425
学生人数 454
寄宿学生人数 339
国际学生人数 68
中国学生人数 12
课堂平均人数 11
师生比例 1:7
SAT 平均分 1900
AP 课程数量 21
录取率（%）35
学费（美元 / 年）45,700
网址 www.blair.edu

The Bolles School

Bolles 学校最初是一所男子军事学校，1961 年由军事学校转为普通学校，1971 年开始招收女生，现已成为享有良好国际声誉的私立大学预备学校。Bolles 注重学生在学业、文艺、体育以及俱乐部、社会活动等各个方面的表现，鼓励学生发展自己的兴趣，学会在丰富的活动之间保持一种平衡。学校每年都有一些学生因其在学业和体育方面的出色表现而获得奖项和奖学金。

升学方向
学校 98% 的学生都能考入综合性大学或者精英教育式学院接受四年本科教育。2010 年学校 200 名毕业生被 195 所大学所录取，并最终进入 79 所大学学习大学课程，其中毕业生入读较多的大学有：佛罗里达大学、佛罗里达州州立大学、亚拉巴马大学、北佛罗里达大学、南加州大学等。

所在地 Jacksonville, FL
学校类型 男女同校
建校时间 1933
校园规模（英亩）52
学生人数 1213
寄宿学生人数 133
国际学生人数 73
中国学生人数 19
课堂平均人数 15
师生比例 1:10
SAT 平均分 1800
AP 课程数量 21
录取率（%）35
学费（美元 / 年）38,950
网址 www.bolles.org

Brooks School

Brooks 学校是一所大学预备学校，从校园可以俯瞰美丽的 Cochichewick 湖。学校师生比例只有 1：5，采用小班制教学，学生与老师之间关系密切，营造了温馨的社区氛围。学校的核心价值观包括同情心、参与感、正直、激情、自信和创造性，其中同情心与参与感是最为重要的两方面。学校课外活动类型多样，并且每年都会更新和变化，可以给予学生充分的机会培养新的课外兴趣，同时在之前就比较感兴趣的领域和知识方面取得发展。

升学方向
学生 100% 全部能够考入大学和学院，继续接受教育。2004~2008 年最受该校学生欢迎的前 10 所院校为三一学院（21 人）、波士顿大学（20 人）、康涅狄格学院（18 人）、Lehigh 大学（16 人）、波士顿学院（15 人）、贝茨学院（14 人）、Bowdoin 学院（14 人）、东北大学（14 人）、查尔斯顿学院（13 人）、Hobart and William Smith Colleges（13 人）。

所在地 North Andover, MA
学校类型 男女同校
建校时间 1926
校园规模（英亩）251
学生人数 365
寄宿学生人数 256
国际学生人数 44
课堂平均人数 12
师生比例 1:5
SAT 平均分 n/a
AP 课程数量 15
录取率（%）40
学费（美元 / 年）45,925
网址 www.brooksschool.org

The Canterbury School

Canterbury 学校是一所提供 9~12 年级教育的大学预备学校。学校形成了以基督教价值观为基础的社区文化，具有温馨的家庭氛围，学生和老师之间有着持久而深厚的感情。良好的教育环境可以帮助学生取得优异的学习成绩，提高其体育能力，增强其艺术才能，丰富其内心世界。

升学方向
Canterbury 学生的兴趣和目标比较多样，在过去 5 年内考入了 200 余所大学和学院。

所在地 New Milford, CT
学校类型 男女合校
建校时间 1915
校园规模（英亩）150
学生人数 360
寄宿学生人数 252
国际学生人数 61
课堂平均人数 11
师生比例 1:6
SAT 平均分 n/a
AP 课程数量 18
录取率（%）32
学费（美元 / 年）44,500
网址 www.cbury.org

Cate School

Cate 中学位于圣巴巴拉县距海边 1 英里的丘陵地带。学校的办学目标是:"通过参与、学习、友谊和服务，学校的每一位成员都能为学校的精神贡献出自己的力量，实践创办者所倡导的'本校精神……包括善美、道德、安静的学习，充满活力的运动和辛勤的工作"。学校提供一系列高标准的学术课程，拓展和深化学术探索。学生成绩非常优异；师资力量雄厚；师生关系亲密友好，融洽无比。

升学方向

亚利桑那州立大学、波士顿大学、布朗大学、卡内基·梅隆大学、哥伦比亚大学、康奈尔大学、杜克大学、南加州大学。

所在地 Carpinteria, CA
学校类型 男女同校
建校时间 1910
校园规模（英亩） 150
学生人数 265
寄宿学生人数 220
国际学生人数 50
课堂平均人数 10
师生比例 1:5
SAT 平均分 1970
AP 课程数量 19
录取率（%） 27
学费（美元 / 年） 43,500
网址 www.cate.org

CFS, The School at Church Farm

CFS 中学是一所有基督教背景的大学预备学校，提供 7~12 年级初高中教育，致力于在充满关爱的基督教环境下，提供全面的教育，帮助学生掌握各种技能，有效应对未来的挑战。CFS 欢迎有能力，深信自身能够在 CFS 获得卓越机遇和体验的男生。

升学方向

伊利诺伊大学、卡内基·梅隆大学、纽约大学、康奈尔大学、约翰·霍普金斯大学、弗吉尼亚大学。

所在地 Exton, PA
学校类型 男校
建校时间 1918
校园规模（英亩） 350
学生人数 183
寄宿学生人数 174
国际学生人数 35
中国学生人数 2
课堂平均人数 8
师生比例 1:5
SAT 平均分 1731
AP 课程数量 6
录取率（%） 37
学费（美元 / 年） 26,250
网址 www.gocfs.net

Chatham Hall

作为一所寄宿制大学预备学校，Chatham Hall 为学生提供了严谨而具有挑战性的学业学习，积极鼓励学生取得优异的学业成绩。此外，学校也为丰富学生安排了丰富多彩的课外活动。学校平等对待、尊重每一位学生，帮助学生取得知识进步和创造性发展，并注重培养学生的责任心，使其为大学以及整个人生打下良好基础。

升学方向

不少学生都能考入美国名校，如普林斯顿大学、达特茅斯学院、康奈尔大学、杜克大学、乔治敦大学、威廉玛丽学院、弗吉尼亚大学、斯坦福大学、范德堡大学和瓦萨尔学院。

所在地 Chatham, VA
学校类型 女校
建校时间 1894
校园规模（英亩） 362
学生人数 129
寄宿学生人数 108
国际学生人数 35
中国学生人数 10
课堂平均人数 8
师生比例 1:7
SAT 平均分 1700
AP 课程数量 13
录取率（%） 65
学费（美元 / 年） 38,000
网址 www.chathamhall.org

Choate Rosemary Hall

该校是一所寄宿与走读相结合的优秀中学，由 850 名优秀学生和 166 名敬业的教职员工组成，他们来自不同的文化背景，友好快乐地生活在一起并互相学习。严谨的学术课程，强调个性塑造和因材施教是该校的核心任务。

升学方向

纽约大学、耶鲁大学、波士顿大学、乔治·华盛顿大学、哥伦比亚大学、康奈尔大学。

所在地 Wallingford, CT
学校类型 男女同校
建校时间 1890
校园规模（英亩） 458
学生人数 850
寄宿学生人数 638
国际学生人数 102
中国学生人数 17
课堂平均人数 12
师生比例 1:6
SAT 平均分 2025
AP 课程数量 25
录取率（%） 22
学费（美元 / 年） 45,905
网址 www.choate.edu

Colorado Rocky Mountain School

该校是一所寄宿与走读相结合的学校，鼓励学生在学术课程上突破自我，并在文艺、体育、社区服务等方面平衡发展。学校开设 AP 课程，帮助学生做好进入知名大学的准备。学校坐落在科罗拉多州阿斯彭市一个著名的大农场外，为学生提供了理想的体验式学习机会和一系列山地及水上运动的场地。

升学方向

科罗拉多大学、蒙大拿州立大学、丹佛大学、萨凡纳艺术与设计学院。

所在地 Carbondale, CO
学校类型 男女同校
建校时间 1953
校园规模（英亩） 320
学生人数 155
寄宿学生人数 94
国际学生人数 25
中国学生人数 12
课堂平均人数 10
师生比例 1:4
SAT 平均分 1701
AP 课程数量 4
录取率（%） 75
学费（美元 / 年） 41,900
网址 www.crms.org

最古老的学校排名

排名	学校	建校时间
1	Linden Hall	1746
2	The Governor's Academy（formerly Governor Dummer Academy）	1763
3	Salem Academy	1772
4	Phillips Academy Andover	1778
5	Phillips Exeter Academy	1781
6	Georgetown Preparatory School	1789
7	Lawrence Academy	1793
8	Deerfield Academy	1797
9	Milton Academy	1798
10	Westtown School	1799

资料来源："名校系列" 2012 年调研数据

Milton Academy

图片 Milton Academy 提供

Concord Academy

该校坐落于波士顿附近的一个历史小镇，丰富的文化底蕴使该校成为一个充满活力的社区。个性化、多元化、高质量的师生团队是该校的一大特色。这所学校的生活充满创造性和探索性。学校对学术能力要求很高，同时学生还有很多机会参与到艺术、体育和各种其他课外活动中。

升学方向

布朗大学、纽约大学、哥伦比亚大学、塔夫斯大学、卫斯理学院、康涅狄格学院、贝茨学院。

所在地 Concord, MA
学校类型 男女同校
建校时间 1922
校园规模（英亩） 39
学生人数 365
寄宿学生人数 148
国际学生人数 16
中国学生人数 4
课堂平均人数 12
师生比例 1:6
SAT 平均分 2057
AP 课程数量 26
录取率（%） 32
学费（美元 / 年） 46,200
网址 www.concordacademy.org

Cranbrook Schools

Cranbrook 中学相信，在当今竞争激烈的环境里，高中教育应该是全面而富有挑战性的。该校提供综合性高中教育，重视培养学生的个性并鼓励创造性、批判性思考和独立思考。学校在学术、艺术和体育方面的课程设置非常丰富。

升学方向

比较受欢迎的大学有密歇根州立大学、布朗大学、卡内基·梅隆大学、杜克大学、南卡罗莱纳大学。

所在地 Bloomfield Hills, MI
学校类型 男女同校
建校时间 1922
校园规模（英亩） 319
学生人数 775
寄宿学生人数 264
国际学生人数 101
中国学生人数 n/a
课堂平均人数 16
师生比例 1:8
SAT 平均分 1891
AP 课程数量 14
录取率（%） 42
学费（美元 / 年） 33,900
网址 www.schools.cranbrook.edu

Culver Academies

Culver Academies 学校位于印第安纳第二大天然湖泊 Maxinkuckee 湖的北畔，包括三部分：Culver Military Academy（男校）、Culver 女子学院和 Culver 暑期班和夏令营。Culver Military Academy 男校和 Culver 女子学院分别成立于 1894 年和 1971 年，都是提供 9~12 年级教育的寄宿兼走读制大学预备学校。学校拥有 38 栋建筑，其中包括沃恩马术中心（Vaughn Equestrian Center），它是全美最大的集室内骑马场和养马场于一体的综合设施。

升学方向

2008 届 202 位毕业生中 198 位考入大学，过去几年大学升入率基本都维持在 99%。

所在地 Culver, IN
学校类型 男女合校
建校时间 1894
校园规模（英亩） 1800
学生人数 792
寄宿学生人数 705
国际学生人数 174
中国学生人数 n/a
课堂平均人数 14
师生比例 1:9
SAT 平均分 n/a
AP 课程数量 20
录取率（%） n/a
学费（美元 / 年） 37,000
网址 www.culver.org

Dana Hall School

学校坐落于波士顿以西 12 英里处，学校管理严格，学风严谨，学生基础知识扎实。学校专注于培养自尊自爱、尊重他人、有领导意识的青年女子，同时鼓励学生进行分析性和创造性思考。该校为女生们在学术教育和自我发展两方面都提供了非常优越的环境。

升学方向
波士顿大学、乔治·华盛顿大学、卫斯理学院、科罗拉多学院、康涅狄格学院。

所在地 Wellesley, MA
学校类型 女校
建校时间 1881
校园规模（英亩） 52
学生人数 487
寄宿学生人数 180
国际学生人数 58
中国学生人数 17
课堂平均人数 12
师生比例 1:9
SAT 平均分 1889
AP 课程数量 14
录取率（%） 51
学费（美元/年） 46,700
网址 www.danahall.org

Deerfield Academy

Deerfield 学校帮助学生为今后大学和整个人生打下基础，学校保持小班教学，每个学生都受到同等的对待，不会被忽视。在学校的宿舍中，学生可以享受家庭式的晚餐，可以和室友们参加刺激的课外活动。同时，学校还提供了一个非常有效的升学咨询服务，帮助学生进入美国最负盛名的大学。毕业后的学生们会经常回来重游母校，怀念学校所给予他们的一切。

升学方向
布朗大学、哈佛大学、宾夕法尼亚大学、康奈尔大学、耶鲁大学、普林斯顿大学、哥伦比亚大学、威廉姆斯学院、乔治敦大学。

所在地 Deerfield, MA
学校类型 男女同校
建校时间 1797
校园规模（英亩） 280
学生人数 630
寄宿学生人数 548
国际学生人数 88
中国学生人数 2
课堂平均人数 12
师生比例 1:6
SAT 平均分 2000
AP 课程数量 19
录取率（%） 14
学费（美元/年） 43,800
网址 www.deerfield.edu

Emma Willard School

该校位于纽约州北部，自 1814 年创立时就成为全国顶尖的女子高中。在 Emma Willard 女校，每一处资源都被用于培养学生的价值观和技能，为学生今后的领导能力和成功打下坚实的基础。学校努力激发学生对生活的热爱、服务社会的意愿、敢于面对挑战的勇气和信心、丰富的创造力、团队合作意识、对友谊的珍视，以及优雅的气质。

升学方向
亚利桑那大学、贝茨学院、波士顿大学、布朗大学、卡内基·梅隆大学、芝加哥大学、康奈尔大学、哈佛大学。

所在地 Troy, NY
学校类型 女校
建校时间 1814
校园规模（英亩） 137
学生人数 317
寄宿学生人数 203
国际学生人数 79
中国学生人数 11
课堂平均人数 12
师生比例 1:5
SAT 平均分 1892
AP 课程数量 16
录取率（%） 34
学费（美元/年） 41,550
网址 www.emmawillard.org

Episcopal High School

Episcopal 高中要求学生全部寄宿，为学生营造了富于挑战性的大学预备教育环境，鼓励学生进行探索，培养其创造性思维、协作精神、个人激情以及欣赏他人的开阔心胸。学校共有 80 多位教职员工，其中 85% 的教职员工生活在学校，可以与学生建立密切关系。学校开设优质而灵活的学习课程，有 40 种 AP 和荣誉课程，艺术与体育项目多样。

升学方向
2007~2010 年，录取该校学生最多的几所大学有：北卡罗兰纳州立大学、威克弗里斯特大学、华盛顿与李大学、弗吉尼亚大学、南方大学、南卡罗兰纳大学、北卡罗兰纳大学教堂山分校、乔治亚大学、南卫理公会大学。

所在地 Alexandria,VA
学校类型 男女同校
建校时间 1839
校园规模（英亩） 130
学生人数 435
寄宿学生人数 435
国际学生人数 30
中国学生人数 n/a
课堂平均人数 12
师生比例 1:6
SAT 平均分 n/a
AP 课程数量 26
录取率（%） 40
学费（美元/年） 43,575
网址 www.episcopalhighschool.org

最年轻的学校排名（学校平均年龄：134）

排名	学校	建校时间
1	Saint Andrew's School	1961
2	Colorado Rocky Mountain School	1953
3	Indian Springs School	1952
3	Stevenson School	1952
5	Santa Catalina School	1950
5	St. Stephen's Episcopal School	1950
7	Thomas Jefferson School	1946
8	The Putney School	1935
9	The Bolles School	1933
10	Millbrook School	1931

资料来源："名校系列"2012 年调研数据

The Ethel Walker School

该校是一所提供 6~12 年级教育的女校，学校拥有一流的教师团队、丰富的资源、团结友爱的集体氛围、丰富全面的学习课程和课外活动，能够全面关注学生的个体发展，使学生不断挑战和超越自己，做到最好。而且，在此过程中，学生还能发现许多乐趣，并结交来自世界各地的朋友。

升学方向
2010 年该校毕业生至少有 2 人入读的大学包括：克罗多拉州立大学、迪金森学院、伊隆学院、戈登学院、葛底斯堡学院、约翰·霍普金森大学、霍山学院、东北大学、南卫理公会大学、圣·劳伦斯大学。

所在地 Simsbury, CT
学校类型 女校
建校时间 1911
校园规模（英亩） 300
学生人数 253
寄宿学生人数 139
国际学生人数 48
中国学生人数 15
课堂平均人数 13
师生比例 1:9
SAT 平均分 1716
AP 课程数量 16
录取率（%） N/a
学费（美元/年） 45,350
网址 www.ethelwalker.org

Fountain Valley School of Colorado

该校是一所非常具有向心力的学校，为学生在学术、体育、艺术、社团服务和个性发展方面提供多样而极具挑战性的机会。开放式的草原、白雪皑皑的山峰不仅为学生提供了风景如画的环境，而且也成为学生灵感的源泉。学校鼓励学生勇于体验新事物，不断发现自己，拓展自己，培养和发挥自己的才能，并与世界各地的同学建立一生的友谊。

升学方向
根据近年来统计数据，最受该校学生欢迎的大学有：科罗拉多州立大学、丹佛大学、普及海湾大学（University of Puget Sound）、科罗拉多大学、波士顿大学、蒙大拿大学、雪城大学（Syracuse University）。

所在地 Colorado Springs, CO
学校类型 男女同校
建校时间 1930
校园规模（英亩） 1565
学生人数 250
寄宿学生人数 165
国际学生人数 43
中国学生人数 9
课堂平均人数 14
师生比例 1:5
SAT 平均分 1824
AP 课程数量 19
录取率（%） 73
学费（美元 / 年） 40,000
网址 www.fvs.edu

Foxcroft Academy

该校位于 Piscataquis 河沿岸，距离 Katahdin 山、Moosehead 湖、Baxter 国家公园、Acadia 国家公园都不远，周围一片湖光山色，风景十分优美。它是美国最为古老的私立走读兼寄宿制学校之一，继承了新英格兰地区大学预备学校的优良传统。学校开设 142 门课程，其中 32 门课程为荣誉课程。教师对学生非常关心，非常乐意为学生提供各种支持和帮助。

升学方向
塔夫斯大学、纽约大学、宾州州立大学、约翰·霍普斯金大学、康奈尔大学、哈佛大学。

所在地 Dover Foxcroft, ME
学校类型 男女同校
建校时间 1823
校园规模（英亩） 120
学生人数 472
寄宿学生人数 90
国际学生人数 90
中国学生人数 n/a
课堂平均人数 16
师生比例 1:13
SAT 平均分 1820
AP 课程数量 41
录取率（%） 32
学费（美元 / 年） 36,000
网址 www.foxcroftacademy.org

Georgetown Preparatory School

该校是美国最为古老的耶稣会学校，也是唯一一所耶稣会寄宿学校，招收 9~12 年级男生。学校为学生营造了温暖而充满关爱的环境。学校以耶稣会教育传统为基础，努力将学生培养为注重反思、具有洞察力、学业优异、有责任心的人才，并倡导“为他人”的生活理念。该校学生非常热爱体育活动，82% 的学生都会参与校际体育活动，而且该校的校际体育活动、辩论会和艺术活动还获得了国家认可。

升学方向
毕业生考入了哈佛、乔治敦、斯坦福、宾夕法尼亚以及弗吉尼亚等在美国具有很高声望的大学。

所在地 Bethesda, MD
学校类型 男校
建校时间 1789
校园规模（英亩） 95
学生人数 484
寄宿学生人数 111
国际学生人数 63
中国学生人数 4
课堂平均人数 16
师生比例 1:8
SAT 平均分 1975
AP 课程数量 24
录取率（%） 23
学费（美元 / 年） 46,020
网址 www.gprep.org

The Governor's Academy

该校创建于 1763 年，是美国最为古老的寄宿制学校之一。它位于马萨诸塞州的 Byfield，距离波士顿 33 英里，临近大西洋海岸线。学校现有 82 位全职教职员工，教师经验丰富，平均教龄为 14 年，并且 85% 的教职员工都住在学校，可以为学生提供学习、生活等各个方面的帮助和支持。学校师生比例为 1：5，老师能够充分关注到每一位学生。

升学方向
2010 年毕业生入读人数较多的院校有：贝茨学院、波士顿大学、科尔比学院、哈佛大学、纽约大学、西方学院、塔夫茨学院。

所在地 Byfield, MA
学校类型 男女同校
建校时间 1763
校园规模（英亩） 450
学生人数 397
寄宿学生人数 262
国际学生人数 48
中国学生人数 5
课堂平均人数 12
师生比例 1:5
SAT 平均分 1802
AP 课程数量 18
录取率（%） 29
学费（美元 / 年） 44,550
网址 www.thegovernorsacademy.org

Grier School

Grier 女校位于宾夕法尼亚中心地区，学校为学生提供全面平衡的教育，致力于在安全的环境中促进学生在学业、体育和艺术等方面的全面发展。学校教学设施先进，拥有多功能的教室、实验室和艺术中心。

升学方向
2008~2009 学年 3 名学生考入宾夕法尼亚州立大学，波士顿大学和雪城大学各 2 名，此外，康奈尔大学、埃默里大学、利哈伊大学、伊利诺大学、史密斯学院、科罗拉多大学等名校均有学生成功入读。

The Linsly School

图片 The Linsly School 提供

所在地 Tyrone, PA
学校类型 女校
建校时间 1853
校园规模（英亩） 320
学生人数 246
寄宿学生人数 226
国际学生人数 103
中国学生人数 50
课堂平均人数 9
师生比例 1:6
SAT 平均分 1890
AP 课程数量 16
录取率（%） 50
学费（美元 / 年） 44,500
网址 www.grier.org

Groton School

该校致力于帮助学生取得优异的学业成绩，开发学生的智力和潜能，培养学生的道德意识和行为、体育精神以及服务他人的意识。学生非常乐意与同学、老师以及具有开阔视野的来访者分享自己的观点和想法。

升学方向

2006~2010 年 Groton School 学校毕业生成绩优异，有 27 名学生考入哈佛，25 名学生考入乔治敦大学，16 名学生进入布朗大学，14 名学生考入耶鲁大学，13 名学生考入圣安德鲁斯大学，普林斯顿大学、三一学院、塔夫斯大学、爱丁堡大学各 12 名。

所在地 Groton, MA
学校类型 男女同校
建校时间 1884
校园规模（英亩） 415
学生人数 372
寄宿学生人数 312
国际学生人数 37
中国学生人数 7
课堂平均人数 13
师生比例 1:5
SAT 平均分 2080
AP 课程数量 30
录取率（%） 19
学费（美元 / 年） 48,895
网址 www.groton.org

The Gunnery

Gunnery 是美国最佳大学预备学校之一，至今已有 160 年的校史。学校鼓励和赞赏学生对知识进行探索，相互分享自己的奇思妙想。学校提供高水准的学习课程，鼓励学生学习和思索有关人类存在的根本问题，加强学生的思考和批评能力，培养学生的洞察力，提高其创造力。多样的体育活动可以使学生提高自身的团队合作能力；多样的社会活动可以增强学生的社会责任感。

升学方向

2010 届毕业生考入的大学包括：新英格兰大学、东北大学、西北大学、联合大学、三一学院、芝加哥大学、迪金森学院、查尔斯顿学院等 80 余所大学，其中还有学生考入英国圣安德鲁斯大学等海外知名学府。

所在地 Washington, CT
学校类型 男女同校
建校时间 1850
校园规模（英亩） 220
学生人数 286
寄宿学生人数 217
国际学生人数 49
中国学生人数 10
课堂平均人数 12
师生比例 1:7
SAT 平均分 1680
AP 课程数量 15
录取率（%） 50
学费（美元 / 年） 45,500
网址 www.gunnery.org

Hill School

该校创建于 1851 年，是一所家庭寄宿学校，学校有一种家庭般温暖的学习环境，这也是 Hill School 与一般大学预备学校的重要区别。该校师生比例仅为 1:7，老师与学生之间关系亲密融洽。老师鼓励学生培养自己的领导才能，并能关心他人。她不仅致力于帮助学生为考入美国乃至全球各地的优秀大学做好准备，还努力帮助学生为职业发展以及整个人生做好准备。

Loomis Chaffee School

图片 Loomis Chaffee School 提供

升学方向

乔治·华盛顿大学、乔治敦大学、三一学院、宾夕法尼亚大学、纽约大学、霍巴特和威廉史密斯学院、美国海军学院等都是非常受学生欢迎的大学。

所在地 Pottstown, PA
学校类型 男女同校
建校时间 1851
校园规模（英亩） 300
学生人数 503
寄宿学生人数 402
国际学生人数 63
中国学生人数 n/a
课堂平均人数 12
师生比例 1:7
SAT 平均分 1855
AP 课程数量 23
录取率（%） 38
学费（美元/年） 45,500
网址 www.thehill.org

The Hockaday School

Hockaday 学校是一所寄宿兼走读制私立女子学校，提供学前-12年级教育。学校创始人 Ela Hockaday 女士将品格、知识、礼貌和体育确立为学校教育的基石，并被很好地保留下来。该校的学习成绩享誉全美，平均 SAT 成绩为超过 2000 分，2010 年学校参加 AP 考试的学生有 49% 获得了满分 5 分。

升学方向

2010 年学校 123 名毕业生全部考入四年制本科院校，获得了美国国内外 193 所大学的录取通知书，其中包括耶鲁大学、哈佛大学、康奈尔大学、布朗大学、波士顿大学、加州大学洛杉矶分校、卡耐基梅隆大学、达特茅斯学院、杜克大学等美国顶尖大学，以及苏格兰爱丁堡大学、英国中央圣马丁艺术设计学院、澳大利亚邦德大学、瑞士富兰克林大学等世界名校。

所在地 Dallas, TX
学校类型 女校
建校时间 1913
校园规模（英亩） 88
学生人数 1087
寄宿学生人数 141
国际学生人数 33
中国学生人数 20
课堂平均人数 15
师生比例 1:10
SAT 平均分 2020
AP 课程数量 21
录取率（%） 25
学费（美元/年） 45,760
网址 www.hockaday.org

Holderness School

学校努力培养学生的领导才能和道德观念，鼓励学生身心全面发展，充分拓展自己的潜能，提升自己各方面的能力，生活得充实而有意义。学校为学生营造了充满关爱而又富有挑战性的学习环境，所开设的课程广泛多样，鼓励学生精力充沛而独立地在广泛而多样的学科范围内进行研究和探索。另外，学校还有丰富多彩的体育和户外活动，以及社区服务等。

升学方向

比较受欢迎的大学有贝茨学院、科罗拉多学院、汉密尔顿学院、圣劳伦斯大学、科罗拉多大学、新罕布舍尔大学。

所在地 Plymouth, NH
学校类型 男女同校
建校时间 1879
校园规模（英亩） 620
学生人数 280
寄宿学生人数 227
国际学生人数 42
中国学生人数 4
课堂平均人数 11
师生比例 1:7
SAT 平均分 1720
AP 课程数量 12
录取率（%） 50
学费（美元/年） 42,670
网址 www.holderness.org

The Hotchkiss School

Hotchkiss 学校位于康涅狄格州的 Lakeville，是一所提供 9-12 年级教育的私立寄宿学校。该校学生学业成绩优异，SAT 平均成绩超过了 2000 分，远远高出美国高中平均 SAT 成绩。该校是一个非常和谐亲密的集体，师生不仅会一起学习、工作，还会一起参加活动，一起娱乐。该校还是一个非常多元化的集体，学生来自美国各州以及全球 33 个国家和地区。

The Gunnery

升学方向

2007~2010 年，该校毕业生入读人数最多的前 12 所大学为：乔治敦大学（23 人）、普林斯顿大学（22 人）、耶鲁大学（20 人）、三一学院（19 人）、宾夕法尼亚大学（18 人）、纽约大学（18 人）、科尔盖特大学（17 人）、布朗大学（16 人）、哥伦比亚大学（16 人）、威廉姆斯学院（15 人）、米德尔伯里学院（15 人）、达特茅斯学院（15 人）。

所在地 Lakeville, CT
学校类型 男女同校
建校时间 1891
校园规模（英亩） 827
学生人数 595
寄宿学生人数 547
国际学生人数 107
中国学生人数 10
课堂平均人数 12
师生比例 1:5
SAT 平均分 2013
AP 课程数量 21
录取率（%） 20
学费（美元/年） 41,885
网址 www.hotchkiss.org

The Hun School of Princeton

该校位于新泽西州普林斯顿，步行就能前往普林斯顿大学，到纽约和费城也只需 1 小时。学校开设 100 多门课程，包括计算机科学、英语、ESL、美术、外语、健康、历史、数学、科学等，并且每一个学科领域内都设有荣誉课程和 AP 大学预科课程。此外，学校的音乐设施一流，包括 1 个可以容纳 700 余人的音乐厅和可以容纳 640 人的音乐中心。

升学方向

学校 2010 年毕业生考入美国 95 所大学和学院，考入人数最多的大学有：雪城大学（4 人）、本特利学院（4 人）、波士顿大学（5 人）、巴克内尔大学（4 人）、富兰克林与马歇尔学院(5 人)、Lafayette 学院 (4 人)、纽约大学（4 人）。

所在地 Princeton, NJ
学校类型 男女同校
建校时间 1914
校园规模（英亩） 45
学生人数 595
寄宿学生人数 150
国际学生人数 65
中国学生人数 5

图片 The Gunnery 提供

课堂平均人数 13
师生比例 1:10
SAT 平均分 1820
AP 课程数量 14
录取率（%）N/a
学费（美元 / 年）44,420
网址 www.hunschool.org

Indian Springs School

Indian Springs 学校规模适中，她足够大可以提供多种获奖的 AP 课程，也足够小以至于所有学生都受到关注，所有学生的才能和禀赋也都能得到老师的赏识。在这里学生可以培养自己的思维能力和适应能力，并会认识到时间管理的重要性，这些对在复杂多变的全球化社会中赢得成功都是至关重要的。如果你具有体育才能，这里也能让你一展所长，并有机会参加各种级别的比赛。

升学方向

学生考入了美国竞争最为激烈的大学和学院，例如杜克大学、布朗大学、宾夕法尼亚大学、普林斯顿大学、埃默里大学等等。

所在地 Indian Springs, AL
学校类型 男女同校
建校时间 1952
校园规模（英亩）350
学生人数 269
寄宿学生人数 73
国际学生人数 27
中国学生人数 1
课堂平均人数 12
师生比例 1:8
SAT 平均分 1965
AP 课程数量 24
录取率（%）52
学费（美元 / 年）34,000
网址 www.indiansprings.org

Kent School

Kent 学校是一所提供 9~12 年级教育的寄宿制男女合校，位于康涅狄格州西北部的 Appalachian 小径和 Housatonic 河之间的山坡上，风景秀丽。学校不仅在高科技的环境中提供优质的文理教育，还有丰富的艺术项目，非常出色且荣获过多种奖项的体育项目，以及多样的俱乐部和活动。学生比较多元化，来自于美国 30 个州和 41 个国家，有利于学生开阔视野，增长见识。

升学方向

学生的大学选择多种多样，不仅有学生考入哈佛、麻省理工、哥伦比亚大学、约翰·霍普金森大学、三一学院等美国知名大学，还有学生考入加拿大、英国等国家的一些国际知名院校，例如加拿大麦吉尔大学、蒙特利尔大学和康考迪亚大学、英国圣安德鲁斯大学、皇后大学等。

所在地 Kent, CT
学校类型 男女同校
建校时间 1906
校园规模（英亩）1200
学生人数 565
寄宿学生人数 515
国际学生人数 93
课堂平均人数 12
师生比例 1:8
SAT 平均分 n/a
AP 课程数量 25
录取率（%）n/a
学费（美元 / 年）45,300
网址 www.kent-school.edu

Kimball Union Academy

该校位于康涅狄格河上游河谷，距离名校达特茅斯学院仅有 13 英里。她由美国革命战争英雄 Daniel Kimball 所创建，创建者的自由独立精神一直鼓舞着全校师生，培养出了一批批坚强、自立、具有集体意识，对世界充满好奇心，喜欢探索新生活，勇于面对挑战的优秀学生。学校以帮助学生发现自我、坚持自我、和充分发挥自我才能为己任。在富有挑战性和创新性的学业课程之外，学校还有视觉和表演艺术活动、竞技类体育活动、深入社会项目等等。

升学方向

根据 2008、2009、2010 三年的大学申请和录取情况，比较受学生欢迎的大学有新罕布什尔大学、佛蒙特大学、塔夫斯大学、圣路易斯华盛顿大学、三一学院、萨福克大学、斯基德莫尔学院、加州大学伯克利分校等。

所在地 Meriden, NH
学校类型 男女同校
建校时间 1813
校园规模（英亩）1300
学生人数 317
寄宿学生人数 222
国际学生人数 86
中国学生人数 20
课堂平均人数 12
师生比例 1:6
SAT 平均分 1660
AP 课程数量 19
录取率（%）65
学费（美元 / 年）44,970
网址 www.kua.org

Lake Forest Academy

该校建立于 1857 年，是一所由一些芝加哥的长老会商人所创建的独立的大学预备男校。1869 年，Young Ladies' Seminary（青年女子学院）作为一所独立的女校在 Lake Forest 的 Ferry Hall 成立，1974 年两所学校合并，成为男女合校。Lake Forest Academy 致力于将学生培养为品格高尚，学业优异，具有强烈责任感的优秀公民。

升学方向

2006~2009 年，该校学生考入人数最多的 10 所大学有：西北大学（17 人）、伊利诺伊大学厄本那香槟分校（16 人）、密西根大学（13 人）、卡耐基梅隆大学（7 人）、杜克大学（7 人）、Lake Forest 学院（7 人）、塔夫茨大学（7 人）、宾夕法尼亚大学（7 人）、Vanderbilt 学院（7 人）和纽约大学（6 人）。

所在地 Lake Forest, IL
学校类型 男女合校
建校时间 1857
校园规模（英亩）150
学生人数 400
寄宿学生人数 200
国际学生人数 108
课堂平均人数 12
师生比例 1:7
SAT 平均分 n/a
AP 课程数量 26
录取率（%）n/a
学费（美元 / 年）40,000
网址 www.lfanet.org

Lawrence Academy

学校现有教师 70 人，其中 12 位教师已有 25 年以上的教龄，经验非常丰富。学校师生比例为 1:7，每

个学生都能在老师的关爱中学习和成长。学校的使命是帮助学生发现自我，并激励学生对自己的理想负责。学校鼓励学生勇于冒险和尝试新事物，并且深信在此过程中，学生会发现自身的一些新的天赋和才能。而且，这里的老师和学生也都非常乐于助人。

升学方向

根据2006~2009三年的统计数据，波士顿大学最受该校学生欢迎，其他比较受欢迎的大学和学院还有佛蒙特大学、新罕布什尔大学、圣迈克斯学院、贝茨学院、本特利学院、波士顿学院、斯基德莫尔学院、科尔比学院等。

所在地 Groton, MA
学校类型 男女同校
建校时间 1793
校园规模（英亩） 100
学生人数 399
寄宿学生人数 200
国际学生人数 52
中国学生人数 11
课堂平均人数 14
师生比例 1:7
SAT 平均分 1732
AP 课程数量 8
录取率（%） 50
学费（美元/年） 48,200
网址 www.lacademy.edu

Lawrenceville School

Lawrenceville学校的教育使命是鼓励和引导来自不同文化背景的优秀年轻学子自我完善和提高，培养自身的领导责任心，并满怀激情地参与社会。学校通过特色住宿体系、亲密的师生关系、广泛的学科设置，以及独特的教育方式将学生培养为品学兼优、有强烈求知欲、欣赏多元文化、具有全球视野和强烈责任感的人。学校的图书馆、音乐中心、科学中心、艺术中心、视觉艺术中心、体育馆等设施一流，能够充分满足学生的多种发展需求。

升学方向

2008~2010三年的毕业生中，共有36人考入普林斯顿大学，29人考入宾夕法尼亚大学，27人考入乔治敦大学，24人考入纽约大学，23人考入哥伦比亚大学，此外还有不少学生考入耶鲁大学、斯坦福大学、霍普金森大学、三一学院、康奈尔大学、米德尔伯里学院、弗吉尼亚大学、杜克大学、南加州大学、波士顿大学、哈佛大学等名校。

所在地 Lawrenceville, NJ
学校类型 男女同校
建校时间 1810
校园规模（英亩） 700
学生人数 815
寄宿学生人数 553
国际学生人数 66
中国学生人数 n/a
课堂平均人数 12
师生比例 1:8
SAT 平均分 1998
AP 课程数量 22
录取率（%） 22
学费（美元/年） 46,475
网址 www.lawrenceville.org

图片 Deerfield Academy 提供

Deerfield Academy

Linden Hall

Linden Hall学校是美国最古老的女子寄宿学校，学校将历史传统与改革创新完美结合，为朝气蓬勃的女学生创造了独一无二的教育环境，助其成为21世纪的领导者。学校高中部注重培养学生的综合素质，开设特别针对女生而设计的课程，如培养女子领导能力的课程、培养女子艺术气息的课程等。而且，学校学术成绩优异，2010年AP考试平均分为4.5分，SAT平均成绩在宾州女子寄宿学校中排名第一，美国女子寄宿学校排名第二。

升学方向

全部学生都能考入美国非常不错的大学，例如常春藤盟校、麻省理工学院、加州大学洛杉矶分校、纽约大学、东北大学、波士顿大学、圣路易斯华盛顿大学等。

所在地 Lititz, PA
学校类型 女校
建校时间 1746
校园规模（英亩） 47
学生人数 210
寄宿学生人数 168
国际学生人数 n/a
中国学生人数 n/a
课堂平均人数 12
师生比例 1:8
SAT 平均分 2070
AP 课程数量 17
录取率（%） n/a
学费（美元/年） 40,750
网址 www.lindenhall.org

Loomis Chaffee School

Loomis Chaffee学校致力于使学生在多元文化和社会环境中汲取养料，促进学生精神、心理和身体的全面发展，鼓励学生发掘自身优势，服务于社会公众利益。在学习上，学校竭力将学生培养为能力出众，心灵纯洁的学生，为其接受高等教育以及终身教育做好准备。

升学方向

2006~2009年最受毕业生欢迎的大学和学院有乔治·华盛顿大学、康涅狄格大学、纽约大学、贝茨学院、斯基德莫尔学院、塔夫斯大学、康奈尔大学、乔治敦大学、联合学院、三一学院。

所在地 Windsor, CT
学校类型 男女同校
建校时间 1874
校园规模（英亩） 300
学生人数 672
寄宿学生人数 403
国际学生人数 101
中国学生人数 15
课堂平均人数 12
师生比例 1:5
SAT 平均分 1955
AP 课程数量 38
录取率（%） 31
学费（美元/年） 45,000
网址 www.loomis.org

The MacDuffie School

MacDuffie 是一所规模较小的男女合校，提供 6~12 年级的教育，但只为 9~12 年级的学生提供住宿。学校为学生准备了颇具挑战性的学业课程以及表演艺术、体育运动和社会实践等其他一些项目。学校参加 AP 考试的考生 94% 都能获得 3 分及以上的成绩（满分 5 分），72% 的学生可以获得 4 分及以上的好成绩。

升学方向

2009 年学生考入的大学包括哈佛大学、纽约大学、威廉姆斯学院、圣路易斯华盛顿大学、艺术大学、视觉艺术学院、西北大学、东北大学、宾夕法尼亚州立大学等。

所在地 Springfield, MA
学校类型 男女同校
建校时间 1890
校园规模（英亩） 15
学生人数 190
寄宿学生人数 56
国际学生人数 53
中国学生人数 30
课堂平均人数 11
师生比例 1:6
SAT 平均分 1798
AP 课程数量 10
录取率（%） 57
学费（美元/年） 40,995
网址 www.macduffie.com

The Madeira School

Madeira 学校是一所寄宿兼走读制女子学校，提供 9~12 年级的教育，位于距离华盛顿仅 12 英里的 McLean。学校共有 44 位老师，其中 38 位都具有硕士及以上学位。Madeira 从创建以来，一方面继承和发扬优良传统，另一方面又不断积极改革，锐意进取。学校的合作课程项目得到了国家认可，要求学生参与每周的社会服务、工作和国会实习等实践。

升学方向

比较受学生欢迎的学校有弗吉尼亚大学、威廉玛丽学院、三一学院、弗吉尼亚理工学院、纽约大学、波士顿大学、迪金森大学、乔治敦大学、卫斯理学院、卡耐基梅隆大学等。

所在地 McLean, VA
学校类型 女校
建校时间 1906
校园规模（英亩） 376
学生人数 321
寄宿学生人数 173
国际学生人数 61
课堂平均人数 12
师生比例 1:6
SAT 平均分 n/a
AP 课程数量 17
录取率（%） 66
学费（美元/年） 47,314
网址 www.madeira.org

Lawrenceville School

The Masters School

Masters 学校距离纽约只有 35 分钟车程，是一所寄宿兼走读制男女合校，但只为 9~12 年级的高中生提供住宿。学校鼓励学生批判性、创造性地进行独立思考，培养学生持久学习的积极性。

升学方向

2010 年，99 名学生进入大学学习，学生入读较多的院校有：纽约大学（5 人）、康奈尔大学（5 人）、伯纳德学院（4 人）、乔治·华盛顿大学（4 人）、斯基德莫尔大学（4 人）、里士满大学（3 人）。

所在地 Dobbs Ferry, NY
学校类型 男女同校
建校时间 1877
校园规模（英亩） 96
学生人数 430
寄宿学生人数 168
国际学生人数 55
中国学生人数 10
课堂平均人数 14
师生比例 1:8
SAT 平均分 1980
AP 课程数量 17
录取率（%） 32
学费（美元/年） 45,500
网址 www.mastersny.org

McCallie School

McCallie 男校致力于学生在学习、身体、精神和情感方面的全面发展，并帮助学生做好进入大学的准备。学校鼓励学生追求卓越，探寻知识和精神层面的真理，追寻闪耀着荣誉光环的生活，无论是对自己、家庭还是社会，都充满责任心，心系他人。学校一直秉承基督教传统，注重培养学生的道德感和社会责任心，并高度重视诚信，将其视为学生的重要品质写入学校的荣誉勋章中。老师因材施教，注重每个学生个体的差异性，培养学生的不同才能。

升学方向

近几年，比较受学生欢迎的大学有德州大学泰勒分校、北卡罗兰纳大学教堂山分校、宾夕法尼亚大学、乔治亚大学、田纳西大学等。

所在地 Chattanooga, TN
学校类型 男校
建校时间 1905

图片 Lawrenceville School 提供

密集度最高的寄宿学校（每英亩学生数量）

排名	学校	密集度
1	Stuart Hall School	37.75
2	The Bolles School	23.33
3	Wyoming Seminary	20.09
4	Annie Wright School	14.50
5	Oregon Episcopal School	14.32
6	The MacDuffie School	13.33
7	The Hun School of Princeton	13.22
8	The Hockaday School	12.35
9	Saint. Mary's School（NC）	11.96
10	Concord Academy	9.31

资料来源："名校系列"2012年调研数据

校园面积最大的寄宿学校排名

排名	学校	英亩
1	Proctor Academy	3000
2	Saint John's Preparatory School	2700
3	St. Andrew's School（DE）	2200
4	St. Paul's School	2000
5	Culver Academies	1800
6	Northfield Mount Hermon School	1565
7	Rabun Gap-Nacoochee School	1400
8	Kimball Union Academy	1300
9	Kent School	1200
9	Woodberry Forest School	1200

资料来源："名校系列"2012年调研数据

校园规模（英亩） 125
学生人数 625
寄宿学生人数 n/a
国际学生人数 50
中国学生人数 6
课堂平均人数 14
师生比例 1:7
SAT 平均分 1784
AP 课程数量 18
录取率（%） n/a
学费（美元/年） 37,955
网址 www.mccallie.org

Mercersburg Academy

作为大学预备学校，Mercersburg Academy 为学生提供优质的学术课程，采用小班制授课，老师与学生可以直接进行面对面的互动学习和心灵沟通。老师还鼓励学生在课外时间积极投身各种活动，例如参加戏剧表演、体育、音乐类活动以及各种比赛，并会在活动中建立深厚的友谊。同时，因为学校大部分学生都寄宿在学校，学生还可以在宿舍与来自世界各地的同学一起学习和交流，这有利于学生打破自身局限，拓宽思维，产生新观念。

升学方向

2006~2009 年该校学生考入人数最多的前 10 所大学分别为：里士满大学、巴克内尔大学、纽约大学、宾夕法尼亚大学、波士顿学院、康奈尔大学、杜克大学、麦吉尔大学、范德堡大学和耶鲁大学。

所在地 Mercersburg, PA
学校类型 男女同校
建校时间 1893
校园规模（英亩） 300
学生人数 430
寄宿学生人数 366
国际学生人数 77
中国学生人数 20
课堂平均人数 12
师生比例 1:5
SAT 平均分 1830
AP 课程数量 41
录取率（%） 37
学费（美元/年） 44,900
网址 www.mercersburg.edu

Middlesex School

Middlesex 学校位于美国马萨诸塞州历史悠久的小镇——协和，是一所私立寄宿制大学预备学校，不属于任何教派，至今已有 100 余年的历史。学校努力通过优质的课程，卓越的艺术、体育、社会服务等课外活动帮助学生"找到自身的理想"，成为聪慧、有道德感、有创造力、体能强健的青年。

升学方向

Middlesex 学校在 2006~2010 学年有 20 名学生入读塔夫茨大学，17 名入读波士顿学院，16 名进入乔治敦大学，哈佛大学和三一学院各 15 名，14 名入读布朗大学，13 名入读贝茨学院，12 名进入范德堡大学，10 名进入 Bucknell 大学，波士顿大学、科尔比学院、科尔盖特大学、哥伦比亚大学各 9 名。

所在地 Concord, MA
学校类型 男女同校
建校时间 1901
校园规模（英亩） 350
学生人数 375
寄宿学生人数 263
国际学生人数 34
中国学生人数 6
课堂平均人数 12
师生比例 1:5
SAT 平均分 2020
AP 课程数量 22
录取率（%） 23
学费（美元/年） 46,090
网址 www.mxschool.edu

Millbrook School

Millbrook 学校提供 9~12 年级教育，把帮助学生做好充分的大学准备作为培养目标之一，努力培养每个学生的求知欲，以及尊重他人、诚实守信、热爱自然、服务他人的意识。学校规模较小，能够给予学生足够的个体关注，有很强烈的集体意识。学生可以全身心地投入于多姿多彩的学校生活中，并从多个方面提高才能，激发兴趣，以便更好地为社会为他人贡献自己的力量。

升学方向

2009 年学生考入了纽约大学、三一学院、俄亥俄卫斯理学院等 46 所综合性大学和精英式学院。

所在地 Millbrook, NY
学校类型 男女同校
建校时间 1931
校园规模（英亩） 800
学生人数 264
寄宿学生人数 211
国际学生人数 32
中国学生人数 6
课堂平均人数 14
师生比例 1:5
SAT 平均分 1743
AP 课程数量 14
录取率（%） 50
学费（美元/年） 43,050
网址 www.millbrook.org

Milton Academy

Milton Academy 学校位于波士顿以南 8 英里处，提供 184 门课程，学业成绩极为优异，SAT 平均成绩远高于全美学校平均 SAT 成绩。学校师生比例很高，并且 80% 的教员都居住在学校内，师生关系亲密无间，互相分享观点。Milton Academy 为学生创造安全而充满活力的环境，积极培养学生的求知欲、自信心和人格魅力，对自己严格要求，追求卓越。该校还是一个非常多元化的学校，她鼓励学生尊重和欣赏不同的学生个体及文化。

升学方向

2008~2010 年该校共有 25 人入读哈佛大学，24 个学生入读布朗大学，16 个学生进入塔夫茨大学学习，另外，该校入读乔治敦大学、波士顿学院、哥伦比亚大学、康奈尔大学、乔治·华盛顿大学、卫斯理学院和耶鲁大学各个知名学府的毕业生也各有十几名。

所在地 Milton, MA
学校类型 男女同校
建校时间 1798
校园规模（英亩） 125
学生人数 675
寄宿学生人数 338
国际学生人数 68
中国学生人数 7
课堂平均人数 14
师生比例 1:5
SAT 平均分 2065
AP 课程数量 12
录取率（%） 27
学费（美元/年） 43,975
网址 www.milton.edu

Miss Hall's School

Miss Hall's 学校坐落于马萨诸塞州西部的伯克利山中，是美国著名的女子高中。MHS 致力于帮助每一位女孩子按照自身的心灵、核心价值观、能力、专长和判断，来理解和对待万物，提高自身。MHS 还非常注重培养学生的个人荣辱观，因为这种个人荣辱观一旦形成，就将成为他人判断学生自身的基准，并将长期影响学生。学校还鼓励学生自尊自爱，同时也要尊重他人。当然，优异的学习成绩也倍受重视，并努力培养学生的求知欲、自信心和清晰的逻辑思维。

升学方向

该校学生成功入读的大学非常多样化，2010 年毕业生共考入 80 所高等院校，既有顶尖的综合性大学，例如波士顿大学、纽约大学等，也有优秀的精英式学院，还有视觉艺术学院等艺术院校。

所在地 Pittsfield, MA
学校类型 女校
建校时间 1898
校园规模（英亩） 85
学生人数 180
寄宿学生人数 135
国际学生人数 54
中国学生人数 20
课堂平均人数 11
师生比例 1:5
SAT 平均分 1850
AP 课程数量 16
录取率（%） 49
学费（美元/年） 44,350
网址 www.misshalls.org

Miss Porter's School

Miss Porter's 学校是一所寄宿兼走读制私立女子寄宿学校，提供 9~12 年级教育。学校在帮助年轻学生为大学和整个人生做准备，在培养学生的领导能力方面成绩卓著，努力将学生培养为知识渊博、大胆自信、敢于冒险、足智多谋、道德高尚的全球化公民。她不仅为学生提供了广泛的学科设置，同时还提供了无比丰富的体育类、艺术类活动以及宿舍活动。

所在地 Farmington, CT
学校类型 女校
建校时间 1843
校园规模（英亩） 50
学生人数 322
寄宿学生人数 206
国际学生人数 26
中国学生人数 n/a
课堂平均人数 11
师生比例 1:8
SAT 平均分 1908
AP 课程数量 20
录取率（%） 46
学费（美元/年） 45,100
网址 www.porters.org

Northfield Mount Hermon School

该校位于马萨诸塞州西部的康涅狄特河河畔，校园风景优美，面积也很大，达到了 1565 英亩，在今年入榜的百所顶尖寄宿学校中高居第五名。NMHS 所开设课程极为广泛，包含 185 个学科，老师的教学经验也异常丰富，平均教龄高达 23 年。另外，该校还为学生提供了 50 种左右的课外活动，仅体育类就约有 20 种。为了提高学生的社会责任感，学校还组织学生每周参加社区活动。

升学方向

布朗大学、乔治·华盛顿大学、塔夫茨大学、卫斯理学院、康奈尔大学等名校都很受该校学生青睐。

所在地 Mount Hermon, MA
学校类型 男女同校
建校时间 1879
校园规模（英亩） 1565
学生人数 650
寄宿学生人数 520
国际学生人数 163
中国学生人数 n/a
课堂平均人数 12
师生比例 1:6
SAT 平均分 1565
AP 课程数量 23
录取率（%） 46
学费（美元/年） 45,100
网址 www.nmhschool.org

Oregon Episcopal School

Oregon Episcopal 学校位于波特兰西南部美丽的山景之中，这里不仅有森林、湿地，还有许多的野生动物，大自然的这种慷慨赠与可以使学生有一种独特体验。OES 注重“在实践中学习”的理念，努力帮助每个学生个体充分发挥自己的潜能。同时，OES 高度重视培育学生的思想道德和美好心灵。

升学方向

比较受该校学生欢迎的大学有华盛顿大学、俄勒冈大学、杜克大学、

The Hun School of Princeton

图片 The Hun School of Princeton 提供

西方学院、俄勒冈州立大学、卡内基梅隆大学、斯坦福大学、波士顿大学等。

所在地 Portland, OR
学校类型 男女同校
建校时间 1869
校园规模（英亩） 59
学生人数 845
寄宿学生人数 144
国际学生人数 101
中国学生人数 15
课堂平均人数 14
师生比例 1:7
SAT 平均分 1970
AP 课程数量 9
录取率（%） 55
学费（美元 / 年） 39,900
网址 www.oes.edu

Peddie School

Peddie 学校位于 Hightstown，距离普林斯顿只有 8 英里，距离纽约和费城也都只有 50 英里。她以帮助学生做好充分的大学准备以及鼓励学生成为高水平、高素质的市民为终极目标，是一所因优质教育而闻名全国的寄宿中学。学校积极引导学生尊重自己和他人，诚实守信，勇敢自信，热爱学习，德智体全面平衡发展。

升学方向

2005~2010 年该校毕业生有 28 人考入宾夕法尼亚大学，20 人考入乔治·华盛顿大学，19 人考入康奈尔大学，17 人考入卡内基梅隆大学，16 人考入美国海军学院，理海大学、维拉诺瓦大学、里士满大学各 14 名，乔治敦大学13人，波士顿大学12人。

所在地 Hightstown, NJ
学校类型 男女同校
建校时间 1864
校园规模（英亩） 230
学生人数 551
寄宿学生人数 341
国际学生人数 72
中国学生人数 9
课堂平均人数 12
师生比例 1:6
SAT 平均分 2000
AP 课程数量 15
录取率（%） 24
学费（美元 / 年） 43,000
网址 www.peddie.org

The Pennington School

Pennington 学校是一所提供 6~12 年级教育的独立学校。学校相信每一个个体都有自己的内在价值，尊重并鼓励个体表现，注重多元化和差异化，学生在这里可以做真正的自己。她致力于帮助学生在学习、艺术、体育和社区服务活动各个方面取得全面发展。

升学方向

2005~2010 年，学生考入人数最多的大学有：美国大学（12 人）、卡内基梅隆大学（12 人）、詹姆斯麦迪逊大学（12 人）、罗格斯大学（12 人）、雪城大学（11 人）、宾州大学（10 人）、圣劳伦斯大学（9 人）、Drew 大学（8 人）、富兰克林与马歇尔学院（8 人）、纽约大学（8 人）。

所在地 Pennington, NJ
学校类型 男女合校
建校时间 1838
校园规模（英亩） 54
学生人数 485
寄宿学生人数 121
国际学生人数 53
中国学生人数 10
课堂平均人数 13
师生比例 1:8
SAT 平均分 1650
AP 课程数量 17
录取率（%） 38
学费（美元 / 年） 42,600
网址 www.pennington.org

Phillips Academy Andover

Phillips Academy Andover 学校至今已有 230 余年的悠久历史。该校学生规模很大，为了充分满足各个学生的不同需求，所开设的课程极为多样宽广，多达 300 门，其中 150 多门为选修课，并为学生提供一些海外学习项目。该校师资力量雄厚，师生比例高达 1:5，并且其中 39 名老师获得了博士学位，108 名老师获得了硕士学位。PAA 学生的成绩非常优异，2010 年 SAT 考试批判性阅读的平均成绩为 683，数学平均成绩为 694，写作平均成绩为 677。

升学方向

2010 年有 17 名毕业生入读耶鲁大学，12 名学生考入哈佛大学，11 名学生入读布朗大学，斯坦福大学、宾夕法尼亚大学、杜克大学、乔治敦大学和艾姆赫斯特学院各有 9 名学生入读，哥伦比亚大学和达特茅斯学院各有 8 名学生考入，乔治·华盛顿大学和波士顿大学各有 7 名学生入读，普林斯顿大学、约翰·霍普金森大学和三一学院各有 6 名学生入读，麻省理工大学、塔夫茨大学、贝茨学院和米德尔伯里学院各 5 名。

所在地 Andover, MA
学校类型 男女同校
建校时间 1778
校园规模（英亩） 500
学生人数 1109
寄宿学生人数 818
国际学生人数 100
中国学生人数 n/a
课堂平均人数 13
师生比例 1:5
SAT 平均分 2054
AP 课程数量 30
录取率（%） 14
学费（美元 / 年） 41,300
网址 www.andover.edu

Mercersburg Academy

Phillips Exeter Academy

该校是一所历史非常悠久的大学预备学校，开设 450 门课程，覆盖 19 个学科领域，学生可对自己感兴趣的问题进行深入研究，无论是从广度上还是从深度上都能充分满足学生的需求。学校全部教室使用的都是 Harkness 椭圆型桌子，更能拉近老师与学生的距离，使学生更多地参与到课堂讨论中。该校还是一所非常多元化的学校，学生来自美国 47 个州和全球 37 个国家。

升学方向

2008~2010 年，毕业生考入人数最多的前 11 所大学有哈佛大学（42 人）、耶鲁大学（36 人）、乔治敦大学（36 人）、普林斯顿大学（34 人）、哥伦比亚大学（27 人）、康奈尔大学（26 人）、麻省理工大学（25 人）、达特茅斯学院（25 人）、布朗大学（22 人）、卡内基梅隆大学（22 人）、密歇根大学（22 人）。

所在地 Exeter, NH
学校类型 男女同校

图片 Mercersburg Academy 提供

最昂贵的寄宿学校

排名	学校	每年学费（美元）
1	Dana Hall School	51,109
2	Groton School	49,810
3	Stevenson School	49,100
4	Lawrenceville School	48,800
5	Pomfret School	48,750
6	Wilbraham & Monson Academy	48,500
7	The Madeira School	48,497
8	Middlesex School	48,390
9	Georgetown Preparatory School	48,160
10	Berkshire School	48,100

资料来源："名校系列" 2012 年调研数据

最经济的寄宿学校

排名	学校	每年学费（美元）
1	CFS, The School at Church Farm	26,750
2	Saint John's Preparatory Schoo	32,348
3	Indian Springs School	34,000
4	Thomas Jefferson School	36,500
5	Foxcroft Academy	36,720
6	Saint James School	37,800
7	Cranbrook Schools	37,900
8	Culver Academies	38,000
9	Rabun Gap-Nacoochee School	38,300
10	The Webb School	38,500

资料来源："名校系列" 2012 年调研数据

建校时间 1781
校园规模（英亩） 619
学生人数 1062
寄宿学生人数 861
国际学生人数 96
中国学生人数 n/a
课堂平均人数 12
师生比例 1:5
SAT 平均分 2074
AP 课程数量 n/a
录取率（%） 19
学费（美元 / 年） 39,890
网址 www.exeter.edu

Pomfret School

Pomfret 学校规模较小，师生比例较高，师生关系亲密无间，老师们努力帮助学生充分发挥自己的才能。而且，学校无论是在教室、实验室，还是在住宿楼和运动场上，都会随时为学生提供帮助和支持。学校鼓励学生能有很强的好奇心去学习探索、发现问题和解决问题。

升学方向

2010 年毕业生考入的大学有杜克大学、普林斯顿大学、耶鲁大学、达特茅斯学院、米德尔伯里学院、葛底斯堡学院、利哈伊大学等。

所在地 Pomfret, CT
学校类型 男女同校
建校时间 1894
校园规模（英亩） 500
学生人数 352
寄宿学生人数 271
国际学生人数 56
中国学生人数 9
课堂平均人数 11
师生比例 1:6
SAT 平均分 1733
AP 课程数量 37
录取率（%） 52
学费（美元 / 年） 46,500
网址 www.pomfretschool.org

Portsmouth Abbey School

Portsmouth Abbey 学校是一所提供 9~12 年级教育的寄宿兼走读制男女合校。该校的教育植根于从古希腊和古罗马一直延续到当代的西方教育，为学生提供经典的课程教育，同时提供道德、体育、文艺等方面的教育，以确保学生能够均衡发展。

升学方向

近几年，该校毕业生考入人数较多的院校有：乔治敦大学、乔治・华盛顿大学、纽约大学、波士顿学院、圣十字学院、普罗维登斯学院、罗德岛大学、福特汉姆大学、美国天主教大学、迪金森学院。

所在地 Portsmouth, RI
学校类型 男女同校
建校时间 1926
校园规模（英亩） 500
学生人数 347
寄宿学生人数 243
国际学生人数 38
中国学生人数 17
课堂平均人数 12
师生比例 1:7
SAT 平均分 1815
AP 课程数量 19
录取率（%） 56
学费（美元 / 年） 44,850
网址 www.portsmouthabbey.org

Proctor Academy

该校位于新罕布什尔中部的乡村，校园面积多达 3000 英亩，是美国寄宿学校面积最大的学校之一。但该校学生规模并不大，师生比例也只有 1:5，而美国学校平均师生比例为 1:7。该校因敢于创新，以注重培养学生的个性而享誉全美。而且，学校还有海外项目，学生有机会到法国、西班牙感受别样风情。

升学方向

2009 年该校 6 名毕业生入读新罕布什尔大学；入读霍巴特和威廉史密斯学院、霍利奥克山学院、东北大学、圣劳伦斯大学的学生各 3 名，学生考入的其他大学还有贝茨学院、克拉克森大学、新罕布什尔学院、三一学院等。

所在地 Andover, NH
学校类型 男女同校
建校时间 1848
校园规模（英亩） 3000
学生人数 345
寄宿学生人数 270
国际学生人数 24
中国学生人数 2
课堂平均人数 12
师生比例 1:5
SAT 平均分 1660
AP 课程数量 10
录取率（%） 48
学费（美元 / 年） 44,950
网址 www.proctoracademy.org

The Putney School

Putney 学校是小规模的男女合校制中学，大部分学生寄宿在学校。学校的学业课程具有挑战性，能够激发学生的求知欲，培养学生学习所需的多种能力。学校将艺术类项目视为学生表达内心丰富情感和思想，以及对美好事物追求的根本方法。每年，学校都会组织一些户外活动，例如到学校周边的农场和农田，研究环境，欣赏美景。

升学方向

2010 年学校毕业生考入了 55 所大学，其中包括约翰・霍普金斯大学、加州大学洛杉矶分校、哥伦比亚大学、华盛顿大学、卫斯理学院、视觉艺术学院、波士顿大学、史密斯学院等名校。

所在地 Putney, VT
学校类型 男女同校
建校时间 1935
校园规模（英亩） 500
学生人数 226
寄宿学生人数 170
国际学生人数 52
中国学生人数 17
课堂平均人数 12

师生比例 1:6
SAT 平均分 1725
AP 课程数量 n/a
录取率（%） n/a
学费（美元 / 年） 44,000
网址 www.putneyschool.org

Rabun Gap-Nacoochee School

Rabun Gap-Nacoochee 学校位于美国佐治亚州的东北角，校园美丽宽广。她是由 Andrew Jackson Ritchie 为了实现自己的素质教育理想而创建的。学校希望学生在这里可以开启一段激动人心的学习、成长和探索之旅。老师会积极鼓励学生挖掘自身潜能，努力培养自信心，并随时准备为学生提供学习、生活等各个方面的支持和帮助。

升学方向

埃默里大学、佐治亚理工大学、卡内基梅隆大学、北卡罗兰纳大学教堂山分校、查尔斯顿学院、阿格尼斯・斯科特学院等等。

所在地 Rabun Gap, GA
学校类型 男女同校
建校时间 1903
校园规模（英亩） 1400
学生人数 340
寄宿学生人数 194
国际学生人数 82
中国学生人数 18
课堂平均人数 16
师生比例 1:8
SAT 平均分 1691
AP 课程数量 15
录取率（%） 69
学费（美元 / 年） 41735
网址 www.rabungap.org

Saint Andrew's School

Saint Andrew's 学校位于佛罗里达州南部，靠近大西洋，这里属于热带气候，全年都很温暖，风景优美，气候宜人。Saint Andrew's 提供幼儿园至 12 年级教育，但只为 9~12 年级的学生提供住宿。作为一所具有英国国教传统的学校，她以为学生提供优质教育，培养学生心灵、身体素质、道德精神的全面发展为使命。Saint Andrew's 非常欢迎不同背景和文化、能够从学校充分汲取养料、并积极融入学校集体的国际学生加盟。

升学方向

2006~2010 年，该校毕业生入读人数较多的大学有：佛罗里达州立大学(32 人)、佛罗里达大西洋大学(20 人)、乔治・华盛顿大学（17 人）、乔治敦大学（12 人）、埃默里大学（11 人）、奥本大学（10 人）、印第安纳大学(10 人)、伊隆大学(9 人)、理海大学（9 人）、杜克大学（7 人）、布朗大学(7 人)、波士顿大学(7 人)、波士顿学院（7 人）。

所在地 Boca Raton, FL
学校类型 男女同校
建校时间 1961
校园规模（英亩） 81
学生人数 590
寄宿学生人数 100
国际学生人数 77
中国学生人数 14
课堂平均人数 15
师生比例 1:9
SAT 平均分 1820
AP 课程数量 24
录取率（%） 40
学费（美元 / 年） 41,700
网址 www.saintandrews.net

Saint James School

Saint James 学校距离巴尔的摩和华盛顿都只有约 65 英里，至今已有 168 年的历史，校园内多是乔治风格建筑。学校主张全面平衡地培养学生的美好心灵、身体素质和道德精神。而且，该校非常重视每个学生个体的差异，坚信每个个体都是不同的。Saint James 的学术实力一流，为学生提供广泛而扎实的学科教育，帮助学生做好大学准备。当然，学生还有大量机会参与日常体育运动、课外活动以及社区活动。另外，学校在工作日每天都会组织学生和老师到教堂。

升学方向

马里兰大学帕克分校、西沃恩南方大学、查尔斯顿大学、汉普顿 - 悉尼学院、华盛顿大学、狄更斯大学、埃默里大学、乔治・华盛顿大学、北卡罗莱纳大学教堂山分校、弗吉尼亚大学等。

所在地 St. James, MD
学校类型 男女同校
建校时间 1842
校园规模（英亩） 850
学生人数 205
寄宿学生人数 144
国际学生人数 43
中国学生人数 17
课堂平均人数 11
师生比例 1:7
SAT 平均分 1990
AP 课程数量 13
录取率（%） 48
学费（美元 / 年） 36,000
网址 www.stjames.edu

Saint John's Preparatory School

Saint John's 预备学校是一所提供 6~12 年级教育，在 9~12 年级为学生提供住宿的本笃会学校。它位于明尼苏达州 Saint John's 大学美丽的校园内，校园内树木郁郁葱葱，湖光山色。该校最近还成为国际 IB 文凭候选学校，学校在 2010~2011 学年开始为 9 年级新生开设 IB 课程。

升学方向

近年来，学生入读的大学非常多样化，私立顶尖综合性大学如哈佛大学、纽约大学、哥伦比亚大学；州立大学如亚利桑那州州立大学、密歇根州立大学；精英教育式文理学院如卫斯理学院、科尔比学院等等。

所在地 Collegeville, MN
学校类型 男女同校
建校时间 1857
校园规模（英亩） 2700
学生人数 321
寄宿学生人数 103
国际学生人数 80

The Webb School

图片 The Webb School 提供

中国学生人数 32
课堂平均人数 16
师生比例 1:11
SAT 平均分 1824
AP 课程数量 6
录取率（%） 81
学费（美元 / 年） 30,070
网址 www.sjprep.net

Saint Mary's School（NC）

该校是一所独立的美国新教圣公会大学预备学校，也是全美第七所规模最大的女子寄宿兼走读制学校。她致力于帮助 9~12 年级的女生取得优异的学习成绩和获得全面的个人发展，为考入大学和以后的生活做好充分的准备。为了实现这一目标，学校不断挑战学生，使其能够欣然拥抱一种理性生活，赋予其服务和塑造自己的生活世界的能力；培养学生与他人的连结感，引导学生培养自己的精神和道德正义感，帮助学生做好为自己及其将来承担责任的准备。学校学生 100% 全部都能被美国各地的大学和学院选择性录取。

升学方向

2005~2009 年，该校女生考入人数最多的 10 所大学有：北卡罗兰纳大学教堂山分校（44 人）、北卡罗兰纳州立大学（33 人）、阿巴拉契亚州立大学（19 人）、南卡罗兰纳大学哥伦比亚分校（16 人）、Meredith（15 人）、伊隆大学（13 人）、东卡萝兰纳大学（11 人）、查尔斯顿学院（9 人）、克莱姆森大学（8 人）和维克森林大学（8 人）。

所在地 Raleigh, NC
学校类型 女校
建校时间 1842
校园规模（英亩） 23
学生人数 274
寄宿学生人数 122
国际学生人数 25
中国学生人数 7
课堂平均人数 10
师生比例 1:8
SAT 平均分 n/a
AP 课程数量 16
录取率（%） n/a
学费（美元 / 年） 39,144
网址 www.sms.edu

Salem Academy

Salem Academy 创建于 1772 年，坐落于历史文化名城 Winston-Salem，驱车前往杜克大学、北卡罗来纳州立大学、北卡罗来纳大学教堂山分校以及其他不少大学都非常方便。Winston-Salem 城是美国文化最为活跃的城市之一，经常会有许多特色文化活动，学校学生有许多机会参与其中。它致力于每一位年轻女孩子在知识、心理、身体等多方面的综合发展，重视每一位学生的个体差异性。

升学方向

2010 年学校 43 名毕业生共收到了来自 77 所大学和学院的 123 份录取通知书，其中向该校毕业生发放录取通知书较多的大学有：海博特大学、阿拉巴齐亚州立大学、东卡罗兰纳州立大学、罗诺克学院、北卡罗莱纳大学教堂山分校、北卡罗莱纳大学格林波若分校等。2010 年学生考入的名校有波士顿大学、埃默里大学、乔治·华盛顿大学、纽约大学等。

所在地 Winston-Salem, NC
学校类型 女校
建校时间 1772
校园规模（英亩） 64
学生人数 160
寄宿学生人数 96
国际学生人数 45
中国学生人数 27
课堂平均人数 10
师生比例 1:7
SAT 平均分 1880
AP 课程数量 10
录取率（%） 53
学费（美元 / 年） 35,405
网址 www.salemacademy.com

Salisbury School

Salisbury 男校位于美国康涅狄格州西北部一座美丽的山丘上，前往纽约市中心仅需 2 个小时。该校具有圣公会传统，崇尚真诚与荣誉，注重学生思想道德层面的培养，促进其身体、心理和道德的全面发展，为其大学生活和人生奠定基础。学校老师、教练和管理人员会为学生提供多种学习和生活挑战。学校教学采用小班制，并提供颇有特色的“交叉课程”，学生不是单纯地学习某些知识点，而可以从中发现各个学科的联系。

升学方向

2006~2010 年至少 3 名毕业生考入以下名校：哈佛大学、宾夕法尼亚大学、波士顿大学、纽约大学、布朗大学、耶鲁大学、密歇根大学、康奈尔大学、科尔比学院、迪金森学院、威廉姆斯学院等等。

所在地 Salisbury, CT
学校类型 男校
建校时间 1901
校园规模（英亩） 725
学生人数 305
寄宿学生人数 284
国际学生人数 58
中国学生人数 n/a
课堂平均人数 11
师生比例 1:5
SAT 平均分 1750
AP 课程数量 17
录取率（%） 39
学费（美元 / 年） 45,700
网址 www.salisburyschool.org

San Domenico School

San Domenico 学校位于加州旧金山以北 20 英里处的马林郡，校园树木茂盛，阳光充裕。学校有着基督教背景，重视每个学生的差异，努

The Macduffie School

图片 The Macduffie School 提供

Westminster School

力培养和激发学生的各种天赋。在学习方面，学校帮助学生奠定坚实的学业基础，激发学生的求知欲。而且，学生教室使用的是椭圆形的Harknes课桌，老师和学生能够更好地面对面交流，互相分享观点，相互启发。同时，学校也非常注重自身硬件设施的建设。

升学方向

学校毕业生全部考入了四年制本科院校，学生入读人数较多的大学有加州大学戴维斯分校、菩及海湾大学、卡内基梅隆大学、塔夫茨大学、加州大学伯克利分校。

所在地 San Anselmo, CA
学校类型 女校
建校时间 1850
校园规模（英亩） 515
学生人数 122
寄宿学生人数 70
国际学生人数 34
中国学生人数 30
课堂平均人数 12
师生比例 1:5
SAT 平均分 1782
AP 课程数量 12
录取率（%） n/a
学费（美元 / 年） 40,450
网址 www.sandomenico.org

Santa Catalina School

Santa Catalina 学校是一所独立的天主教中学，提供从幼儿园至12年级的教育，但幼儿园～8年级为男女合校，高中9～12年级为女校。Santa Catalina 学校高中部共有252名学生，提供优质的学业、视觉艺术与表演艺术、体育等多方面的教育，鼓励学生多多服务奉献他人，引导学生发现担当集体中的领导者的重要性。学校无论是教职员工，还是学生都非常专注、热情、温暖、关心他人，这也是该校的一个重要特点。

升学方向

2010年学生入读人数较多的大学有加州大学洛杉矶分校、加州大学圣巴巴拉分校、雷德兰兹大学、科罗拉多州立大学、圣塔克拉拉大学、加州圣玛丽学院、科罗拉多大学、圣地亚哥大学等。

所在地 Monterey, CA
学校类型 女校
建校时间 1950
校园规模（英亩） 36
学生人数 250
寄宿学生人数 115
国际学生人数 31
中国学生人数 5
课堂平均人数 14
师生比例 1:7
SAT 平均分 1886
AP 课程数量 18
录取率（%） 85
学费（美元 / 年） 40,200
网址 www.santacatalina.org

St. Andrew's School（RI）

该校位于罗德岛巴林顿，距离波士顿、普罗维登斯、纽波特都比较近，距离纽约188英里。学校提供3～12年级教育，所有老师都经过了专业严格的培训。学校不仅帮助学生做好坚实的大学学习准备，还努力通过各种方法帮助学生在学习、体育、活动等各个方面取得成功，并重视学生思想道德与价值观的培养。

所在地 Barrington, RI
学校类型 男女同校
建校时间 1893
校园规模（英亩） 100
学生人数 162
寄宿学生人数 45
国际学生人数 11
中国学生人数 17
课堂平均人数 10
师生比例 1:5
SAT 平均分 1650
AP 课程数量 5
录取率（%） 48
学费（美元 / 年） 28,800
网址 www.standrews-ri.org

St. Andrew's School（DE）

St. Andrew's 学校（DE）是一个温暖、相互关爱的学校，欢迎具有不同背景、种族和文化的学生。学生在这里可以接触到世界各地的学生，了解多元文化。同时，学校老师也非常多元化，并且聪明热情、精力充沛，他们不仅是学生在教室、实验室、剧院与体育运动中的老师，也是学生的咨询顾问、榜样和亲密伙伴。这为学校学生取得成功，幸福生活提供了重要保障。学校会努力通过多样的课外活动以及社会服务项目全力促使学生取得进步，拓展学生能力，鼓励学生勇于面对挑战。

升学方向

2007～2010年，学生入读人数最多的大学有：戴维斯学院、威廉姆斯学院、瓦瓦瑟学院、汉密尔顿学院、西沃恩南方大学、哈弗福德学院、弗吉尼亚大学、布朗大学、米德尔伯里学院、哈佛大学。

所在地 Middletown, DE
学校类型 男女同校
建校时间 1929
校园规模（英亩） 2200
学生人数 290
寄宿学生人数 290
国际学生人数 38
中国学生人数 3
课堂平均人数 11
师生比例 1:5
SAT 平均分 1928
AP 课程数量 35
录取率（%） 29
学费（美元 / 年） 44,250
网址 www.standrews-de.org

图片 Westminster School 提供

St. George's School

St. George's 学校位于美丽的海边，校园环境十分优美。学校提供9~12年级的高中教育。该校具有美国圣公会的宗教背景，但热诚欢迎具有各种宗教信仰的学生。St. George's 具有良好的学校声誉，因此竞争非常激烈，录取率只有28%。学校的独特性在于能够给予学生充分拓展和发挥自身独特天赋的机会，并激发学生拓展和发挥自身才能的积极性。学生在入学之初会在导师的建议下制定自己的课程学习计划，课程水平是由院长依据学生的学术能力而安排，而不是年龄和年级。

升学方向

2009年该校毕业生入读人数最多的大学有：科罗拉多学院（5人）、查尔斯顿学院（4人）、乔治·华盛顿大学（4人）、波士顿学院（3人）、哈弗佛德学院（3人）、三一学院（3人）。

所在地 Newport, RI
学校类型 男女同校
建校时间 1896
校园规模（英亩） 125
学生人数 357
寄宿学生人数 303
国际学生人数 45
中国学生人数 3
课堂平均人数 11
师生比例 1:10
SAT 平均分 1900
AP 课程数量 22
录取率（%） 28
学费（美元/年） 43000
网址 www.stgeorges.edu

St. Mark's School

St. Mark's 学校是一所知名的美国寄宿学校，致力于在一个充满关爱的环境中为学生提供优质教育，其SAT平均成绩达1940分，远高于美国学校平均成绩。学校优秀的教师队伍是学校取得成功的内在驱动力，老师们能力出众，富有责任心，随时准备为学生提供支持和挑战，无论是在课堂上还是在课外生活中都严格要求学生。学校师生都非常多元化，重视个体的差异性，并鼓励大家互相分享这种不同，拓宽彼此的视野。

升学方向

2006~2010年学校毕业生至少有5名考入以下院校：美国大学、贝茨学院、波士顿学院、波士顿大学、巴克内尔大学、卡耐基梅隆大学、科尔比学院、哥伦比亚大学、康涅狄格大学、富兰克林与马歇尔学院、乔治敦大学、汉密尔顿学院、麻省理工学院、霍巴特和威廉史密斯学院、米德尔伯里学院、东北大学、西北大学、普渡大学、斯基的莫尔学院、圣·劳伦斯大学、乔治·华盛顿大学、三一学院、联合大学、密歇根大学、里士满大学、佛蒙特大学。

所在地 Southborough, MA
学校类型 男女同校
建校时间 1865
校园规模（英亩） 250
学生人数 338
寄宿学生人数 274
国际学生人数 39
中国学生人数 n/a
课堂平均人数 10
师生比例 1:5
SAT 平均分 1970
AP 课程数量 21
录取率（%） 35
学费（美元/年） 45,100
网址 www.stmarksschool.org

St. Paul's School

St. Paul's 学校位于波士顿以北68英里处，占地面积2000英亩，自然风景非常优美。它创建于1856年，最初是一所男校，1971年改为男女合校。它具有美国圣公会宗教背景，这种宗教传统有利于培养学生信任、友爱、理解和尊重他人的宝贵品质。该校培养出了许多优秀人才，包括3名美国总统候选人，6名美国参众议员、12名美国驻外大使、1位诺贝尔奖得主、3位普利策奖得主、1名世界银行行长、多位全球500强企业CEO等等。

升学方向

2006~2010年，该校学生考入人数最多的大学有：哈佛大学（21人）、哥伦比亚大学（20人）、乔治敦大学（19人）、宾夕法尼亚大学（17人）、耶鲁大学（17人）、达特茅斯学院（16人）、斯坦福大学（16人）、布朗大学（15人）、米德尔伯里学院（15人）、普林斯顿大学（15人）。

所在地 Concord, NH
学校类型 男女同校
建校时间 1856
校园规模（英亩） 2000
学生人数 537
寄宿学生人数 537
国际学生人数 97
中国学生人数 14
课堂平均人数 12
师生比例 1:5
SAT 平均分 2049
AP 课程数量 12
录取率（%） 16
学费（美元/年） 44,400
网址 www.sps.edu

St. Stephen's Episcopal School

学校位于巴尔肯斯山崖上，可以俯瞰奥斯汀湖的旖旎风光。学校提供6~12年级教育，有着良好的学习氛围，学生热爱学习，具有很强的求知欲。而且，学校为学生提供了全面的课程，鼓励学生发掘和培养自己的才能，释放激情。学校95%的老师都取得了学士及以上学位，几乎一半的老师取得了硕士学位，15%老师取得了博士学位。

升学方向

2005~2010年，该校毕业生入读人数最多的10所院校为：德克萨斯大学奥斯汀分校（41人）、南卫理公会大学（16人）、圣路易斯华盛顿大学（14人）、三一学院（13）、德克萨斯大学圣安东尼奥分校（12人）、德克萨斯农工大学（12）、南加州大学（10人）、波士顿学院（9人）、德克萨斯基督大学（9人）、瑞斯大学（9人）。

所在地 Austin, TX
学校类型 男女同校
建校时间 1950
校园规模（英亩） 370
学生人数 665
寄宿学生人数 163
国际学生人数 70
中国学生人数 28
课堂平均人数 16
师生比例 1:8
SAT 平均分 1939
AP 课程数量 19
录取率（%） 59
学费（美元/年） 38,825
网址 www.sstx.org

Stevenson School

Stevenson 学校被誉为加州风景最为美丽的学校，并且具有一流的教师团队。学校的教育理念颇为独特，认为教育应从学生本身着手，该校学生具有三大责任：首先，学生要为考入大学做好准备，因此，学生必须努力拓宽知识面，同时，学生还要明白自身并非只是一个"学习机器"；其次，学生必须热爱学习，渴望成功，但是也要热爱艺术和自然，具有创造力，关心朋友，对世界具有自己独到的见解；尊重自己，同时也要尊重身边的每一个人。

升学方向

2006~2010年，该校学生入读人数最多的前10所大学有：南加州大学（22人）、加州大学戴维斯分校（21人）、纽约大学（20人）、波士顿大学（19人）、加州大学圣塔巴巴拉分校（17人）、加州大学伯克利分校（15人）、亚利桑那大学（14人）、加州大学圣克鲁兹分校（14人）、圣塔克拉拉大学（13人）、加州大学洛杉矶分校（11人）。

所在地 Pebble Beach, CA
学校类型 男女同校
建校时间 1952
校园规模（英亩） 50
学生人数 530
寄宿学生人数 265
国际学生人数 85
中国学生人数 10
课堂平均人数 14
师生比例 1:10
SAT 平均分 1880
AP 课程数量 24
录取率（%） 42
学费（美元/年） 46,600
网址 www.stevensonschool.org

The Stony Brook School

该校位于纽约长岛，提供7~12年级教育，是一所私立基督教学校。学校会有一定的基督教教育，教育学生像爱自己一样爱他人，但也会尊重学生自身的信仰。学校的座右铭是"在开创事业前先砥砺品行"，注重学生品格的培养，并因此而闻名。学校将传统学业课程与体育、视觉与表演艺术等活动相结合，从多个方面培养学生。师资力量雄厚，48位教职工中39位获得了硕士学位，2名取得了博士学位。

升学方向

2010 年学校毕业生不止 1 人入读的院校有：惠顿学院（6 人）、卡耐基梅隆大学（3 人）、纽约州立大学石溪分校（3 人）、波士顿大学（2 人）、圣十字学院（2 人）、普渡大学（2 人）。

所在地 Stony Brook, NY
学校类型 男女同校
建校时间 1922
校园规模（英亩） 55
学生人数 315
寄宿学生人数 189
国际学生人数 63
中国学生人数 25
课堂平均人数 13
师生比例 1:8
SAT 平均分 1841
AP 课程数量 17
录取率（%） 41
学费（美元 / 年） 38,600
网址 www.stonybrookschool.org

Stuart Hall School

Stuart Hall 学校是一所提供学前~12 年级教育的男女合校，但只为 8~12 年级的女生提供住宿。学校包括两个校区，一个是位于历史名城 Staunton 的中高年级校区，一个是位于 Verona 的低年级校区。学校创建于 1844 年，是弗吉尼亚州最为古老的圣公会学校之一。学校重视对每一个学生个体的关注，因为学校认为个体关注能够激发学生取得优异学业成绩和艺术成就，还能促进师生之间的感情。学校中学部周边还有伍德罗·威尔逊总统图书馆、鲍德温玛丽学院、剧院、博物馆、公园等一流的文化休闲设施。

升学方向

波士顿大学、布朗大学、查尔斯顿学院、乔治敦大学、乔治亚大学、克罗多拉大学、密歇根大学、耶鲁大学、卫斯理学院、芝加哥艺术学院等。

所在地 Staunton, VA
学校类型 男女同校
建校时间 1844
校园规模（英亩） 8
学生人数 326
寄宿学生人数 108
国际学生人数 49
中国学生人数 26
课堂平均人数 10
师生比例 1:10
SAT 平均分 1720
AP 课程数量 8
录取率（%） 70
学费（美元 / 年） 38,585
网址 www.stuart-hall.org

Suffield Academy

Suffield Academy 学校是一所男女同校制私立中学，提供 9~12 年级教育。学校重视学习，尊重个体差异，注重培养学生的责任感，使学生在一个充满挑战性的良好环境中健康成长。学校在学习、体育、课外活动方面的培养使其成为学生一生的财富。学校 90% 的教职工都住在学校内，富有爱心和创造力，关注学生各个方面的才能。该校还有颇有特色的“领导力培养计划”，在重视学生学习情况的同时，也努力培养学生的领导才能。

升学方向

2005~2009 年，该校毕业生入读人数最多的前 10 所大学为：乔治·华盛顿大学（15 人）、联合大学（12 人）、佛蒙特大学（12 人）、东北大学（11 人）、三一学院（10 人）、贝茨学院（8 人）、波士顿大学（8 人）、查尔斯顿学院（8 人）、纽约大学（8 人）、圣克拉拉大学（7 人）。

所在地 Suffield, CT
学校类型 男女同校
建校时间 1833
校园规模（英亩） 340
学生人数 412
寄宿学生人数 275
国际学生人数 60
中国学生人数 12
课堂平均人数 10
师生比例 1:5
SAT 平均分 1800
AP 课程数量 18
录取率（%） 33
学费（美元 / 年） 42,725
网址 www.suffieldacademy.org

Tabor Academy

Tabor Academy 学校位于马萨诸塞州东南部的海边小城，学生随时可以欣赏无限海景。得益于得天独厚的地理优势和学校优秀的赛艇教练，该校的赛艇队在全美都名列前茅。该校喜欢学习能力出色，学习积极主动，具有良好品格，积极参加学校各种活动的学生，并希望学生互相尊重，热爱学校。学校全面的学习课程和多样的艺术、体育、社会活动，为学生提供了丰富的机会掌握各种重要能力，确立目标，并为之努力奋斗。

升学方向

2004~2009 年该校学生入读人数最多的前 10 所大学有：波士顿大学、霍巴特和威廉史密斯学院、乔治·华盛顿大学、佛蒙特大学、波士顿学院、布朗大学、查尔斯顿学院、塔夫茨大学、科罗拉多大学波尔得分校、纽约大学。

所在地 Marion, MA
学校类型 男女同校
建校时间 1876
校园规模（英亩）85
学生人数 505
寄宿学生人数 341
国际学生人数 71
中国学生人数 17
课堂平均人数 12
师生比例 1:6
SAT 平均分 1850
AP 课程数量 21
录取率（%） n/a
学费（美元 / 年） 45,700
网址 www.taboracademy.org

The Taft School

Taft 学校建校已有 100 余年的历史，建立以来始终保留着建校时的优良传统，学校的校训是服务他人而不是被人服务。学校有许多颇有特色的设施，包括仓储 56000 余册的图书馆，45000 平方英尺的科学与数学馆，2 个剧院，2 个冰球场和一个有 18 个球洞的高尔夫场。

升学方向

2006~2010 年学生考入最多的大学有：乔治敦大学（22 人）、康奈尔大学（21 人）、三一学院（21 人）、波士顿大学（19 人）、波士顿学院（19 人）、乔治华盛顿大学（19 人）、宾夕法尼亚大学（17 人）、科尔盖特大学（17 人）、科罗拉多学院（17 人）、米德尔伯里学院（16 人）、纽约大学（16 人）。

所在地 Watertown, CT
学校类型 男女同校
建校时间 1890
校园规模（英亩） 220
学生人数 588
寄宿学生人数 500
国际学生人数 94
中国学生人数 9
课堂平均人数 n/a
师生比例 1:6
SAT 平均分 1932
AP 课程数量 30
录取率（%） 23
学费（美元 / 年） 44,975
网址 www.taftschool.org

The Thacher School

Thacher 学校位于加州洛杉矶西北方向 85 英里处的乡村，是一所寄宿制男女合校。该校具有一流的学术

捐赠金额最多的学校排名

排名	学校	金额（百万美元）
1	Phillips Exeter Academy	850
2	Phillips Academy Andover	800
3	St. Paul's School	437
4	Deerfield Academy	368
5	The Hotchkiss Schoo	357
6	Culver Academies	308
7	Lawrenceville School	300
8	Choate Rosemary Hall	283
9	Peddie School	278
10	Groton School	266

资料来源：“名校系列”2012 年调研数据

The Stony Brook School

声誉，2010 年学生平均 SAT 成绩高达 2010 分，其优质课程将为学生的大学学习打下坚实的基础。教职员工与学生之间亲密友好，互相协作，彼此信赖，互相尊重，真诚相待，这也是学生校园生活的基石。另外，学校养有 100 多匹马，为学生开设马术课，这也是其一大特色。

升学方向

2004~2010 年，该校毕业生 16 名入读斯坦福大学，14 名进入达特茅斯学院、13 名进入南加州大学；科罗拉多学院和乔治・华盛顿大学各有 11 名学生入读，卫斯理大学和鲍登学院各有 8 名学生入读，米德尔伯里学院和宾夕法尼亚大学各有 7 名学生入读，6 名学生进入耶鲁大学。

所在地 Ojai, CA
学校类型 男女同校
建校时间 1889
校园规模（英亩） 425
学生人数 235
寄宿学生人数 215
国际学生人数 26
中国学生人数 4
课堂平均人数 11
师生比例 1:6
SAT 平均分 2010
AP 课程数量 16
录取率（%） 21
学费（美元 / 年） 44,500
网址 www.thacher.org

Thomas Jefferson School

Thomas Jefferson 学校提供 7~12 年级的教育，全校只有 88 名学生，但却来自全球 10 个国家与美国 8 个州。而且，其教育水平也是美国众多学校中的佼佼者，过去 10 年学生 SAT 平均成绩为 2070，其中批判性阅读为 710 分，数学为 670 分，写作为 690 分。在这样一个小规模学校中，无论是老师还是学生，彼此之间都非常熟悉，学生可以结交不同年级的朋友。

升学方向

芝加哥洛约克大学、西北大学、罗兹学院、埃默里大学、范德堡大学、华盛顿大学、杜克大学、哈佛大学、约翰・霍普金斯大学、斯坦福大学。

所在地 Saint Louis, MO
学校类型 男女同校
建校时间 1946
校园规模（英亩） 20
学生人数 83
寄宿学生人数 48
国际学生人数 23
中国学生人数 n/a
课堂平均人数 14
师生比例 1:6
SAT 平均分 2150
AP 课程数量 10
录取率（%） 51
学费（美元 / 年） 34,900
网址 www.tjs.org

Trinity Pawling School

Trinity Pawling 男校努力成功地将学生从年少稚嫩的青少年培养为成熟的年轻人，并对自身所取得的成就深感自豪。学校致力于帮助学生发现过上快乐、成功、有意义的生活的方法和途径。学校开设 100 多种课程，其中包括 17 门 AP 课程，帮助学生打下坚实而广泛的学科基础。

升学方向

所有学生都能考入四年制本科院校，其中 85% 的学生能够被第一或者第二志愿所报考的大学所录取。2010 年，该校毕业生不止 1 人入读的大学有：美国国际学院、波士顿大学、圣劳伦斯大学、海波特大学、霍巴特和威廉史密斯学院、约翰・霍普金斯大学、新罕布什尔大学、佛蒙特大学、威斯康星大学麦迪逊分校、亚利桑那大学、雪城大学。

所在地 Pawling, NY
学校类型 男校
建校时间 1907
校园规模（英亩） 140
学生人数 300
寄宿学生人数 240
国际学生人数 60
中国学生人数 22
课堂平均人数 13
师生比例 1:8

图片 The Stony Brook School 提供

SAT 平均分 1710
AP 课程数量 17
录取率（%） 60
学费（美元/年） 45,000
网址 www.trinitypawling.org

Villanova Preparatory School

该校是一所具有奥古斯丁传统的罗马天主教大学预备学校，也是奥古斯丁中学教育联盟（ASEA）的成员。它在一种纪律严明的多元化环境中全面培养学生，不仅努力帮助学生取得优异的学业成绩，获得全面的个人能力和个性发展，还会通过基督教服务将学生培养为热爱和平、公正成熟的年轻人，为未来世界培养领导者。

所在地 Ojai, CA
学校类型 男女同校
建校时间 1924
校园规模（英亩） 131
学生人数 295
寄宿学生人数 89
国际学生人数 74
中国学生人数 22
课堂平均人数 16
师生比例 1:10
SAT 平均分 1754
AP 课程数量 18
录取率（%） 60
学费（美元/年） 42,500
网址 www.villanovaprep.org

Virginia Episcopal School

该校位于 Lynchburg 蓝岭山脉的山麓丘陵地带，是一所寄宿兼走读制大学预备学校，为男女学生提供 9~12 年级的高中教育。VES 开设广泛多样的课程，教师素质很高，并随时准备为学生提供支持和帮助，他们会全力鼓励和引导学生取得最高成就。

升学方向

2009、2010 年该校毕业生入读人数较多的大学有：南加州大学（7人）、北加州大学（6人）、弗吉尼亚大学（6人）、玛丽华盛顿大学（5人）、密西西比大学（4）、阿巴拉契亚州立大学（3人）、弗尼吉亚理工学院（3人）、查尔斯顿学院（3人）、汉普顿-悉尼学院（3人）、乔治亚大学（3人）、美国海军学院（3人）、西沃恩南方大学（3人）。

所在地 Lynchburg, VA
学校类型 男女同校
建校时间 1916
校园规模（英亩） 160
学生人数 180
寄宿学生人数 117
国际学生人数 36
中国学生人数 15
课堂平均人数 12
师生比例 1:5
SAT 平均分 1680
AP 课程数量 17
录取率（%） 65
学费（美元/年） 35,500
网址 www.ves.org

Wayland Academy

该校是一所非常古老的男女合校制寄宿学校，为来自世界各地的学生提供 9~12 年级教育。在 Wayland Academy，学校帮助学生通过具有挑战性的学科课程，做好接受高等教育的准备，同时学校也很重视培养学生的责任感和荣誉感。

升学方向

所有学生均能被 4 年制大学所录取，比较受该校学生欢迎的大学有威斯康星大学麦迪逊分校、巴特尔大学、西北大学、Ripon 学院、劳伦斯大学、圣奥拉夫大学、华盛顿大学、丹尼森学院等等。

所在地 Beaver Dam, WI
学校类型 男女同校
建校时间 1855
校园规模（英亩） 55
学生人数 215
寄宿学生人数 146
国际学生人数 39
中国学生人数 n/a
课堂平均人数 11
师生比例 1:7
SAT 平均分 1679
AP 课程数量 13
录取率（%） 75
学费（美元/年） 47,355
网址 www.wayland.org

The Webb School

该校位于美国田纳西州的 Buckle，提供 6~12 年级的大学预备教育。学生规模不大，注重学生心灵和品格的培养，是“培养学生品格的摇篮”。学校全体员工在帮助学生取得优异的学业成绩和个人成功的同时，也积极鼓励学生独立思考。学校的寄宿生活绚烂多姿，学生全年在晚上和周末都可以参加活动，教职工也会随时准备为学生提供学习和生活上的帮助。

升学方向

近 3 年来，该校学生考入的大学有康奈尔大学、贝茨学院、波士顿大学、埃默里大学、佛罗里达亚特兰大大学、中央学院、佐治亚理工学院、哈佛大学、密西西比州立大学、北加州州立大学、纽约大学、乔治·华盛顿大学、西北大学、宾夕法尼亚州立大学、耶鲁大学等等。

所在地 Bell Buckle, TN
学校类型 男女同校
建校时间 1870
校园规模（英亩） 150
学生人数 310
寄宿学生人数 102
国际学生人数 43
中国学生人数 18
课堂平均人数 12
师生比例 1:7
SAT 平均分 1722
AP 课程数量 34
录取率（%） 55
学费（美元/年） 36,900
网址 www.thewebbschool.com

The Webb Schools

The Webb Schools 包括两个学校，加州韦伯男校和 Vivian 韦伯女校。这两所学校在同一个校园，关系密切，因此它既是一所男女合校，又是一个单一性别的学校，重视男女学生性别与特点的差异，学生将会有一种独特体验。该校是美国唯一一所在校内拥有合格的古生物学展览馆的中学，而且学生可以参与到真正的挖掘过程中，学校 8 万多件标本中 95% 都是由老师、学生和校友发现的。

The Masters School

图片 The Masters School 提供

升学方向
每年都有近百所大学和学院到该校进行招生和宣传，与学生直接面对面交流。2009 年 83% 的毕业生都进入了美国前 10% 的大学；韦伯中学学生入读常春藤盟校和斯坦福大学的比例是美国中学平均比例的四倍。2010 年学校全部毕业生都考入了美国四年制上榜大学与学院，其中包括哈佛、耶鲁、乔治敦以及许多其他知名大学。

所在地 Claremont, CA
学校类型 男女同校
建校时间 1922
校园规模（英亩） 70
学生人数 379
寄宿学生人数 231
国际学生人数 83
中国学生人数 n/a
课堂平均人数 15
师生比例 1:7
SAT 平均分 1960
AP 课程数量 16
录取率（%） 42
学费（美元 / 年） 46,690
网址 www.webb.org

Western Reserve Academy

该校创建于 1826 年，位于俄亥俄州的历史名城哈德逊。WRA 全体教师竭力通过富有挑战性的大学预备课程培养和激发学生的好奇心，学生不但可以学习严谨的文理课程，还能有丰富的机会参与到课堂之外的文艺、体育和社会服务活动，德、智、体、美全面发展。学校学生学习刻苦，成绩优异，正直诚信，满怀激情。

升学方向
2010 年 110 名毕业生被美国国内外的 174 所大学和学院所录取，包括波士顿学院、达特茅斯学院、迪金森学院、丹尼森大学、杜克大学、富兰克林与马歇尔学院、海波特大学、迈阿密大学、纽约大学、西北大学、俄亥俄州立大学、宾夕法尼亚大学、里士满大学、圣劳伦斯大学、美国海军学院等。

所在地 Hudson, OH
学校类型 男女同校
建校时间 1826
校园规模（英亩） 190
学生人数 390
寄宿学生人数 249
国际学生人数 62
中国学生人数 20
课堂平均人数 12
师生比例 1:6
SAT 平均分 1900
AP 课程数量 19
录取率（%） 49
学费（美元 / 年） 40,700
网址 www.wra.net

Westminster School

Westminster 学校是美国最好的大学预备学校之一，同时也是最好的小规模寄宿学校之一。学校的学业课程颇有挑战性，继承了美国文理课程的传统，可以帮助学生取得优异成绩，为进入大学做好学业准备，同时还能使学生养成热爱学习的良好习惯。学校有 2/3 的学生寄宿在学校内，学校对他们来说就像家一样温暖。

升学方向
2010 年该校毕业生入读人数最多的几所大学为：三一学院（5）、米德尔伯里学院（5）、圣劳伦斯大学（4）、里士满大学（4）、Wake Forest University（4）、Junior Hockey (4)、纽约大学（3）、圣十字学院（3）、东北大学（3）。

所在地 Simsbury, CT
学校类型 男女同校
建校时间 1888
校园规模（英亩） 200
学生人数 392
寄宿学生人数 262
国际学生人数 47
中国学生人数 6
课堂平均人数 12
师生比例 1:5
SAT 平均分 1903
AP 课程数量 23
录取率（%） 34
学费（美元 / 年） 45,000
网址 www.westminster-school.org

Westover School

Westover 学校致力于为学生创造能够全面激发学生在学习、艺术、体育方面的才能和思考能力的环境。学校不仅自身有高素质的教师队伍，还与多所教育机构进行合作，以便为学生提供更高水平的教育。学校与纽约特洛伊的伦塞勒复合技术研究所共同合作建立了辅导课程 WISE 项目，与曼哈顿音乐辅导学院合作创建了职前音乐家辅导项目，与 Middlebury Brass 市芭蕾舞蹈团建立伙伴关系，共同培养具有舞蹈天分的学生。

升学方向
过去三年的毕业生入读的大学包括 Bamard 学院、波士顿学院、加州理工学院、哥伦比亚大学、康涅狄格学院、达特茅斯学院、富兰克林与马歇尔学院、乔治敦大学、哈佛大学、麻省理工学院、米德尔伯里学院、塔夫茨大学、芝加哥大学等等。

所在地 Middlebury, CT
学校类型 女校
建校时间 1909
校园规模（英亩） 133
学生人数 209
寄宿学生人数 132
国际学生人数 38
中国学生人数 7
课堂平均人数 11
师生比例 1:8
SAT 平均分 1850
AP 课程数量 17
录取率（%） 55
学费（美元 / 年） 43,400
网址 www.westoverschool.org

Westtown School

Westtown 学校是一所提供学前班到 12 年级教育，有着贵格会背景的大学预备学校。它既提供富有挑战性的学术课程，又有极具竞争力的体育项目。它从 9 年级开始提供寄宿，11 和 12 年级所有学生都要求住宿。学校学生非常国际化，形成了真正全球化的教育，其教育哲学根植于贵格会传统，重视培养学生在 21 世纪所需的各种技能，并在其 200 余年的发展历程中始终重视学生所需技能的培养。

升学方向
最近几年学生考入人数较多的学校有：厄勒姆学院（11 人），哈佛大学，（11 人），达拉威大学（8 人），巴德学院（7 人），德鲁大学（7 人），德雷塞尔大学（7 人），乔治华盛顿大学（7 人），迪金森学院（6 人），纽约大学（6 人），瓦瑟学院（6 人），波士顿大学（6 人）。

所在地 West Chester, PA
学校类型 男女合校
建校时间 1799
校园规模（英亩） 640
学生人数 391
寄宿学生人数 293
国际学生人数 59
课堂平均人数 15
师生比例 1:7
SAT 平均分 n/a
AP 课程数量 32
录取率（%） 59
学费（美元 / 年） 43,730
网址 www.westtown.edu

The White Mountain School

White Mountain 学校提供 9~12 年级高中教育，敬业的老师，多元而有活力的集体，对学生个体激情的重视，这三方面被视为学校帮助学生走向成功的三大基石。WMS 是一所规模很小的男女合校，只有 100 人左右，师生比例为 1:5（美国学校的平均师生比例为 1:7），老师们非常了解学生，能够更好地帮助学生发现和发挥自身在学习、体育和社交方面的优势和潜能。

升学方向
2007~2009 年，学校毕业生进入美国国内外 70 多所院校，例如弗吉尼亚大学、里士满大学、芝加哥大学、英属哥伦比亚大学、圣约翰大学、雪城大学、霍山学院等。

所在地 Bethlehem, NH
学校类型 男女同校
建校时间 1886
校园规模（英亩） 250
学生人数 100
寄宿学生人数 85
国际学生人数 35
中国学生人数 25
课堂平均人数 9
师生比例 1:4
SAT 平均分 1680
AP 课程数量 4
录取率（%） 45
学费（美元 / 年） 43,600
网址 www.whitemountain.org

Wilbraham & Monson Academy

该校由建于 1804 年的 Monson Academy 学校以及建于 1817 年的 Wesleyan（Wilbraham）Academy

学校在1971年合并而成。学校着力帮助每位学生做好迎接高等教育的挑战以及成为一个成功的全球公民的准备，全面提升学生的知识水平、身体素质以及个人责任感、尊重他人和服务社会的意识。

升学方向

学校升学辅导老师会在整个择校过程中为学生提供全方位的指导和帮助，每年会有100多所大学的招生办老师来学校进行招生。2008年学校所有毕业生全部考入四年制本科院校，进入近70所大学和学院学习，其中包括贝茨学院、康奈尔大学、杜克大学、乔治·华盛顿大学、Amherst学院、Wake Forest大学等等。

所在地 Wilbraham, MA
学校类型 男女同校
建校时间 1804
校园规模（英亩） 300
学生人数 350
寄宿学生人数 200
国际学生人数 130
中国学生人数 50
课堂平均人数 14
师生比例 1:6
SAT 平均分 1678
AP 课程数量 18
录取率（%） 55
学费（美元/年） 45,500
网址 www.wmacademy.org

The Williston Northampton School

该校是由Williston Academy学校与Northampton女校合并而成，位于马萨诸塞州西部的一个小城镇Easthampton，距离波士顿2小时车程，距离纽约3小时车程。学校周边就有5所大学和学院，学生可以获得更好的大学预备体验。学校老师既关心学生的学业成绩，也关心学生的全面发展。

升学方向

2004~2010年毕业生入读人数最多的大学有：波士顿大学、纽约大学、东北大学、乔治·华盛顿大学、康涅狄格学院、佛蒙特学院、三一学院、卫斯理大学、科尔比学院、联合学院。

所在地 Easthampton, MA
学校类型 男女同校
建校时间 1841
校园规模（英亩） 125
学生人数 519
寄宿学生人数 276
国际学生人数 88
中国学生人数 13
课堂平均人数 13
师生比例 1:6
SAT 平均分 1775
AP 课程数量 20
录取率（%） 43
学费（美元/年） 46,600
网址 www.williston.com

Woodberry Forest School

WFS位于弗吉尼亚州的麦迪逊乡村，临近华盛顿，是美国最为著名的私立寄宿学校之一。它是一所全寄宿制男校，学校自创建以来不断开拓进取，已经走在了世界男子教育的前列。学校非常重视学生的国际化体验，不仅有来自美国五湖四海和世界各地的学生，还会于暑假期间在中国、墨西哥、英国、法国、苏格兰、西班牙、南非等许多国家开设项目。

升学方向

近年来学生入读人数较多的大学有：弗吉尼亚大学、北卡罗兰纳州立大学、北卡罗兰纳大学教堂山分校、Wofford学院、威廉玛丽学院、南卡罗兰纳哥伦比亚大学、Clemson大学、Washington and Lee大学、Wake Forest大学。

所在地 Woodberry Forest, VA
学校类型 男校
建校时间 1889
校园规模（英亩） 1200
学生人数 402
寄宿学生人数 402
国际学生人数 43
中国学生人数 6
课堂平均人数 10
师生比例 1:6
SAT 平均分 1847
AP 课程数量 21
录取率（%） 66
学费（美元/年） 41,000
网址 www.woodberry.org

Wyoming Seminary

Wyoming Seminary又被亲切的称为“Sem”，是位于宾夕法尼亚州东北部的一所最为古老的男女合校制独立大学预备学校。学校最初是由卫理公会所创建，现在也依然保持着卫理公会的一些传统，但招生不受宗教信仰所限，学校从1850年就开始招收国际学生。

该校的建筑是红砖建筑，建筑物外表被常春藤所覆盖，景色优美。

升学方向

2007~2009年，该校学生考入人数最多的大学有：坦普尔大学（15人）、美国海军学院（9人）、波士顿大学（8人）、乔治华盛顿大学（7人）、宾夕法尼亚州立大学（6人）、巴克内尔大学（5人）、美国军事学院（5人）、富兰克林与马歇尔学院（4人）、拉法叶学院（4人）、约翰霍普金森大学（3人）。

所在地 Kingston, PA
学校类型 男女合校
建校时间 1844
校园规模（英亩） 22
学生人数 442
寄宿学生人数 190
国际学生人数 88
课堂平均人数 14
师生比例 1:10
SAT 平均分 n/a
AP 课程数量 26
录取率（%） n/a
学费（美元/年） 41,500
网址 www.wyomingseminary.org

Trinity Pawling School

图片 Trinity Pawling School 提供

CHARTERHOUSE

切特豪斯学术英语发展暑期研修班

切特豪斯公学于 1611 年成立，是英国最古老的九所私立公学之一，与伊顿公学、哈罗公学和温切斯特公学齐名。公学在其长达 400 年的历史中享有极高的学术声誉。切特豪斯公学为英国培养出了许多杰出的人才。包括童子军的创始人 Rober Baden Powell，以及劳斯莱斯的现任 CEO 约翰罗斯阁下。

公学于 19 世纪 70 年代从伦敦市中心迁至环境优美的萨瑞郡中心，靠近伦敦和希斯罗机场。在这个人杰地灵的小镇里云集了众多的杰出商业人士、金融界精英和明星。

公学占地 215 英亩，在英国享有“最美丽的校园”之称。校园建筑集合了不同历史时期的建筑风格，其中 19 世纪末期的一些建筑富丽堂皇，比如由 Giles Gilbert Scott 爵士设计的公学教堂，该教堂是用来纪念在第一次世界大战中牺牲的公学校友。为了配合公学的发展，公学于 1970 年修建了更多现代风格的建筑，如 Ben Travers 歌剧院和 John Derry 科技中心。

公学坚持延续她的传统和历史，培养了众多的学术家，艺术家，体育运动员和社会精英。公学的艺术设施极为完善，为戏剧、美术和音乐的学习创造了良好的学习条件。

公学除了拥有包括舞台、绘画和音乐设备在内的各种艺术设施外，公学还拥有 79 英亩的体育场地，其中包括运动场，足球场及室内运动中心。切特豪斯公学还和足球有着不解之缘，该校学生帮助了英国足球协会在 1863 年的诞生。直到今天，每年包括曼联，切尔西，利物浦在内的众多英国足球俱乐部都还在为争夺足总杯而努力拼搏。至今，足球也是公学最受欢迎的体育项目。

切特豪斯公学是一所名副其实的精英学校，欢迎您在暑期来访我校！

上海办事处　电话：021-33607080　邮编：200040
上海市静安区南京西路 1486 号 东海广场 35 楼 05 室

成都办事处　电话：028-86180180　邮编：610017
成都市顺城大街 308 号 冠城广场 8 楼 M 单元

北京办事处　电话：010-65869979　邮编：100125
北京市朝阳区农展馆南路 13 号 瑞辰国际中心 1106 室

深圳办事处　电话：0755-82776061　邮编：518026
深圳市福田区金田路 金中环商务大厦 2415 室

www.behk.org

切特豪斯公学是一所名副其实的精英学校！
我们诚切地邀请您和我们一起去访问她！

学术英语课程：

所有课程实施小班教学。学生根据学术成绩及英语书写口语能力进行分班，确保每位学生都能从暑期研修班课程中受益。

学生会在以下几个方面进行课堂内外的项目学习，从而辅助英语外语学习课程，培养学生的自信心、创造力及团队合作精神。

- 科学
- 辩论
- 商业
- 演讲技能
- 自然历史
- 小组互动活动
- 英语/戏剧

景点游览：

与研修班课程相得益彰，我们还为学生提供体验英国景点游览的机会，包括如下景点：

- 伦敦科学博物馆
- 参观大学
- 参观剧院包括后台
- 参观知名美术馆
- 威斯利皇家园艺社会总部植物园
- 白金汉宫
- 朴茨茅斯历史文化景点

课程收益：

切特豪斯公学致力于培养全球化的未来领导者。与此培养目标相一致，研修班课程着力培养学生的独立思考能力、求知欲、领导才能和团队精神，这将帮助学生在未来的学习生活和职场生涯中脱颖而出。

- 人际交往能力
- 深度文化感受
- 精英学校体验
- 独家留学证书
- 校友交际平台

课程时间：

2012 年 7 月 17 日至 8 月 7 日

招收对象：

年龄 12 – 17 岁的学生

名　　额：

全国 44 名（22 男孩 22 女孩）

An All-round Education at NMH

NMH：让头脑、心灵和双手并驾齐驱

新英格兰是美国教育资源最为优越的地区之一，而该地区的寄宿学校继承了美国教育的优良传统。本期美国名校指南，我们将介绍位于马萨诸塞州的 NMH（Northfield Mount Hermon School，北野山中学）。

NMH 是一所男女生同校的中学，位于马萨诸塞州西部的康涅狄特河河畔，校园风景优美，面积达到了 1565 英亩，在今年入榜的百所顶尖寄宿学校中高居第五名。

自 1879 年建校以来，NMH 就十分注重塑造学生的人格，把培养学生的个人激情和社会责任感放在同等高度。学校一直秉承“让人文价值和使命感贯穿于对头脑，心灵和双手的全方位教育之中”的教育理念，教导学生在为自己创造美好未来的同时，也要让这个世界变得更美好。

图片 NMH 提供

在NMH，教育历来被认为是一件非常严谨，并且需要与时俱进的事情。为了能够达到最佳的教学效果，NMH为充满求知欲的学生精心制订了科学合理的教学大纲，并配备经验丰富（该校教师平均教龄高达23年）、负有责任心的老师；所学课程既能满足大学申请的要求，同时又有弹性，适合不同个性的学生。NMH的课程包含了9大科系共185个学科，所有的科系都含有AP课程以及其他高级课程；课堂以小班教学为主，每班平均只有14名学生，每名学生在1年内一般学习6个科目，1学年分为3个学期，保证学生有充分的学习时间。

NMH的学生来自多个国家，学生可以选择走读或者寄宿。学校在录取时，更倾向于挑选那些勇于创新，敢于冒险的学生。为了让学生拥有全球化的视野，NMH为学生提供覆盖各大洲多个地点的游学和交换生项目。不过，NMH重视的可不仅仅是学习这一块，运动和艺术在学生中同样很受欢迎，学校也乐于见到学生接受全方位的挑战。NMH共有60多支运动队，涵盖21个运动项目，经常与新英格兰地区的其他校队进行比赛，除此之外，学校还常常组织学生去学校周边进行环山和环湖室外活动。

NMH的校园文化生活也很丰富多彩。每年，学校都会上演5部舞台剧，有些是本校学生自导自演的，有些则由外来访问剧团演出。每个学期，有超过200名的NMH在校学生深入到社区当中参加义务劳动。参加模拟联合国的学生代表团还曾在卡塔尔出席由埃及、芝加哥、俄罗斯、巴西、中国以及约旦举办的峰会。学校的机器人代表队近期参加了在伊斯坦布尔举行的机器人大赛，而NMH的数学俱乐部则在今年举办的Worcester Polytechnic Institute Invitational Mathematics Meet比赛中击败了88家俱乐部后，一举夺魁。此外，NMH还拥有自己的天气站、艺术中心，让有不同兴趣爱好的学生都能在这里找到自己喜欢的项目。

NMH的校园里到处洋溢着一种家一般的温馨感觉，学生们既独立，又对他人充满了理解和包容，对社会有着很强的责任心，是非常优秀的个体。每一个NMH学生都充满了追寻理想、超越自我的精神，这让他们在毕业后无论身处什么样的学校，扮演怎样的社会角色，都能很快脱颖而出，走出一条丰富多彩的人生路！

我很真诚，乐意接受新事物，也喜欢刨根问底。我很勤奋，积极参加集体活动，也热衷于服务社区。我希望能成为一名好学生，但我更希望成为一个完整的个人。我很容易相处，对人热情诚恳，喜欢思考，有创造力；但有时候，我又很严肃。总之，我是一个人，一个敢于接受自己一切特点的人，但同时，我又是一个多元化社区的一员，我会对我的社区负责。我有一种敢于创新的精神，希望通过自己的努力让世界变得更美好。我热爱大自然，关注全球环境问题。我对知识充满渴望。我勇往直前。我关爱一切。

——NMH学生

Student Numbers 学生人数

此次入围美国顶尖寄宿学校 100 强的学校，整体而言学生人数有所增加，但是幅度并不是很大，百所学校平均学生人数由去年的 421 人增加到了 422 人。今年，The Bolles School 的学生人数依然是百所学校之最，达到了 1213 人；紧随其后的是 Phillips Academy Andover 学校和 Hockaday 女子学校，学生人数分别为 1105 人和 1087。拥有庞大的学生群体，在某种意义上意味着学校得到了众多学生和家长的认可，具有良好的教育水平。不过，可能也会认为学生人数多会导致老师就没有足够的精力充分照顾到每一位学生。但事实并非如此，学生人数较多的学校常常也会配备足够的师资力量，例如 Phillips Academy Andover 学校师生比例仅为 1:5，明显低于美国学校师生平均比例 1：7。而且许多学生人数较多的学校也有着骄人的学业成绩，例如 Phillips Academy Andover 学校、Phillips Exeter Academy 学校和 Hockaday 女子学校的 SAT 平均成绩都达到了 2000 分以上，远远高于全国 1500 分的平均分。

学生数量排名

排名	学校	学生数量
1	The Bolles School	1213
2	Phillips Academy Andover	1105
3	The Hockaday School	1087
4	Baylor School	1069
5	Phillips Exeter Academy	1063
6	Choate Rosemary Hall	850
7	Oregon Episcopal School	845
8	Lawrenceville School	810
9	Cranbrook Schools	799
10	Culver Academies	795
11	St. Stephen's Episcopal School	681
12	Loomis Chaffee School	680
13	Milton Academy	675
14	Northfield Mount Hermon School	650
15	McCallie School	643
16	Deerfield Academy	630
17	The Hotchkiss School	599
18	The Hun School of Princeton	595
19	Saint Andrew's School	585
20	The Taft School	580

资料来源："名校系列" 2012 年调研数据

图片 The Stony Brook School 提供

Boarding Students

寄宿生

Westover School

寄宿学校不但会为学生提供良好的住宿条件，更会营造一种温暖、关爱的氛围，使学生能够在学校找到一种“家”的感觉，这也是寄宿学校区别于走读学校的重要差别之一。一般来说，寄宿生人数越多，寄宿生比例越高，学校“家”的氛围就越强烈，学生也就越容易与学校、同学和老师建立亲密的关系。今年，Phillips Exeter Academy 学校蝉联百所学校寄宿生人数之最的桂冠，拥有 861 名寄宿生。第二名 Phillips Academy Andover 学校寄宿生人数也达到了 818 人，远远超过了平均人数 256 人。当然，这两所学校之所以能占据前两名，与其学生总人数众多也密切相关。一些学校寄宿比例很高，甚至是全寄宿制学校，例如 Episcopal High School，Woodberry Forest School，St. Andrew's School 的学生 100% 全部寄宿，但是由于学校总人数偏少，所以未能进入寄宿学生人数前 20 强的榜单。

寄宿生数量排名

排名	学校	寄宿生数量
1	Phillips Exeter Academy	861
2	Phillips Academy Andover	818
3	Culver Academies	708
4	Choate Rosemary Hall	629
5	The Hotchkiss School	557
6	Deerfield Academy	554
7	Lawrenceville School	543
8	St. Paul's School	539
9	Northfield Mount Hermon School	520
10	Kent School	510
11	The Taft School	493
12	Episcopal High School	435
13	Loomis Chaffee School	408
14	Woodberry Forest School	405
15	Hill School	400
16	Mercersburg Academy	366
17	Blair Academy	360
18	Tabor Academy	357
19	Peddie School	345
20	Milton Academy	338

资料来源：“名校系列” 2012 年调研数据
其中 McCallie School 寄宿生人数数据缺失，因此该排名未将其纳入考察范围内。

寄宿生比例排名

排名	学校	寄宿生比例
1	St. Paul's School	100%
1	Episcopal High School	100%
1	Woodberry Forest School	100%
1	St. Andrew's School, DE	100%
5	Salisbury School	94%
6	The Hotchkiss School	93%
7	Grier School	92%
7	CFS, The School at Church Farm	92%
9	Kent School	91%
10	The Thacher School	90%
11	Culver Academies	89%
12	Deerfield Academy	88%
12	Berkshire School	88%
14	Holderness School	86%
15	The Taft School	85%
15	Mercersburg Academy	85%
15	St. George's Schoo	85%
15	Cate School	85%
19	Groton School	84%
19	Chatham Hall	84%

资料来源：“名校系列” 2012 年调研数据
其中 McCallie School 寄宿生人数数据缺失，因此该排名未将其纳入考察范围内。

图片 The Masters School 提供

International Students

国际学生

大部分寄宿学校都十分重视吸引国际学生就读。国际学生丰富的文化背景能够让校内学生开阔视野，学会在多元化的背景下与不同种族、民族以及宗教背景的学生相处，这为他们将来成为国际化人才做好铺垫。经统计，这些学校的国际学生平均人数为 70 人，平均比例为 18%。也就是说，每 6 个学生中就有 1 名来自其他国家，这样的比例是非常高的。在我们的榜单中，Baylor School 以 246 名国际学生的数量位居榜首，Linden Hall 和 Culver Academies 分别以 210 人和 167 人位列第二和第三名。同时我们还为您提供了国际学生人数最少的 20 所学校，其中一些学校并不是因为招收名额的限制，而是学生总人数本来就不多。因此，在参考这些榜单时，最好能同时参考各个学校的国际学生比例，这样才能真正了解学校学生情况。为此，我们也专门为您列出了国际学生比例最高和最低的 20 所学校。

国际学生比例排名（高）

排名	学校	国际学生比例
1	Grier School	42%
2	Wilbraham & Monson Academy	37%
3	Villanova Preparatory School	35%
4	Annie Wright School	33%
5	The White Mountain School	32%
6	Miss Hall's School	30%
6	San Domenico School	30%
8	Kent School	29%
9	The MacDuffie School	28%
9	Salem Academy	28%
9	Thomas Jefferson School	28%
12	Lake Forest Academy	27%
12	Emma Willard School	27%
14	Northfield Mount Hermon School	25%
14	Kimball Union Academy	25%
14	Saint John's Preparatory School	25%
17	Rabun Gap-Nacoochee School	24%
17	Wayland Academy	24%
19	Baylor School	23%
19	The Putney School	23%

资料来源：“名校系列” 2012 年调研数据

国际学生比例排名（低）

排名	学校	国际学生比例
1	The Bolles School	6%
1	McCallie School	6%
3	Phillips Academy Andover	7%
3	Proctor Academy	7%
5	Phillips Exeter Academy	9%
5	Episcopal High School	9%
5	Middlesex School	9%
5	Saint. Mary's School（NC）	9%
9	The Hockaday School	10%
9	The Pennington School	10%
9	Westtown School	10%
9	Concord Academy	10%
9	The Madeira School	10%
9	Indian Springs School	10%
9	The Thacher School	10%
16	Woodberry Forest School	11%
16	Portsmouth Abbey School	11%
18	Milton Academy	12%
18	Hill School	12%
18	The Governor's Academy	12%

资料来源：“名校系列” 2012 年调研数据

国际学生丰富的文化背景能够让校内学生开阔视野，学会在多元化的背景下与不同种族、民族以及宗教背景的学生相处

国际学生数量排名（多）

排名	学校	国际学生数量
1	Baylor School	246
2	Linden Hall	210
3	Culver Academies	167
4	Northfield Mount Hermon School	163
5	Kent School	162
6	Lawrenceville School	146
6	Wilbraham & Monson Academy	146
8	Oregon Episcopal School	127
9	Loomis Chaffee School	116
10	Choate Rosemary Hall	111
11	Grier School	110
12	The Hockaday School	109
13	Lake Forest Academy	108
14	Cranbrook Schools	104
15	The Williston Northampton School	101
16	Villanova Preparatory School	98
17	St. Paul's School	97
18	Phillips Exeter Academy	96
19	St. Stephen's Episcopal School	95
19	Mercersburg Academy	95

资料来源："名校系列" 2012 年调研数据

国际学生数量排名（少）

排名	学校	国际学生数量
1	The Thacher School	24
2	Saint. Mary's School（NC）	25
2	Proctor Academy	25
2	Thomas Jefferson School	25
5	Indian Springs School	26
6	Colorado Rocky Mountain School	29
7	Santa Catalina School	30
8	Chatham Hall	31
8	The Madeira School	31
10	Middlesex School	34
11	The White Mountain School	36
11	CFS, The School at Church Farm	36
11	Concord Academy	36
14	Saint James School	37
14	Westover School	37
16	Portsmouth Abbey School	38
16	St. Andrew's School（DE）	38
18	McCallie School	39
18	Westtown School	39
18	Episcopal High School	39

资料来源："名校系列" 2012 年调研数据

图片 Hill School 提供

中国学生 Chinese Students

中国学生比例排名（高）

排名	学校	中国学生比例
1	The White Mountain School	22%
2	San Domenico School	21%
3	Grier School	19%
4	Miss Hall's School	17%
5	Salem Academy	16%
6	The MacDuffie School	15%
7	Wilbraham & Monson Academy	13%
8	The Putney School	11%
9	Saint John's Preparatory School	10%
10	Rabun Gap-Nacoochee School	9%
10	Stuart Hall School	9%
12	Virginia Episcopal School	8%
12	Colorado Rocky Mountain School	8%
12	The Stony Brook School	8%
12	Saint James School	8%
12	Villanova Preparatory School	8%
12	Chatham Hall	8%
12	St. Andrew's School（RI）	8%
19	Trinity Pawling School	7%
19	Portsmouth Abbey School	7%

资料来源："名校系列"2012年调研数据

中国学生比例排名（低）

排名	学校	中国学生比例
1	Indian Springs School	0%
2	Georgetown Preparatory School	1%
2	St. George's School	1%
2	The Hun School of Princeton	1%
2	McCallie School	1%
2	Milton Academy	1%
2	Concord Academy	1%
2	The Governor's Academy	1%
2	St. Andrew's School（DE）	1%
2	Holderness School	1%
11	Westminster School	2%
11	The Bolles School	2%
11	Middlesex School	2%
11	The Thacher School	2%
11	The Hotchkiss School	2%
11	The Taft School	2%
11	Oregon Episcopal School	2%
11	The Hockaday School	2%
11	Berkshire School	2%
11	Saint Andrew's School	2%

资料来源："名校系列"2012年调研数据

图片 Condord Academy 提供

据统计，不考虑部分学校中国学生人数缺失的因素，今年上榜的百所名校平均中国学生人数为 16 人。其中 Grier School 与 Wilbraham & Monson Academy 学校的中国学生人数都达到了 50 人，并列成为今年榜单内中国学生人数最多的学校，而中国学生人数最少的学校是 Indian Springs School，只有 1 名中国学生。就中国学生比例而言，比例最高的是 The White Mountain School，达到了 22%；第二高的是 San Domenico School，达到了 21%。而中国学生比例最低的学校是 Indian Springs School，中国学生比例为 0。选择中国学生较多的寄宿学校，有利于学生彼此之间相互慰藉，排解乡愁，同时这也说明该校比较重视在中国的招生工作，相对而言学生的录取几率会大一些。但凡事有利皆有弊，中国学生人数较多，也较容易形成中国圈，不利于学生真正的融入学校。

中国学生数量排名（多）

排名	学校	中国学生数量
1	Wilbraham & Monson Academy	50
1	Grier School	50
3	Northfield Mount Hermon School	45
4	Choate Rosemary Hall	36
5	Rabun Gap-Nacoochee School	32
5	Saint John's Preparatory School	32
7	The MacDuffie School	30
7	Miss Hall's School	30
7	San Domenico School	30
10	St. Stephen's Episcopal School	28

资料来源："名校系列" 2012 年调研数据

中国学生数量排名（少）

排名	学校	中国学生数量
1	Indian Springs School	1
2	St. George's School	3
3	Georgetown Preparatory School	4
3	Concord Academy	4
3	St. Andrew's School, DE	4
3	Holderness School	4
3	Thacher School,The	4
8	The Hun School of Princeton	5
8	The Governor's Academy	5
8	Cate School	5
8	Santa Catalina School	5
8	CFS, The School at Church Farm	5

资料来源："名校系列" 2012 年调研数据

图片 Cranbrook School 提供

Acceptance Rate
录取率

在选择学校时，不仅要考虑孩子的能力和个性是否适合该校，学校的教学质量，人数规模等，学校学生录取率的高低也常常是家长和学生非常关心的重要方面。因为，录取率的高低，决定着竞争的激烈程度，与学生是否能成功申请学校有着千丝万缕的联系。有些学校久负盛名，教学设施一流，教学质量极高，它们对学生的挑选也非常苛刻。根据本次统计数据，榜单上 Deerfield Academy 的录取比例只有 13%，成为录取比例最低的学校，Phillips Academy Andover 以 14% 的录取率位居第二，而百所寄宿学校除了部分学校的录取率信息无法获得外，其平均录取率为 41%。

录取率排名（低）

排名	学校	录取率
1	Deerfield Academy	13%
2	Phillips Academy Andover	14%
3	St. Paul's School	16%
3	The Hotchkiss School	16%
5	The Thacher School	17%
6	Middlesex School	19%
6	Groton School	19%
6	Phillips Exeter Academy	19%
9	Peddie School	20%
10	The Hockaday School	21%
10	Choate Rosemary Hall	21%
12	Cate School	22%
13	Lawrenceville School	23%
13	Georgetown Preparatory School	23%
13	The Taft School	23%
16	Milton Academy	24%
17	Loomis Chaffee School	28%
17	Westminster School	28%
17	St. George's School	28%
20	The Governor's Academy	29%

资料来源："名校系列"2012 年调研数据
个别学校录取率数据无法获得，因此该排名未将其纳入考察范围内。

图片 Deerfield Academy 提供

SAT平均分

SAT成绩虽然不是美国大学在招收学生时参考的唯一标准，但是谁都无法否认，SAT成绩越高，被知名大学录取的几率也越高。这次推荐的百所学校，其SAT平均分为1861分，其中分数最高的是Linden Hall，达到了2095分；Groton School和Middlesex School以2080分并列第二。每所学校SAT平均成绩的高低能够从侧面体现出学校的教学水准，但这并不意味着SAT平均分相对较低的学校就培养不出优秀的学生。SAT只是衡量学业成绩的一个标准，美国大学在招生的时候还会参考许多学生在其他方面的表现，例如学生的爱好是否广泛，有过哪些社会活动，以及在活动中的表现如何等等。所以，学生和家长在择校时，还是要综合考虑。

AP课程

美国不少寄宿中学都会在高中阶段开设具有大学水平的课程，简称AP（Advanced Placement）课程。学生学习过AP课程之后，需要参加5月份举行的AP考试。AP考试采取5分制，一般来说，3分以上的成绩为大多数学校所接受，进入大学学习时还可以折抵学分，少数顶尖大学则要求4分或5分才能折抵大学学分。更为重要的是，AP成绩已经得到了40多个国家近3600所大学的认可，并将其作为大学入学参考标准，其中包括哈佛、耶鲁、牛津和剑桥等世界名牌大学。据统计，我们这次推荐的百所学校平均AP课程数量是18门，其中Mercersburg Academy所开设的AP课程达到了41门，位居榜首；Loomis Chaffee School的AP课程数量达到了38门，位居第二。

SAT 排名

排名	学校	SAT 平均分
1	Linden Hall	2095
2	Groton School	2080
2	Middlesex School	2080
4	Phillips Academy Andover	2076
5	Phillips Exeter Academy	2074
6	Concord Academy	2071
7	Saint John's Preparatory School	2070
8	Milton Academy	2065
9	Lawrenceville School	2061
10	Thomas Jefferson School	2050
11	St. Paul's School	2049
12	The Hockaday School	2020
13	The Hotchkiss School	2013
14	Oregon Episcopal School	2010
15	Deerfield Academy	2000
16	Choate Rosemary Hall	1993
17	Cate School	1991
18	Saint James School	1990
19	The Masters School	1980
20	Georgetown Preparatory School	1975

资料来源："名校系列"2012年调研数据
个别学校SAT平均分数无法统计到，因此该排名未将其纳入考察范围之内。

AP 课程数量最多排名

排名	学校	AP 课程数量
1	Mercersburg Academy	41
2	Loomis Chaffee School	38
3	Pomfret School	37
4	St. Andrew's School（DE）	35
5	Westtown School	32
6	Groton School	30
6	Phillips Academy Andove	30
6	The Taft School	30
9	Kent School	27
10	Episcopal High School	26
10	Lake Forest Academy	26
10	Wyoming Seminary	26
10	Concord Academy	26
14	Choate Rosemary Hall	25
15	Georgetown Preparatory School	24
15	Indian Springs School	24
15	Westminster School	24
18	Hill School	23
18	Northfield Mount Hermon School	23
20	Middlesex School	22

资料来源："名校系列"2012年调研数据
个别学校AP课程数量无法统计到，因此该排名未将其纳入考察范围之内。

Fryeburg Academy

Another Path to Top US Schools

IB课程：通向美国顶尖大学的又一通道

国际学士学位（IB）组织 1968 年在瑞士成立，总部设在日内瓦。目前在全世界 141 个国家的 3342 所学校提供课程，学生数量达到 997000 人。IB 旨在培养有求知欲、有知识和关心他人的年轻人，使他们通过跨文化的理解和尊重，共同创造一个更加美好、和平的世界。

IB 为 3~19 岁的学生设置了三种不同的课程：一种是始于 1997 年的针对 3~12 岁学生的小学课程，目前在全世界的 889 所 IB 学校授课；第二种是自 1994 年起针对 11~16 岁学生的中学课程，有 935 所 IB 学校开设此课程；另外一种是从 1968 年就开设的针对 16~19 岁学生的文凭课程。文凭课程是 IB 三项课程中最受欢迎的，因为此课程在全球的大学入学中都被认可。在全球范围内，开设 IB 文凭课程的学校由 2005 年的 1323 所增加到 2012 年的 2313 所。美国是全世界开设 IB 文凭课程学校最多的国家，共有 1315 所。99% 的文凭课程使用英语教学，有一些学校还会使用西班牙语授课，少数学校使用法语授课。

学习文凭课程包括 6 组课程，分别为语言、第二语言、个人与社会、实验科学、数学与计算机科学、艺术。学生需要学习高级和标准等级的 6 门科目。学生必须从前 5 组中各选一门科目，以确保可以广泛地获取知识。另外一门课程可以从第 6 组艺术类课程中选择，也可以从前 5 组中选择。

在两年的文凭课程中，为了拓展学生的教育经历，挑战学生的应用能力和理解力，除了这 6 门科目，每个学生还必须完成 3 个核心任务：1 篇拓展论文，1 门以认识论为主题的课程以及 CAS（创造力、行动力、公共事业）。

• 拓展论文：学生需要选择一个与其所学科目相关的问题进行深入的研究并完成一篇 4000 字左右的论文。这项作业旨在鼓励学生独立调研学习，为将来适应大学的学习方式做好充分的准备。

图片 Fryeburg Academy 提供

• 认识论（TOK）：认识论通过对不同认知方式（知觉、感情、语言和理智）和不同领域知识（科学、艺术、数学和历史）的批判性研究，鼓励学生探索知识的本质。

• 创造力、行动力、公共事业（CAS）：鼓励学生参与艺术活动、体育项目和社区公共事业，要求学生积极踊跃地参加课外实践，并从中获取新知。学生可以把这三点要素结合起来也可以参与和其中每一个要素分别相关的活动。

超过 90% 的 IB 学校将期末考试设在 5 月，另外 10% 则在 11 月。原因在于一些国家在 11 月有它们本国的考试，所以为了配合学校的日程安排，IB 做了相应的变更。学生参加的考试没有等级之分，考试由外部 IB 老师进行评分。学生在学校里也要完成一些评估测试，一般先由内部老师打分然后外部调节人员复查评分或者直接送给外部老师评分。学生在整个文凭课程中的表现要达到最低标准，并在创造力、行动力和公共事业项目中有令人满意的表现，至少得到 24 分（总分 45 分）才能被授予文凭。

国际学士学位组织深信，6 组课程和 3 个核心任务的组合必定能给学生提供一个广泛且平衡的课程，为学生迎接大学生活做好准备，并鼓励他们大胆提问，掌握学习方法，对自己的个性和文化有明确的认识。

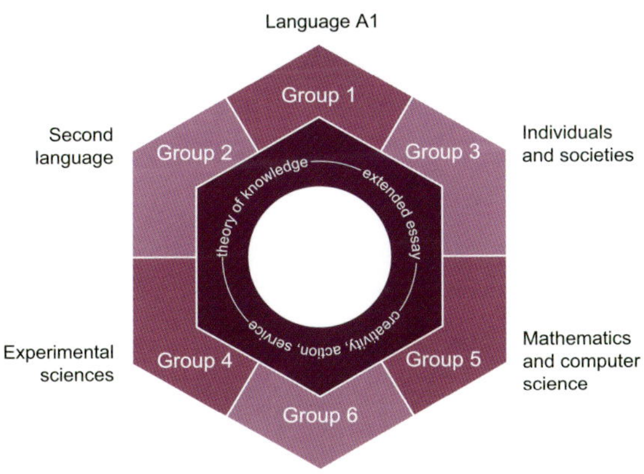

数据来源：国际学士组织

选择 IB 文凭的理由：

- IB 文凭的特色在于其课程范围很广，CAS 的设置为学生的课外探索活动创造了条件。在学生申请顶尖大学时，这些都是有利条件，因为很多大学都欣赏兴趣爱好多样的学生。
- 三个核心任务能帮助学生为大学的学习做好准备，使学生提前适应大学的学习方法，让学生充满求知欲，学习充满主动性。
- IB 学校的生源更多元化、国际化，因此学生能接触到多种不同的文化，得到更丰富的阅历。
- 学生面对的是全球范围的竞争，而不仅仅是国内的，IB 学校的环境使他们更适应全球化的竞争氛围。
- IB 文凭在全球 100 多个国家都得到认可。
- 如果学生的 IB 文凭成绩很优秀，并选择进入美国的大学深造，那么他们的 IB 成绩可能可以算做学分，这样学生就可以更快地完成大学的学位。

不适合选择 IB 文凭的理由：

- 如果您的孩子想要学习纯科学学科（生物、化学、物理）或者纯人文学科，那么 IB 广泛的课程设置也许不适合这种需求。
- 如果学生在个别学科组上特别薄弱，那么这可能会影响到 IB 文凭的总分，从而影响到他进入顶尖大学的机会。
- 由于该课程知识范围广并且需要完成 3 项附加的核心任务，IB 对学生的英语能力要求很高。所以只有那些英语语言能力很出色的学生才适合 IB 文凭的学习。

开设 IB 文凭课程的学校 2005~2009

	2005	2006	2007	2008	2009
5 月份期末考试的学校	1192	1324	1454	1636	1833
11 月份期末考试的学校	143	156	169	181	192
总数	1335	1480	1623	1817	2025

开设 IB 课程的美国寄宿学校

IB 学校	所属州	学校性质	寄宿年级	网站
George School	PA	男女合校	9~12	www.georgeschool.org
Mount Saint Mary Academy	NY	女校	9~12	www.mt-st-marys.org
New Hampton School	NH	男女合校	9~12	www.newhampton.org
Saint Andrew's School	FL	男女合校	9~12	www.saintandrews.net
United World College of the Americas	NM	男女合校	11~12	www.uwc-usa.org
Verde Valley School	AZ	男女合校	9~12	www.vvsaz.org/home.php

数据来源：www.ibo.org

波士顿大学

图片 Boston University 提供

Introduction to US Universities

美国大学概览

文 常雅婷

美国大学至今已有374年的历史，比美国独立的历史还要长140年，美国大学在发展过程中成功地将欧洲古典大学的传统与现代大学的理念融合为一体，不断进取创新，逐步发展为当今世界大学的典范，成为无数莘莘学子无比向往的学习圣地。根据2010年US News and World Report的世界顶尖大学排行榜，世界顶尖大学前20强中美国大学占据了13所。

美国大学发展史

起源与初期发展（1636~1776）

美国起初是英国的殖民地，深受英国教育理念的影响，其大学几乎完全是按照英国大学模式而建，具有浓重的宗教色彩，以培养神职人员为目的，所开设课程也都是宗教与神学方面的内容。1936年哈佛学院创建，这标志着美国大学的诞生。截至独立之前，美国又陆续建立了8所院校，它们就是举世闻名的威廉玛丽学院、耶鲁大学、普林斯顿大学、哥伦比亚大学、宾夕法尼亚大学、布朗大学、新泽西州立大学、达特茅斯学院的前身。

独立建国初期的发展

随着美国的独立和建国，英国对美国大学的影响力骤失，取而代之的是法国的启蒙思想和文化教育思想。美国大学开始推崇民主、平等、世俗的教育理念，在杰弗逊的大力倡导下，美国大学的控制权由教会向政府转变，并开始利用科学为社会服务。之前由教派控制的私立高校根本无法满足当时的新需求，在此背景下，美国州立大学顺势而生。1776年，美国第一所州立大学北卡罗来纳州立大学成立，之后各州纷纷建立州立学院，截止到1860年美国先后创建了66所州立大学和学院。

生人数的逐年增加，UCLA 的中国社团也在不断壮大，他们和其他的学生组织都会给中国学生提供无微不至的关怀和帮助。UCLA 是一个鼓励多样文化的大学，在这里无论你来自哪里，你都会受到热烈的欢迎。

Q：人们在谈到美国顶尖大学时总是倾向于名校云集的东海岸，作为西海岸的名校，您觉得在西海岸学习的优势是什么？

A：东海岸城市和大学在文化多样性方面不如西海岸。有趣的是在西海岸，在洛杉矶，你可以吃到正宗的中国菜。洛杉矶的文化多样性会使你有家的感觉。UCLA 所在地紧邻著名的贝佛利山，是洛杉矶最干净、美丽和安全的地区。西海岸和中国有着更密切的联系，我们在上海有很大的校友会，我们也期待着能和中国有更多的交流机会。

Q：学生和家长在选择大学时，都比较注重该校毕业生的就业形势。UCLA 学生的毕业去向都有哪些？

A：通常 UCLA 的本科毕业生都会选择继续攻读硕士或者博士学位，或者进行职业培训。对于国际学生来说，我们在世界各地建立起了庞大的校友网络，他们的经验和案例对于毕业生找工作很有帮助。UCLA 的学生懂得如何抓住机遇甚至是创造机遇，所以在校友网的帮助下找工作并不是难事。

Q：还有一个学生和家长普遍关心的是美国校园的安全问题。UCLA 是如何确保学生安全的呢？

A：UCLA 地处洛杉矶最为安全的地区，而且我们在校园宿舍里以及一些公共场所都设有安检。另外，学校还有社区服务管理员确保学生安全，比如，如果你担心深夜一个人穿越校园比较危险，可以联系管理员，他们会护送你回到宿舍。

Q：对想来 UCLA 学习的中国学生，您觉得在 UCLA 最值得做的三件事是什么？

A：努力学习，认真研究，积极参与活动。参与活动非常重要，你积累起来的人际资源对今后的职业发展会很有帮助。另外，我强烈推荐大家来 UCLA 加入校园之旅，UCLA 的美丽是无法用语言形容的，当你亲眼看到她，你一定会爱上她。

在招生过程中，导师看重的不仅是学术成绩，还有学生的个人事迹

图片 University of California, Los Angeles 提供

Green Universities Bring New Opportunities

绿色大学带来的崭新机会

文 Annie Tang

毕业于波士顿大学国际关系专业。2010年冬，Annie Tang在美国商务服务（U.S. Commercial Services）参加实习，主要职责是了解美国教育体系在中国的发展。2011年7月，Annie Tang加入必益教育，担任美国留学顾问。

近几年来，美国各大高校一直在寻找解决教育预算减少与校园设施更新投入之间的平衡。目前看来，兼顾二者需求的权宜之策非Green Revolving Funds莫属。Green Revolving Funds的概念是在20多年前里约热内卢举行的首届地球峰会上提出来的。在那次峰会上，可持续发展第一次被认同为一种普世价值——“在满足当代人发展需求的同时，又不损害下一代人发展需求”（摘自1992年世界环境与发展署的布隆特兰德报告）。Green Revolving Funds的核心理念是让学校加大对节能材料更新方面的投资，以此来达到减少校园建筑能源消耗和减少温室气体排放的目的，从而保证校园的可持续发展。而节省出的资金又将回流Green Revolving Funds基金，来保证该项目的可持续性。

现在，美国有越来越多的大学正在接受和发展Green Revolving Funds的运营模式。比如在布朗大学，从减少建筑物能耗、加强食品回收、选择更加环保的出行方式，到开设环保相关的课程和科学研究，每一个布朗人都在践行“绿色布朗”的理想，这种观念也在悄悄改变校园的每一个角落。而哈佛大学目前已经在环保项目上投入了1.5亿美金。为了减少食品在长距离运输中的能源消耗，哈佛甚至在每年的4月至10月间每逢周二就会开设露天菜市场。

上述例子说明了这样一个问题：类似于布朗、哈佛这样的名校一直十分重视校园环保和节能。同时，这些学校也向学生传达了这样一个信息——鼓励学生参与到Green Revolving funds中来。相应的，在“绿色活动”中有奇思妙想和实践经验的学生自然也就十分受这些学校的青睐。所以，美国大学的绿色行动也为各个申请者提供了一个崭新的机会——加入到“绿色革命”中来，在你的简历上写上一笔，用你出色的实践经验来征服名校，或许，你就是下一个名校生！

申请“绿色名校”，你准备好了吗？

图片 作者本人、gettyimages提供

Tips for Studying in the US

以自身经验，建议留学后辈

美国大学与国内大学有许多不同，为了便于即将留学美国的中国学生尽快适应美国，我想以自己的经验和感受为大家介绍一下美国大学，提供一些参考。

文 侯勇

曾在美国德克萨斯州州立大学阿灵顿分校学习，现就职于上海张江集团八六三信息安全产业基地有限公司

学制与评分

中国大学本科学习是4年，而在美国留学却有2种选择，第一种是Semester学制，这个和国内一样，春季和秋季入学，入学时间和国内有所不同，基本上春季是每年1月15日左右开学，秋季是每年8月中下旬开学，各个学校会有所差异，但相差不多；第二种是Quarter制，即一年分成4个学期，每个学期之间间隔2-3星期。这两种学制都是可以选择的，也就是说学习时间是自己定的，如果想早点毕业就可以选择第二种。由于美国学校的暑假比较长，一般是5月中旬一直放到8月中旬，假期你可以选择暑期课程，也可以去打打零工，挣点零花钱，同时积累点社会经验。

美国大学的学期评分标准和国内也不太一样，评分标准大概如下：考勤（40%）+阶段考试（30%）+期末考试（30%），其中这个比例由学校根据自身情况而定，但大体上不会改变很多。他们尤其看重考勤，如果一个学生无故3次不到，就会收到一个通知，要求你写情况说明为何旷课，根据你的情况学校会酌情考虑；如果你不理睬这个通知，那就对不起了，你就会被学校开除，而且会留下一个污点，下次选择学校时，新学校会把你的考勤比例提升。

多元化国际环境

在美国留学花费无疑会比国内高出许多，但还是物有所值的。美国大学非常国际化，生活在一个多元化的环境中，可以交到不同国家的朋友，了解不同的文化和种族，陌生环境会激励自己更快成长。由于学生来自不同的文化背景，看待问题的角度和思维会更为多样。我自身就觉得留美生活使自己的视野逐渐变得开阔，而思维和看问题的角度也有了不小的变化，我相信这对所有学生来说都是非常重要的收获。

中国人推崇谦虚有礼，而美国强调个体、推崇表现自我，而且也更为开放。刚到美国难免不适应，不好意思去"抢"机会表现自己，但是后来我逐渐意识到在美国你必须积极主动，敢做敢为。在这种别样的异国文化氛围中，我感到自己在一步步蜕变，美国的留学生活使我的演讲能力和动手能力都得到了很大的锻炼和提高。

美国的教育不仅注重知识，而且也注重实践。美国的实习要比国内强得多，在实习中积累的社会和工作经验也比国内学校多很多。而且，美国大学还有实实在在的研究项目和课题，学生可以真正地参与其中，并从中获取收获，所以中国企业还是愿优先考虑留学生。另外，我想给中国留学生提一点建议，不妨在学习之余打些零工，它带给你的远不止挣一点零花钱，你可以更多更深入地体验社会，与不同的人打交道，增强与人交往的能力，积累工作经验。

美国大学会有各种各样的学生组织，美国的企业很看重你在学校组织内的地位，尤其是你组织过什么样的活动，领导过多少人的团队等等。他们认为在学校里面默默无闻的人，在企业也是一样的，他们需要领袖，需要即使在企业低迷期也能让员工积极工作的人。在众多学校组织中，每个学校都有的就是兄弟会、姊妹会，加入这个的好处是，从学校开始积累你的人脉，对你以后的工作会有很大的帮助。

德州大学阿灵顿分校

图片 University of Texas,Arlington 提供

Ranking of US Universities
美国顶尖大学排名

排名	大学	地点	学生人数	国际学生比列 %	录取率 %	SAT成绩
1	Harvard University	Cambridge, MA	6641	14	7	2225
2	Princeton University	Princeton, NJ	5220	11	9	2225
3	Yale University	New Haven, CT	5310	11	8	2225
4	Columbia University	New York, NY	5888	12	10	2180
5	California Institute of Technology	Pasadena, CA	967	10	13	2277
6	Massachusetts Institute of Technology	Cambridge, MA	4299	9	10	2217
7	Stanford University	Stanford, CA	6988	8	7	2172
8	University of Chicago	Chicago, IL	5238	8	19	2210
9	University of Pennsylvania	Philadelphia, PA	9865	10	14	2150
10	Duke University	Durham, NC	6663	9	16	2142
11	Dartmouth College	Hanover, NH	4248	7	12	2165
12	Northwestern University	Evanston, IL	8947	6	23	2157
13	Johns Hopkins University	Baltimore, MD	4997	8	21	2082
14	Washington University in St. Louis	St. Louis, MO	7138	7	21	2187
15	Brown University	Providence, RI	6318	10	9	2135
16	Cornell University	Ithaca, NY	13935	8	18	2090
17	Rice University	Houston, TX	3262	12	21	2150
18	Vanderbilt University	Nashville, TN	6879	6	18	2157
19	University of Notre Dame	Notre Dame, IN	8442	4	29	2112
20	Emory University	Atlanta, GA	5325	16	29	2075
21	University of California--Berkeley	Berkeley, CA	25540	11	22	2007

排名	大学	地点	学生人数	国际学生比列 %	录取率 %	SAT成绩
22	Georgetown University	Washington, DC	7553	6	20	2090
23	Carnegie Mellon University	Pittsburgh, PA	6108	12	33	2090
24	University of Southern California	Los Angeles, CA	17380	11	24	2045
25	University of California-Los Angeles	Los Angeles, CA	26162	6	23	1902
26	University of Virginia	Charlottesville,VA	15595	6	33	1992
27	Wake Forest University	Winston-Salem, NC	4657	2	40	n/a
28	University of Michigan-Ann Arbor	Ann Arbor, MI	27027	4	51	1992
29	Tufts University	Medford, MA	5224	6	24	2127
30	University of North Carolina-Chapel Hill	Chapel Hill, NC	18579	2	32	1955
31	Boston College	Chestnut Hill, MA	9088	n/a	31	2000
32	Brandeis University	Waltham, MA	3341	11	35	2030
33	College of William and Mary	Williamsburg, VA	5898	3	32	2015
34	New York University	New York, NY	22097	13	38	2007
35	University of Rochester	Rochester, NY	5601	13	38	1977
36	Georgia Institute of Technology	Atlanta, GA	13750	8	52	1985
37	University of California-San Diego	La Jolla, CA	23663	4	38	1887
38	Case Western Reserve University	Cleveland, OH	4227	7	67	2015
39	Lehigh University	Bethlehem, PA	4781	6	38	n/a
40	University of California-Davis	Davis, CA	24737	2	45	1782
41	University of Miami	Coral Gables, FL	10368	8	39	1932
42	University of California-Santa Barbara	Santa Barbara, CA	19186	1	46	1790
43	University of Washington	Seattle, WA	29302	10	57	1812
44	University of Wisconsin--Madison	Madison, WI	30555	6	57	1910
45	Pennsylvania State University-University Park	University Park, PA	n/a	n/a	55	n/a
46	University of California--Irvine	Irvine, CA	21976	3	45	1760
47	University of Illinois-Urbana-Champaign	Champaign, IL	31540	8	67	1970
48	University of Texas-Austin	Austin, TX	38420	4	47	1835
49	Yeshiva University	New York, NY	2787	4	72	1816
50	George Washington University	Washington, DC	10358	6	32	1925

资料来源：US News & World Report 2012 美国大学排名

Introducing The Top 20 Universities
美国大学前 20 强

在规划自己的留学方案之前，了解各所大学的历史文化、学术特长、地理环境，将帮助学生更合理地选择大学。我们在此向您提供美国 20 强大学的详实信息。

哈佛大学
Harvard University

地图编号：1

哈佛大学创建于 1636 年，坐落于马萨诸塞州剑桥市，占地面积 4979 英亩。哈佛最初是为了培养神职人员而创建的，现在已经成为一所以培养研究生和从事科学研究为主的世界顶级综合性大学。

哈佛大学非常重视学生深入学习与研究的能力，许多本科学生毕业后会在哈佛的研究生院以及医学院、商学院、法学院、肯尼迪政治学院等职业型学院（Professional School）继续深造。

哈佛历史悠久，培养出了无数杰出人才，其中有 43 位校友获得了诺贝尔奖。哈佛拥有庞大的校友网络，目前尚健在的校友多达 32 万，遍及世界各地的 191 个国家。

★哈佛大学是美国历史最为悠久的大学，甚至比美国独立的时间还要早 140 年。

★知名人物：约翰・亚当斯、约翰・昆西・亚当斯、拉瑟福德•海斯、西奥多•罗斯福、富兰克林•罗斯福、约翰•肯尼迪、小布什、奥巴马等 8 位美国总统都出自哈佛。

图片 Harvard University 提供

普林斯顿大学
Princeton University

地图编号：2

普林斯顿大学创建于1746年，位于纽约和费城之间的一座美丽的小城普林斯顿。普林斯顿大学在发展过程中，不盲目求大求全，而是努力培植现有学科的优势，其任何一个专业在美国都享有极高的声誉。

该校极佳的学术声誉和校园文化吸引了众多世界顶级科学家和学者在此任教，爱因斯坦、"电子计算机之父"约翰·冯·诺依曼、华裔诺贝尔奖获得者李政道、杨振宁都曾是普林斯顿大学的教职人员。

普林斯顿大学学生课外生活绚烂多姿，共有200多个学生组织，拥有诸多音乐团体，例如管弦乐队、合唱队、爵士歌舞团等，为具有各种音乐才能的学生提供展示自己的舞台。体育社团约有40个，几乎一半以上的本科生参加过校际体育比赛。

★普林斯顿大学的录取过程极其严格，是美国大学录取最为严格的学校之一。

★知名人物：普林斯顿培养出了美国总统詹姆斯·麦迪逊、约翰·肯尼迪、伍德罗·威尔逊，以及作家尤金·奥尼尔、菲茨杰拉德等众多名人。

耶鲁大学
Yale University

地图编号：3

耶鲁大学创建于1701年，位于康涅狄格州纽黑文市，主要由耶鲁学院、文理研究生院、职业性学院三个部分组成。

耶鲁大学是美国最早设立人文和艺术学科的大学之一，拥有众多人文科学方面的人才。其英语系、历史系和法律学院常常在美国各种大 学排名中位居第一，哲学系的师资力量也相当雄厚。耶鲁的骄傲——惠特尼人文科学研究中心成立后，耶鲁 更是成为美国高等教育界人文科学研究的高地。

长久以来，耶鲁被认为是领导者的摇篮，在政治、经济、文化领域为美国培养了众多优秀人才。现在，耶鲁大学开始努力在全球建立伙伴关系，为世界各地的各行各业培养领军者。

该校的住宿学院颇具特色，每个学院的学生都有自己独立的建筑，而且各种配套设施很完善。

★耶鲁大学的本科教育举世闻名，在研究型大学中难能可贵。

★知名人物：美国总统威廉·塔夫脱、杰拉尔德·福特、老布什、克林顿、小布什，现任美国国务卿希拉里都曾在耶鲁学习。

图片 Princeton University、Yale University 提供

哥伦比亚大学
Columbia University

地图编号：4

哥伦比亚大学位于纽约市曼哈顿，初名国王学院，于 1754 年依据英国国王乔治二世颁布的《国王宪章》而成立，美国独立后为纪念哥伦布发现美国大陆而改为现名。哥大致力于“以一流的水平教授世界普及的教育课程……通过大学的学习经历，使学生今后能在知识的海洋中不断探索。”

哥伦比亚学院是该校历史最悠久的学院，也是美国最早进行通才教育的本科生院；该校的教育学院、医学院、法学院、商学院、新闻学院等职业型学院也都位居美国乃至世界前列。

★新闻界最高奖项普利策奖的诞生地。

★知名人物：美国总统西奥多·罗斯福、富兰克林·罗斯福、奥巴马、联合国前秘书长加林、“股神”沃伦·巴菲特、Google 前中国区总裁李开复、诗人徐志摩都曾就读于哥伦比亚大学。

加州理工学院
California Institute of Technology

地图编号：5

加州理工学院（常常缩写为 Caltech 或 CIT）位于加利福尼亚州巴萨迪那市，于 1891 年由当地商人和政治家 Amos G. Throop 创办，初名 Throop 大学，后于 1921 年正式定名为加州理工学院。加州理工学院没有设置学院，分为六个学系：生物学、化学及化学工程系、工程与应用科学、地质学及行星学、人类学和社会科学、物理数学和天文学。其学科教育样样都位居美国前列，尤其是物理、行星科学、地质学，在全美首屈一指。

加州理工学院是美国精英学府的典范，奉行“宁缺毋滥，精益求精”的原则，始终致力于“为教育事业、政府机构和企业发展培养急需的具有创新才能的科学家和工程师”。学校规模较小，现有本科与研究生共 2000 人左右。学校自创办至今近 120 年间培养了 2 万多名学生，一些大型学府的现有在校生可能都会超过这个数字。学校对学生要求严格，治学严谨，鼓励学生从进校之初就积极参与科学研究。学校师生共有 27 位诺贝尔奖得主、40 位国家科学奖得主。

★加州理工学院的最大教育特色就是“小而精”。

★知名人物：爱因斯坦、火箭专家冯·卡门曾执教于此，英特尔公司创始人戈登·摩尔、中国导弹专家钱学森等均毕业于此。

图片 Columbia University、California Institute of Technology 提供

麻省理工学院

地图编号：6

Massachusetts Institute of Technology

麻省理工学院（简称 MIT）位于马萨诸塞州剑桥市，于 1861 年由威廉・巴顿・罗杰斯创建。他致力于建立一种适应美国工业化发展的新型大学，因此该校自创建之日起一直都很重视科学技术的研究，在大学高科技和高等研究方面堪称领军者，有“世界理工大学之最”的美称。

除了理工科学类学科与专业以外，该校在人文与社会科学领域也处于世界领先地位。在泰晤士报 2009 年的世界大学专业排名中，该校的社会科学类位居全球第 12，人文与艺术类位居全球第 27。

★为了帮助学生缓解压力，适应麻省理工的校园生活，新生第一学期的成绩不实行字母打分制，只粗略地分为“通过”与“不通过”。

★知名人物：联合国前秘书长安南、诺贝尔经济学奖得主奥利弗・威廉姆斯、华裔诺贝尔物理学奖得主丁肇中都是该校的著名校友。

斯坦福大学

地图编号：7

Stanford University

斯坦福大学于 1891 年由利兰・斯坦福夫妇为纪念其死去的儿子而创建，位于美国加利福尼亚州斯坦福市。

斯坦福大学创建后很长一段时间内都默默无闻，其真正崛起是在 20 世纪 70 年代以后。斯坦福市原本比较荒凉，该校的面积多达 8000 多英亩，于是 Frederick Terman 提出构想将学校土地以低廉的价格租给工商企业，同时要求这些企业为学校提供一些实习机会和研究项目。后来企业的发展已经超出校内工业园区的范围，越来越多的企业落户于斯坦福大学附近，形成了世界尖端科技的诞生地——“硅谷”。

斯坦福大学是一所私立研究型大学，学校教育以研究生和博士生为主，本科主要招收文理科相关专业的学生。该校的教育学、工程学院、商学院、法学院等研究生院都是美国最为顶尖的职业型研究生院。

★ 得益于硅谷优势，斯坦福大学极为强调将学习与实践相结合，学生有丰富的机会到周边企业实习，这是斯坦福大学的突出优势。

★知名人物：日本首相鸠山由纪夫、麻生太郎，Google、Nike、Yahoo、Cisco 等著名企业创始人均是该校校友。

芝加哥大学

地图编号：8

University of Chicago

芝加哥大学位于伊利诺伊州芝加哥市，于 1890 年由石油大亨约翰・洛克菲尔投资创办，其助手哈珀成为学校的首任校长，并立志要在短时间内将其建造为一所与哈佛和耶鲁相比肩的大学。

芝加哥大学的本科教育由生物科学系、人文学科系、自然科学系、社会科学系和新大学学院五个组成部分。研究生教育包括 4 个研究生院和 7 个职业性研究生院。芝加哥大学在许多学科领域都具有重要影响，尤其是在经济学、社会学领域。

★ 芝大鼓励师生善于提问，敢于质疑，大胆创新，认为“明辨之路是争论，而非顺从”。

★知名人物：美国总统奥巴马、教育哲学家 J・杜威等曾在此任教；国民党前主席连战曾在此求学。

图片 Massachusetts Institute of Technology、Stanford University、University of Chicago 提供

宾夕法尼亚大学 University of Pennsylvania

地图编号：9

宾夕法尼亚大学是美国著名的私立研究型大学，位于宾夕法尼亚州的费城中心附近，是由本杰明·富兰克林于1740年创建的，是美国第四古老的高等教育机构。学校秉承富兰克林积极探索、追求知识的精神，鼓励教师和学生无论是在理论还是在实践中都能在知识的海洋中遨游，提倡打破传统观念与学科界限。

宾夕法尼亚大学规模庞大，学术一流。沃顿商学院常常位居美国商学院的前三，其护理学院也是美国最优秀的护理学院之一。

★该校在跨学科教育方面堪称美国大学的领军者，拥有诸多跨学科专业以及双学位教育，学校还设有一些跨学科研究机构。

★知名人物：美国总统威廉·哈里森、特朗普集团主席唐纳德·特普朗、杜邦首任总裁尤金·杜邦、建筑家和诗人林徽因都是宾夕法尼亚大学的杰出校友。

杜克大学 Duke University

地图编号：10

杜克大学位于美国东南部的北卡罗莱纳州达勒姆，是由当地的烟草大亨 James Buchman Duke 为纪念他的父亲老杜克而于1838年创建的一所私立大学。

杜克大学下设1个文理学院和9个职业型研究生院，分别为商学院、神学院、工程学院、环境学院、法学院、医学院、护理学院和公共政策学院。其在科学研究上鼓励老师和学生进行跨学科研究，不同学科领域的专家学者常常会聚在一起讨论问题。杜克大学是一所非常国际化的大学，学生来自全球90多个国家和地区，学校本部共有2000余名留学生。

★杜克在全球各个国家和地区共设有40多个国际校友会，方便毕业生与校友联络。

★知名人物：美国总统尼克松、世界首富比尔·盖茨的夫人梅琳达·盖茨、美国通用汽车董事长瓦格纳、“债券之王”比尔·格罗斯都曾在此就读。

达特茅斯学院 Dartmouth College

地图编号：11

达特茅斯学院于1769年由 Eleazar Wheelock 创办，隶属常春藤名校联盟。学院坐落于新罕布什尔州的汉诺威 (Hanover) 小镇，占地269公顷，教学设备先进、设施齐全、科研教学力量雄厚，是一所历史悠久、有着优良文化传统的现代化综合性私立大学。

目前，达特茅斯学院包括文学院、达特茅斯医学院、塞耶工学院和塔可商学院这几个学院，共有学生5987人，其中有本科在校生4196人。

该学院实行一种叫“达特茅斯计划”的学制，一年分四期。学生可以任选三期在校学习。这就使得许多学生可以更灵活地安排自己在校或到外校，甚或外国去短期学习的时间。

★知名人物：曾两次担任美国国务卿的著名政治家丹尼尔·韦伯斯特、美国前副总统纳尔逊·洛克菲勒、知名少儿读物丛书《苏丝博士》的作者戈色尔·苏丝都是该校校友。

图片 东方IC、Duke University、Dartmouth College 提供

西北大学

地图编号：12

Northwestern University

西北大学建立于1851年，是一所私立研究型大学。西北大学拥有三个校区，两个位于密歇根湖湖畔，主校区位于伊利诺伊州小镇艾文斯坦；医学院、法学院、商学院等设立在芝加哥市区；另外一个校区位于卡塔尔的多哈市。

西北大学下设9个学院，分别为文理学院、交流学院、教育及社会政策学院、工程及应用科学学院、新闻学院、法学院、商学院、医学院以及音乐学院。西北大学的本科教育历来广受好评，位居美国顶级本科教育之列；研究生教育中，其商学院常常排名美国前5，法学院常常位居前10。

★西北大学是美国全国大学体育协会十大联盟高校之一。

★知名人物：诺贝尔文学奖获得者索尔·贝娄、美国前国务卿威廉·珍宁斯·布莱恩为该校校友。

约翰·霍普金斯大学

地图编号：13

Johns Hopkins University

约翰·霍普金斯大学建立于1876年，位于马利兰州的巴尔的摩，是遵照银行家约翰·霍普金斯的遗嘱而建立的，并因此而得名。

霍普金斯大学积极开拓创新，在许多方面都采取了开创性举措，极大地推动了美国教育的完善和发展。霍普金斯大学是最早设立大学护理学院的美国高校之一；是美国大学在医学院进行研究生教育的鼻祖；也是呼吁在大学开展成人教育的倡导者，同时还是美国大学中最早建立公共卫生学院的院校。

霍普金斯大学学术一流，尤其是在医学与公共卫生领域，更是享誉全球。该校的医学院是美国最为顶尖的医学院之一，常常与哈佛医学院齐名。霍普金斯的本科毕业生攻读研究生的比例极高，约有2/3的学生都会进入研究生院或各种职业型学院。

★知名人物：美国总统伍德罗·威尔逊、两弹一星国家元勋陈能宽、百事可乐CEO兼主席Allan Huston、土豆网创始人兼CEO王微等。

圣路易斯华盛顿大学

地图编号：14

Washington University in St. Louis

圣路易斯华盛顿大学创办于1853年，坐落于密苏里州的圣路易斯市，是所男女同校、无宗教联系的私立研究型大学，同时也是美国最负盛名的私立大学之一。

圣路易斯华盛顿大学包括7个研究生和本科生院，涵盖大部分的学术领域。目前，学校学生总人数为13995人，其中本科生为5997人。

该校本科教育在全美排名第14，其中有19个本科课程排名在全美十强之列。2011年，该校的法学院在全美排名中位列第18名，而奥林商学院则排在20名。另外，该校的建筑设计及城市规划研究生院在Design Intelligence公布的数据中被评为“全美最好的建筑设计学校”。

★历史上共有22位和圣路易斯华盛顿大学有关的师生获得了诺贝尔奖，其中包括1927年物理学奖获得者阿瑟·康普顿以及1993年经济学奖获得者道格拉斯·诺斯。

★知名校友：美国剧作家田纳西·威廉姆斯、香港科技大学创校校长吴家玮、中国古人类学创始人吴汝康。

图片 Northwestern University、Johns Hopkins University、Washington University in St. Louis 提供

布朗大学
Brown University

地图编号：15

布朗大学创建于 1764 年，是新英格兰地区第三所最为古老的大学，也是美国七所最为古老的大学之一。布朗大学的教纲独具特色，学生参与部分教纲的制定。1969 年，学校校长 Francis Wayland 决定实行教纲改革，每个学生都能够很大程度上地规划自己的学习课程。学校不设必修课，学生可以自行选择喜欢的课程进行学习，享受充分的自主权。布朗大学非常受学生的欢迎，是美国大学中学生幸福指数最高的大学之一。通常情况下，布朗大学的本科录取比例为 9%~10%，研究生录取比例接近 20%，2008 年布朗大学的研究生录取比例为 18%。

★ 布朗大学是常春藤联盟中第一所接受任何宗教背景学生的学校。

★ 知名人物：肯尼迪总统之子小约翰·肯尼迪、卡特总统之女艾美·卡特、电影《哈利·波特》女主角艾玛·沃特森、美剧《英雄》的男主角之一 Masi Oka。

康奈尔大学
Cornell University

地图编号：16

康奈尔大学由企业家埃兹拉·康奈尔和学者安德鲁·怀特于 1865 年创建，是常春藤联盟中创办最晚的一所大学。学校主校区位于纽约州的伊萨卡，另外在卡塔尔以及纽约最繁华的曼哈顿也都设有校区。伊萨卡主校区现有本科生学院、研究生学院、职业型研究生院等共 11 个学院，学生近 2 万人，来自世界 120 多个国家和地区。

康奈尔大学在教育中力求文理并重，培养学生全面发展。其在美国率先实行学生自行选修课程的办法，充分尊重学生自己的兴趣和爱好。本科生只需在刚入校注册时选择一门主修课程，并按照要求完成主修课程，其他课程均可自行选择。

★康奈尔大学是美国大学的“平等先锋”，是最早明确在录取标准中反对种族和性别歧视的大学之一，也是常春藤联盟中最早招收女生的大学。

★知名人物：诺贝尔文学奖及普利策奖得主赛珍珠、诗人徐志摩、“超人”扮演者克里斯托弗·里夫都曾在此学习和生活过。

莱斯大学
Rice University

地图编号：17

莱斯大学创办于 1912 年，坐落于得克萨斯州的休斯顿市，占地 295 公顷，是一所著名的综合研究型私立大学，曾与杜克大学、弗吉尼亚大学齐名，号称南方哈佛。

莱斯大学以其精英的本科教育著称，其工程、管理、科学、艺术、人类学等学科十分出名，物理、英语、历史、考古学等专业非常受学生们欢迎，工程、医学预科的录取率极低，竞争激烈。

莱斯大学采用小班制教学，校园生活十分轻松自在，师生关系和谐，在学生的晚会、会餐和体育活动中经常可以见到教授们的身影，学生对教授的评价也很高。

莱斯大学教学水平出色，但学费低廉，这在美国大学中独树一帜，因此吸引了一大批学子前来求学。学校现有本科生 3708 人，研究生 2374 人。

★莱斯大学的知名校友包括 Halliburton 的前公司 CEO Thomas H. Cruikshank。除此之外，很多德州政要也都毕业于该校。

图片 Brown University、Cornell University、Rice University 提供

范德堡大学
Vanderbilt University

地图编号：18

范德堡大学创立于1873年，位于美国南方田纳西州的首府纳什维尔市。在过去的一百多年中，范德堡大学由一个过去专收美国南部富豪及大地主子女们的私立贵族学校，成长为一所财力雄厚资源丰富，在美国各界有着广泛影响力的知名高校。

范德堡有4个本科学院和6个研究生院，本科阶段有70多个专业，且许多专业在相应领域具有很大的影响力。在2012年版的U.S. News & World Report排名中，该校的法学院位列全美排名第16位，医学院位于第15位，而护理学院，工程学院以及管理学院在排名榜上都在50强之列。

★范德堡大学历史上人才辈出，曾培养了两位美国副总统，以及诸多州长和参众两院议员。2006年诺贝尔和平奖得主孟加拉国银行家默罕默德·尤努斯也是该校校友。

圣母大学
University of Notre Dame

地图编号：19

圣母大学创建于1842年，是一所私立天主教大学，同时也是一所研究型大学，位于美国印地安纳州圣母地区。在创建伊始，圣母大学是一所男校，这一传统一直延续到1972年，学校才开始招收女生。现在，学校里女生的比例约为47%。

圣母大学的一些学科具有很强的科研学术实力，如法学、政治学、社会学、政治经济学、经济伦理学、逻辑学、商学、会计学、历史、哲学、英语和医学等在相应领域有较大的影响力。

★圣母大学拥有全美最大的校友网络，有275个校友俱乐部，19万校友，遍布全球。

★圣母大学的知名校友包括美国前国务卿赖斯在内的众多美国政要，同时，学校也囊括了诸如诺贝尔奖获得者Eric F. Wieschaus在内的科学巨匠。

埃默里大学
Emory University

地图编号：20

埃默里大学创办于1836年，坐落于美国南部佐治亚州的亚特兰大市，依靠国际商业大财团可口可乐董事会的巨额资本，埃默里大学奠定了其世界性学术殿堂的地位。

埃默里大学设有艾默理文理学院、牛津学院、罗琳斯公共卫生学院、医学院、法学院、Nell Hodgson Woodruff护理学院、Laney研究院、Candler神学院、以及Goizueta商学院，另外还有40多个研究所和研究中心。

目前，埃默里大学共有本科生7441人，研究生及进修生6452人（2011年秋季生）。在本科阶段，学校要求所有本科生在前两年住校，而在后两年则可以选择搬出学校走读。学校的各类社团及校园活动是该校的一大特色。

★美国第三十九任总统、2002年诺贝尔和平奖获得者吉米·卡特，现为艾默理大学教授；华裔美国作家哈金，曾在埃默里大学教授诗歌和小说创作。

图片 Vanderbilt University、东方IC、Emory University 提供

地图编号	大学名称	地图编号	大学名称
1	Harvard University	11	Dartmouth College
2	Princeton University	12	Northwestern University
3	Yale University	13	Johns Hopkins University
4	Columbia University	14	Washington University in St. Louis
5	California Institute of Technology	15	Brown University
6	Massachusetts Institute of Technology	16	Cornell University
7	Stanford University	17	Rice University
8	University of Chicago	18	Vanderbilt University
9	University of Pennsylvania	19	University of Notre Dame
10	Duke University	20	Emory University

图片 GettyImages 提供

The Popularity of Going to the US for Post-grad Study

赴美读研的N个理由

中国每年都会有大量学生出国留学，最受中国学生欢迎的当属美国。许多本科生在毕业后纷纷搭上前往美国研究生院的飞机继续深造，甚至还有不少已经在国内完成研究生教育的学生也甚为期盼能够重新在美国攻读研究生，再镀一层金。为何数以万计的学生如此热衷在美国攻读研究生？

文 常雅婷

宽进严出

首先，美国研究生教育在全球居于领先地位。全球顶尖学府中美国大学占据了半壁江山，素以水平高、要求严、竞争激烈而扬名四海。"宽进严出"的标准使学生从进校之初就会严格要求自己，真正地突破自己，提高自己，以便顺利毕业，而不会像国内一样基本上不存在不能毕业之说，导致学生没有压力而蹉跎岁月。虽然"宽进严出"的标准常常会给学生带来困扰，但是这也是一把"双刃剑"，它也使得美国的学位更具含金量，更受国际社会的信赖。

美国的研究生教育体系也是世界上最为完善的，学位有学术性和职业性之分，能够将学生合理分流。学术性研究生教育则主要是为社会培养专门从事科学研究的人才；

而职业性教育主要是为各行各业培养高级应用型人才，商科、法律、教育、工程学等职业学院的学生教育都是以培养应用型人才为目标的，而且职业性研究生颇受美国学生欢迎。根据美国国家中心的2007~2008年的教育数据，职业性硕士研究生人数远远多于学术类，学生在校时接受的教育以及进行的实践基本上都是以实际应用为中心的。所有研究生中，教育学和商学专业的硕士研究生人数最多，分别达到了175880和155637个，超过一半具有硕士学位授予权的高校都有这两个专业的硕士学位授权点。这种研究生体系将学生合理分流，与社会需求相衔接。

奖学金及就业优势

与美国研究生的学位含金量相关，美国大学的研究生在求职时也具有很大的优势。他们在美国大学接受教育时，不仅可以学习专业知识，参加科研项目，还有机会到企业进行实践。不少大学都与企业建立了良好关系，为学生提供实践机会，熟悉企业经营模式，接受先进的管理与运作模式，积累宝贵经验，使学生在求职时更具竞争力，在工作时更容易胜任自己的工作。而且，在企业进行实践本身就是学生向企业展示自我的机会，如果企业对你很满意，很可能被直接留用。并且，在美国大学毕业的研究生比国内同等学位与级别的学生的毕业起薪更高。即使中国留学生毕业后不能留在美国，回国后也会具有很大优势，海外留学经历带给你的不仅仅是学术成绩，同时还有开阔的眼界、流利的英语、出色的社交能力、超群的创新力……

美国大学丰厚的奖学金也极为诱人，这一点是许多国家的大学教育无法相比的。美国大学的研究生教育实行成本分摊，学校、社会公众、学生家庭、学生本人等多方参与，共同承担。学校和一些校外组织和个人都会为学生提供多种多样的奖学金，研究生相比本科生而言获得奖学金的可能性更大，尤其助教、助研类奖学金更是以研究生为发放主体。

此外，美国本国也具有很大的吸引力。美国是世界经济最为发达的国家，在科技、文化、艺术等多个方面都处于世界领先地位，有着培养人才的良好环境。

准备研究生申请

准备留学美国攻读研究生将是一个漫长的过程，如果你准备本科毕业后直接留美的话，也许从你刚刚踏入大学的那一刻起，你就要开始为此而付诸行动了。准备GRE/GMAT/ LSAT/ MACT以及其他材料并不需要从大一就开始，在大三暑期完成考试就可以了。如果想在美国学习研究生课程，美国研究生的入学考试是必需。攻读美国大部分专业的研究生，学生都需要参加GRE考试，哈佛等一些著名学府的商学院现在也接受GRE成绩；想要学习商科的学生需要参加GMAT考试；想要学习法律的学生需要参加LSAT考试；想要攻读医学专业研究生的学生需要参加MACT考试。

但是在此之前你需要先了解其他相关的留学信息，确定好专业和研究生类型。而且你还需要参加课外活动尤其是与专业相关的课外活动，这代表着你对专业的兴趣与探索，如果你能取得一些成果将更佳，这些对你的美国留学之路将颇有帮助。如果你想攻读学术性研究生，那么最好与你的本科专业保持一致或相关，学术类研究生招生时一般不喜欢没有足够专业背景的学生，他们希望学生的专业兴趣能够始终如一，例如石油工程的研究生专业招生就喜欢本科学习机械工程的学生。但是，职业性研究生相对来说对专业的要求会宽松一些。

谨慎择校

选择学校对学生来言，无疑是一件无比纠结的事情，你需要了解学校和专业信息，不断地权衡比较，并结合自己的兴趣、家庭情况等多方面因素最终做出这个重大决定。

想要了解学校排名的综合排名及某个专业的排名，你可以参考美国新闻与世界报道、普林斯顿等一些大型机构进行的调查排名。这些排名依据不同的标准，师资比例、学生人数、学校设施、教授人数、毕业去向、薪资待遇等等，既有综合性的，也有分门别类的。因此，这些标准只是一个依据，你需要有自己的标准，以免自己更为迷茫。

自己感兴趣的学校的招生政策和往年招生信息对申请者来说，是不能不了解的信息，这直接关系到你是否适合这所学校，是否具有优势，是否容易申请奖学金等等。另外，学校地理位置、学校特色等也很重要。是喜欢繁华的大都市，还是相对优美宁静的郊区？你所选专业各个学校的班级规模怎样？学校是否会为学生提供充足的实践机会和研究机会？不同学校有不同的校园文化和教育特色，所以在选择学校时，声誉与学术实力固然重要，但是适合自己的才是最好的。

图片GettyImages提供

Introduction to MBAs

MBA简介

文 常雅婷

MBA全称为Master of Business Administration，即工商管理硕士，是一种培养优秀的中高级工商管理人才的专业硕士学位。

它起源于美国，是随着19世纪末20世纪初美国的工业化发展，满足企业寻求科学的管理方法的需求而产生的。MBA最早诞生于哈佛大学，之后迅速在其他大学和国家发展。直到现在，美国的MBA教育依然享誉世界，在各大机构发布的世界MBA排名中，跻身国际排名中的美国MBA项目远超过其他国家的MBA项目，占据了压倒性的优势。例如，2012年Financial Times的全球MBA排名前100中，美国的MBA项目有50余个位居排名之中。

作为一种典型职业性硕士学位，MBA具有一些突出特点：旨在培养务实型、复合型和应用型高层次管理人才；招生大多要求具备一定的工作经验；与一般的研究生教育

图片 GettyImages 提供

相比，更为注重实用性，会在学习中通过商业案例分析与讨论、实战观摩、分析与决策技能训练等培养学生的实际操作技能；MBA 校友人脉常常可以给学生带来更多的机遇与优势。

一般来说，美国的 MBA 项目学制大多为两年，也有部分 MBA 项目是弹性学制，提前修完课程可以提前毕业，甚至有些 MBA 课程是 1 年学制。MBA 项目的招生对学生本科专业一般没有要求，学生的专业背景比较多元，例如哈佛商学院 2011 年学生中，本科专业为商业管理的有 23%，本科为工程 / 自然科学 / 技术类学科的学生达到 33%，人文与社会科学专业的学生达 43%，另有 1% 的学生为其他特殊专业。对于两年制的 MBA 项目，学生第一年学习必修课程，包括金融、营销学、运营、管理学、运营管理学、人力资源等。在此过程中不仅要培养实际分析和解决问题的技巧，还要掌握交际与写作技能，建立持续而稳定的人际关系。第二年是选修课，学生可以从众多科目中选择自己比较感兴趣的领域，进行更为集中和深入的研究，例如运营策略、企业发展、投资管理等等。

在教学方法上，美国 MBA 项目在教学中强调“案例研究”有着悠久的传统，哈佛商学院在创建 MBA 项目之初就颇为重视实际案例的研究。许多 MBA 项目会要求学生课下分组完成作业，就一些企业很可能会面对的问题进行小组讨论和分析，各自负责一定的内容，最后提出自己的看法和解决方案，并在课堂上使持有不同观点的双方进行辩论，以便更为深入地剖析和探讨。当然，也有一些学校会侧重地进行一些学术和理论基础的传授，这种观点和模式最早由芝加哥大学商学院在上个世纪 50 年代提出，因此也称“芝加哥模式”。目前，大多数商学院在教学中会将这两种教学方式相互结合，并逐渐发展出来角色扮演（role-playing）、管理游戏和模拟（managing games and simulation）、邀请商界名流或公司高管来校开设讲座或课程。

近年来，MBA“热浪”漫卷全球，多种 MBA 排名应运而生，并常常被视为选择 MBA 项目和商学院时的重要参考。目前，较为权威一些的 MBA 项目排名有：《金融时报》（Financial Times）、《经济学人》（The Economist）、《新闻周刊》（News Week）、《泰晤士报》（Times）、《华尔街日报》（The World Street Journal）等发布的排名。

各大排名的排名依据和方法虽然会有所差异，但一般都会将校友的薪资和工作状况视为一个重要衡量标准。比如《经济学家》关注的是毕业生当年的职业机会，就读 MBA 前后的薪资增长情况；《金融时报》则考察已经毕业三年的校友的工作晋升和薪资情况；《商业周刊》依据的是即将毕业的学生及雇主的反馈；而《华尔街日报》则是直接依据雇主对校友工作情况的反馈。

除了毕业校友的工作情况之外，学生对各个商学院和 MBA 项目的满意度及看法、商学院及 MBA 项目的国际化和多元化程度、学院的研究实力和智力资本等因素也会成为排名的重要依据。

在各大排名中，《金融时报》的全球 MBA 排名常常被视为最为权威的排名，因此我们采用了《金融时报》发布的最新的 2012 全球 MBA 项目前 100 排名，从中选出美国 MBA 项目前 50 排名。该排名每年一次，参与选评的各大商学院有四个基本前提：得到了 AACSB、Equis 或者 Amba 国际机构的认可；开设全日制 MBA 项目至少已有四年时间；第一届 MBA 毕业生至少已有三年，每年至少有 30 名学生。该排名的三大依据标准：毕业生的职业发展情况、商学院和 MBA 校友的国际化程度以及研究实力。

需要指出的是，无论是任何一种排名都只能是您作为选择学校的参考，而不是标准。能够上榜的商学院都是非常优秀的商学院，你需要登录各个商学院的网站了解其详细信息，以便选出最适合自身需求的 MBA 项目。

图片 GettyImages 提供

美国 MBA 排行榜 Ranking of MBA Schools in the US

2012 排名	商学院	2008 届 MBA 毕业生当前平均年薪（美元）	校友当前平均年薪（美元）	就读 MBA 前后薪资涨幅（%）	毕业三个月内就业率 (%)
1	Stanford Graduate School of Business	191,657	192,179	129	92
2	Harvard Business School	177,876	178,249	122	93
3	University of Pennsylvania: Wharton	176,299	172,353	120	85
4	Columbia Business School	171,647	166,497	131	91
5	MIT: Sloan	158,083	157,337	120	92
6	University of Chicago: Booth	154,449	152,585	109	89
7	University of California at Berkeley: Haas	143,935	146,811	91	91
8	Duke University: Fuqua	138,020	139,405	108	88
9	Northwestern University: Kellogg	146,136	145,834	96	94
10	New York University: Stern	135,234	134,093	115	91
11	Dartmouth College: Tuck	153,252	151,182	111	94
12	Yale School of Management	143,402	142,455	124	91
13	Cornell University: Johnson	144,025	141,727	116	85
14	University of Michigan: Ross	128,589	129,649	101	86
15	UCLA: Anderson	135,023	136,331	108	86
16	Carnegie Mellon: Tepper	133,248	132,325	109	88
17	University of Virginia: Darden	136,328	134,936	109	92
18	Emory University: Goizueta	124,812	124,832	111	94
19	Georgetown University: McDonough	123,952	123,290	107	88
20	Rice University: Jones	118,617	118,617	117	92
21	Indiana University: Kelley	111,950	113,217	118	90
22	Pennsylvania State University: Smeal	109,114	109,114	125	78
22	University of Rochester: Simon	112,992	112,992	129	89
24	Texas A & M University: Mays	108,606	108,606	134	93
24	University of Texas at Austin: McCombs	121,011	121,170	93	89
26	University of North Carolina: Kenan-Flagler	117,411	118,959	92	85
27	University of Illinois at Urbana-Champaign	105,726	105,726	117	90
28	University of Maryland: Smith	109,375	109,375	92	82
29	Purdue University: Krannert	103,304	103,304	112	89
30	Washington University: Olin	106,687	106,668	105	94
30	Vanderbilt University: Owen	114,362	114,265	101	83
30	University of Southern California: Marshall	116,246	121,060	94	89
33	Hult International Business School	100,747	100,631	95	88
34	Ohio State University: Fisher	105,426	105,426	113	92
35	Boston College: Carroll	109,440	109,440	95	85
36	University of Minnesota: Carlson	108,994	108,994	96	88
37	University of Washington: Foster	109,088	109,088	90	91
38	Georgia Institute of Technology	110,118	110,118	86	95
38	Wisconsin School of Business	108,990	108,990	109	91
40	Michigan State University: Broad	98,784	98,784	101	84
40	Boston University School of Management	106,879	106,762	98	87
42	George Washington University	104,814	104,814	104	85
43	Wake Forest University: Babcock	108,737	108,737	127	91
44	University of California at Irvine: Merage	99,333	99,333	97	92
45	University of Pittsburgh: Katz	88,783	88,783	137	84
46	University of Notre Dame: Mendoza	106,341	106,171	104	87
47	Northeastern University	93,824	93,824	112	95
48	Thunderbird School of Global Management	99,707	100,803	89	52
49	University of Iowa: Tippie	92,978	92,978	128	88
50	University of South Carolina: Moore	93,053	93,053	105	74

资料来源：Financial Times——Global MBA Rankings 2012

Why Choose the US to do an MBA?

为何选择 MBA？

更好的薪资待遇

感觉自己的发展到了一个瓶颈，依据自己目前的情况，很难有大的突破和进展，却又渴望有似锦前程和良好待遇，那么，不妨考虑一下 MBA 项目。

虽然，读 MBA，尤其是在国外读 MBA 项目是项不小的支出，而且这种投入也不可能在毕业后立刻就能收回，但是 MBA 学生的毕业起薪的确要比就读前高出许多，例如根据《金融时报》2011 全球 MBA 排名中的数据，宾夕法尼亚大学沃顿商学院 MBA 项目毕业生的起薪平均要比学习该项目前提高 123%。

当然，MBA 项目的学习带给你的不仅是起薪的增加，对你的长远发展也会大有裨益。根据 GMAT 考试的官方组织 GMAC 在 2010 年进行的《2011 校友前景调查报告》，2010 年接受调查的校友中 93% 的人都找到了工作；并且商学院毕业校友对其所接受的教育都有很高的评价，认为商学院的教育对其所选择的职业发展做了很好的准备，并为其获得更快更好的职业发展提供了宝贵机会。

丰富的人脉资源

丰富的人脉资源当是 MBA 项目所能带给你又一重大收获，也是许多人选择攻读 MBA 项目的一个重要原因。两位剑桥 MBA 校友曾说，读 MBA 对他们来说最大的收获是能够认识很多人建立丰富的人脉资源。学习 MBA 的学生一般都是有过 3 年以上工作经验的，许多人在学习 MBA 之前都已经是公司或企业的中高级，有了这样一种人脉，相信无论对你将来创业，还是在其他公司和企业任职都会大有裨益。而且，许多商学院都有覆盖全球重要地区的校友会组织，并会很积极地举办各种校友活动，促进校友之间的交流和联系。

良好的职业转型跳板

工作一段时间之后，很多人都会感觉当前的工作不适合自己，或者是认为当前工作无法为其带来理想的发展，想要寻求更好的职业发展方向，但是如果你没有相关工作经验，在寻找工作的时候又很难被聘用，于是不少人会选择攻读 MBA。

能力的全面提升

在 MBA 教育中，能力的提升当是非常重要的一部分。大部分美国 MBA 教育除了帮助学员建立全面的知识结构外，还会有丰富的案例研究与分析，会有堆积如山的案例资料，写不完的案例分析。MBA 项目常常以许多实际工作中将会出现的问题为案例，让学生提出自己的解决方案，并互相讨论或辩论，在此过程中培养学生的管理和领导能力，协调能力以及思维方式等等。同时，MBA 教育中还会有许多实战观摩、分析与决策技能训练，以及实际操作技巧的训练。这种理论与实践相结合的教育方法，对学生整体能力的提升都会有很大的帮助。

国际化视野

此外，攻读 MBA，尤其是在国外攻读 MBA，还有利于学生拓宽国际视野，了解异国文化。美国 MBA 项目无论是学生还是老师常常都来自于不同的国家、民族，有着不同的文化背景，美国顶尖商学院的学生大都来自世界几十个国家，是一个真正国际化的集体。例如，哈佛商学院的 MBA 项目中 30% 的学生都来自于海外。这种多元化的学生群体使得在进行日常的案例讨论时，大家可以互相分享自己独特而有深度的见解，并在相互讨论和交流中碰撞出思想的火花。而且，不少商学院还提供海外学习，学生有机会在一段时间内到其他国家做交换生或者进行实习。同时，作为世界上最为发达的国家，在美国攻读 MBA 还可以让你更快地接受国际信息和新潮理念。

图片 GettyImages 提供

Top 50 MBA Programs & Business Schools
MBA项目前50介绍

1. Stanford Graduate School of Business
斯坦福大学商学院位于加州Stanford市，是在校友赫伯特·胡佛（后成为美国总统）的倡导下于1925年创立的。学院现有教师106人，其中包括3名诺贝尔奖得主。斯坦福大学商学院在强调实际管理经验的同时，也很注重金融、经济、市场等理论性的研究。其全日制MBA项目为期两年，共有750名左右的在校生。招生对工作年限没有绝对的要求，但2010年入校生的平均工作年限为4年。

全日制MBA概况：
学杂费 51,321美元/年
录取率 7%
国际学生比例 33%
学生平均工作时间 48个月

2. Harvard Business School
哈佛商学院位于马萨诸塞州Cambridge市，被誉为培养企业人才的“西点军校”。其MBA项目诞生于1908年，是世界MBA教育的鼻祖。哈佛商学院MBA项目在教育中非常重视“实例研究”，这也是哈佛商学院的一大创举，对全球MBA项目的教育都影响深远。2011年共有9524人申请哈佛MBA项目，903人被录取。

全日制MBA概况：
学杂费 112,400美元
录取率 11%
国际学生比例 33%
其中学生GMAT成绩 550~790 平均分：730
学生平均工作时间 42个月

3. University of Pennsylvania: Wharton
宾夕法尼亚大学沃顿商学院位于宾州费城，建立于1881年，是世界上第一个学院式的商学院，同时也是世界上教师出版著作最多的商学院之一。在校本科生、MBA学生、EMBA学生以及博士生共4800余人，其中MBA学生为1690人。2010年MBA入校生共817人，申请者人数达到6819人。

全日制MBA概况：
学杂费 110,361美元
国际学生比例 37%
其中学生GMAT成绩 540~790
平均分 720
学生平均工作时间 40个月

4. Columbia Business School
哥伦比亚大学商学院位于纽约市，是全球顶级金融中心以及众多跨国公司的总部所在地，这种先天优势，为商学院的学生提供了无限可利用的各种资源。哥伦比亚大学的全日制MBA是世界最佳MBA项目之一，拥有一批国际知名教授，开设荣誉主修课程，以及上百种颇有创新性的选修课程。另外，其MBA项目还与世界其他著名研究生学院合作提供10个双学位MBA项目。

全日制MBA概况：
学杂费 99,456美元/年
录取率 15%
国际学生比例 40%
其中80%学生GMAT成绩 680~760

5. MIT: Sloan
麻省理工学院斯隆管理学院位于马萨诸塞州Cambridge市，学院先后有3位教授获得诺贝尔奖。学院MBA项目将案例研究、团队合作项目、授课、实例讨论、企业高层的互动、动手实验课程相互结合，着力为学生提供世界顶尖商业技巧和真实商界体验，为学生未来在商界的发展奠定基础。2010～2011年共有4779名学生申请MBA，最终仅有401人入学。

全日制MBA概况：
学杂费 97,300美元/年
国际学生比例 45%

图片 University of California at Berkeley Haas 提供

其中 80% 学生 GMAT 成绩 680~760
学生平均工作时间 60 个月

6. University of Chicago: Booth

芝加哥大学 Booth 商学院成立于 1898 年，是全球建校最早的第二个商学院，主校区位于芝加哥，在新加坡和英国伦敦都设有校区。Booth 商学院自创建时就秉承培养全球商界领导者的培养理念，现提供一系列的 MBA 项目：全日制 MBA、晚间 MBA 和周末 MBA，以及 EMBA 项目。

全日制 MBA 概况：
学杂费 50,900 美元 / 年
录取率 24%
国际学生比例 35%
学生平均工作时间 40 个月

7. University of California at Berkeley: Haas

Hass 商学院位于加州伯克利，成立于 1989 年，是美国公立大学中的第一所商学院，致力于培养创新性的商界领袖，能够产生新理念，并将其运用于商业实战之中。Hass 商学院拥有一大批知名教授与学者，在近 15 年内产生了 2 位诺贝尔经济学奖。学院提供 6 种学位教育，现有学生 2264 名，其中全日制 MBA 学生 494 名。

全日制 MBA 概况：
学杂费 99,294 美元
录取率 12%
国际学生比例 42%
学生平均工作时间 40 个月

8. Duke University: Fuqua

杜克大学商学院位于北卡罗兰纳州 Durham，创建时间比较短，1970 年开始招收第一批学生，但是发展却极为迅速，已成为世界顶级商学院之一。Fuqua 商学院的 MBA 项目学习内容无论是在广度上还是在深度上都能满足学生的需求，在多个学科领域都拥有世界一流教师，引导学生在基本学习内容之外对一些前沿问题进行研究和探索，具备成为知名商界领袖的资质。

全日制 MBA 概况：
一年学费 45,850 美元 / 年
录取率 30.6%
国际学生比例 40%
亚洲学生比例 19%
学生平时工作时间 64 个月

9. Northwestern University: Kellogg

西北大学 Kellogg 管理学院拥有 3 个校区，每个校区都各有特色。Evanston 校区坐落在芝加哥郊区的北部，紧邻密西根湖，是真正的“城市郊区”，开设全日制 MBA 项目和部分 EMBA 项目；芝加哥校区处于芝加哥繁华金融区的中心，开设 Part-time 的 MBA 项目；迈阿密校区与 Evanston 校区一起都开设 EMBA 项目。Kellogg 商学院的 EMBA 项目还与中国香港、德国、加拿大、以色列的一些院校进行合作，共同培养国际高级管理人才。

全日制 MBA 概况：
学杂费总额 49,074 美元 / 年
录取率 19%
国际学生比例 34%
亚洲学生比例 22%
学生平时工作时间 63 个月

10. New York University: Stern

纽约大学 Stern 学院位于纽约市，至今已有 110 余年的历史。Stern 商学院在教育中有四大理念：学业优异不是源自于正确的答案而是源于提出恰当的问题；IQ 和 EQ 并重，营造一个高智力和高人际交往能力兼具的学生社区；深信独特的学院社区相互协作的价值，为学生提供丰富的担当领导角色、团队合作、参加俱乐部和社团的机遇，形成互相学习、互相帮助的文化；将纽约的活力融入到学院学术文化之

图片 东方IC 提供

中，将临近商业与文化之都纽约城的优势运用于创新之中。

全日制 MBA 概况：
每学期学杂费 21,550 美元 / 年
录取率 13.5:%
国际学生比例 32%
亚洲学生比例 15%
学生平时工作时间 60 个月

11. Dartmouth College: Tuck

达特茅斯学院 Tuck 商学院成立于 1900 年，是由 Edwards Tuck 为了纪念其父亲 Amos Tuck 而创建的，初名为 Amos Tuck School of Administration and Finance。Tuck 商学院是达特茅斯学院三所职业性学院之一，位于新汉密尔顿的 Hanover。Tuck 只提供一种学位教育——全日制 MBA 项目，规模相对其他知名商学院较小，提倡求知、协作、分享，努力丰富学生的知识，拓宽视野，提高其商业技巧与领导能力。

全日制 MBA 概况：
学杂费总额 95,670 美元
录取率 16%
国际学生比例 31%
亚洲学生比例 5%
学生平时工作时间 60 个月

12. Yale School of Management

耶鲁管理学院位于康涅狄格州纽黑文市，致力于打造商界和社会领袖者，因其独特而具有创新性的管理教育方式而闻名。2006 年，耶鲁管理学院在改革创新的历史中，又迈出了重要一步，形成“综合 MBA 课程”。该课程的一大特色在于团队教学，尤其是在核心课程教学中，这样可为学生提供多学科的视角，在宽广的背景中更好地理解复杂的管理难题。

全日制 MBA 概况：
学杂费总额 94,400 美元
录取率 14%
国际学生比例 28%
亚洲学生比例 10%
学生平时工作时间 64.8 个月

13. Cornell University: Johnson

康奈尔大学 Johnson 管理学院位于纽约州伊萨卡，成立于 1946 年。Johnson 有世界一流的师资力量，并会教会学生如何汲取身边人的优点，并将这些优点整合于自身，创造性地应对各种商业挑战。Johnson 提供 2 年制 MBA 项目、加速 MBA 项目、双学位 MBA 项目、EMBA 项目、博士教育、高层主管培训项目。

全日制 MBA 概况：
学杂费总额 94,300 美元
国际学生比例 27%
亚洲学生比例 15%
学生平时工作时间 60 个月

14. University of Michigan: Ross

密西根大学 Ross 商学院的 MBA 项目非常强调以实践行动为基础的学习方式，认为实践行动带给人的收获是案例研究、课堂学习，乃至大部分实习都无法比拟的。MBA 学生在第一年都会学习 MAP（多学科行动计划）核心课程，这也是 Ross 商学院 MBA 项目的重要组成部分，MBA 学生在 MAP 课程中会着眼于企业中的真实问题，并付诸行动，为真正的企业提供解决方案。

全日制 MBA 概况：
学杂费总额 47,989 美元 / 年
录取率 20%
国际学生比例 27%
亚洲学生比例 22%
学生平时工作时间 62.4 个月

15. UCLA: Anderson

加州大学洛杉矶分校 Anderson 管理学院位于洛杉矶，至今已有 75 年的历史。Anderson 学院为了满足不同学生的多元化教育需求，提供多种学位与非学位教育项目。其 MBA 项目第一学年教授核心商业课程——无论你将来选择

图片 东方IC 提供

什么样的工作，这些都是基本的；第二学年学生可根据自己的兴趣爱好选择课程，为自己的理想职业铺路。

全日制 MBA 概况：
学费 48,927 美元 / 年
录取率 12%
国际学生比例 30%
学生平均工作时间 58 个月

16. Carnegie Mellon: Tepper

卡耐基梅隆大学 Tepper 商学院位于宾夕法尼亚州匹兹堡，成立于 1949 年，创建后迅速攀升为全球商务管理的顶尖教育与研究中心。Tepper 商学院堪称诺贝奖经济学奖的摇篮，现已产生了 8 名诺贝尔奖金得主。其全日制 MBA 项目是顶尖 MBA 项目中班级规模最小的之一，师生比例为 1:5。较小的班级规模和高师生比例使大家彼此之间关系非常密切。

全日制 MBA 概况：
学费 52,500 美元 / 年
录取率 28%
国际学生比例 23%
学生平均工作时间 55 个月

17. University of Virginia: Darden

弗吉尼亚大学 Darden 商学院位于弗吉尼亚州沙勒斯维尔（Charlottesville）。弗吉尼亚大学的校园极具文化与历史底蕴，已被选入世界文化遗产，而全球享此殊荣的校园凤毛麟角。Darden 商学院在教育中效仿哈佛强调“案例研究”，将各种各样的商业案例带入学生的生活中。Darden 商学院拥有一流的教员，在 Princeton Review 的全球 MBA 项目优秀师资评选中荣获第一，并在 Bloomberg Businessweek 的学生满意度排名中位居第一。

全日制 MBA 概况：
学费 42,173 美元 / 年
录取率 23%
国际学生比例 30%
学生平均工作时间 52 个月

18. Emory University: Goizueta

埃默里大学 Goizueta 商学院成立于 1919 年，位于乔治亚州亚特兰大，于 1954 年开始提供 MBA 项目，1961 年引进 MBA 晚间课程，1979 年又增加了 EMBA 项目。Goizueta 商学院的全日制 MBA 项目既提供 2 年制 MBA，也提供 1 年制加速 MBA 项目，80% 的全日制学生都会参加国际化中期模块，在国外企业和公司实习，开展特色项目或到国外学习。

全日制 MBA 概况：
学费 42,400 美元 / 年
录取率 32.5%
国际学生比例 25%
亚洲学生比例 9%
学生平均工作时间 60 个月

19. Georgetown University: McDonough

乔治敦大学 McDonough 商学院建院已 50 余年，位于首都华盛顿特区中心。学生在此生活和学习，不仅可以沉浸于良好的学习环境中，还有机会感受华盛顿与全球商界的紧密联系。MBA 学生第一年秋季学期学习核心课程，春季学期在学习核心课程的同时也可以学习一些自己感兴趣的选修课，第二年则完全根据自己的兴趣和需求学习选修课。Mcdonough 商学院还与其他一些知名院校合作，开设全球 EMBA 项目。

全日制 MBA 概况：
学费 45,984 美元 / 年
录取率 29 %
国际学生比例 24%
学生平均工作时间 60 个月

20. Rice University: Jones

瑞斯大学 Jones 商学院位于德克萨斯州 Houston，是由 Houston 投资公司投资建立的，成立于 1974 年。Jones 商学院 MBA 项目提供全面而富有挑战性的必修课程，同时也会提供丰富的实践机会。学院教师平易近人，经常会参加学生研讨会以及一些社交活动。

全日制 MBA 概况：
总学费 90,500 美元
录取率 31 %
国际学生比例 29%
学生平均工作时间 48 个月

21. Indiana University: Kelley

印第安纳大学 Kelley 商学院主校区位于印第安纳州 Bloomington，提供从本科到博士的多种学位教育。Kelly 商学院为学员量身定制通往顶级企业和公司的职业发展道路，培养其深刻的职业透视力，使其了解独特的发展趋势、行业术语以及文化。其 MBA 项目对学生工作经验没有绝对的要求，但是 2010 届 98% 的学生都具有工作经验，平均工作时间为 5 年。

全日制 MBA 概况：
学费 43,460 美元 / 年
录取率 42 %
国际学生比例 28%
学生平均工作时间 57 个月

22. Pennsylvania State University: Smeal

宾夕法尼亚州州立大学 Smeal 商学院成立于 1953 年，现有本科生、MBA 和 EMBA 学生、博士生和高级经理人在职教育学生 5000 余人，是美国最大的商学院之一。Smeal 商学院已得到国际经营商学院协会的认可。Smeal 商学院 MBA 项目学习课程专注于四大领域：领导原则、专业水平、业务总量和全球视野。

全日制 MBA 概况：
学费 34,062 美元 / 年
录取率 33 %
国际学生比例 33%
学生平均工作时间 54 个月
奖学金获奖比例 20%

图片 德州A&M提供

22. University of Rochester: Simon

罗切斯特大学 Simon 商学院位于纽约州罗切斯特，成立于1958年。Simon 商学院是一个“思想家变为领导者”之地，学生有机会与世界一流的学者在一个密切的小集体中一起学习。它是顶尖商学院中较小的商学院之一，全日制 MBA 学生也是 182 人。Simon 商学院常常被视为芝加哥大学商学院的迷你版，学院因经济、金融而闻名，学术严谨。

全日制 MBA 概况：

学费 45,933 美元 / 年

录取率 35 %

国际学生比例 43%

学生平均工作时间 59 个月

24. Texas A & M University: Mays

德州 A&M 大学主校区位于 College Station，是德州著名的四年制公立大学，也是美国校园最大的学府之一。虽然德州 A&M 大学一直都是工程和农科较出色，但近年来 Mays 商学院发展迅速，常常位居各大商学院排名前列。其 MBA 课程需 16 个月，全部都在 College Station 校区学习，每周一至周四为课程学习，周五为活动 / 课程。

全日制 MBA 概况：

学费 19,361 美元 / 年

录取率 26 %

国际学生比例 25%

学生平均工作时间 57 个月

24. University of Texas at Austin: McCombs

德州大学奥斯汀分校 McCombs 商学院位于德州奥斯汀，是德克萨斯州和美国西南部的顶尖商学院，致力于在为社会创造知识的同时培养未来商界领袖。McCombs 的 MBA 项目提供全日制 MBA、MBA 晚间课程、EMBA 项目，另外，还在墨西哥城、达拉斯和 Houston 开设 MBA 项目。

全日制 MBA 概况：

学费 45,128 美元 / 年

录取率 27 %

国际学生比例 24%

学生平均工作时间 60 个月

26. University of North Carolina: Kenan-Flagler

Kenan-Flagler 商学院属于北卡罗兰纳大学教堂山分校，位于该校主校区教堂山。其 MBA 项目开设于 1952 年，在上个世纪 70 年代就开始采用将学生分成小组的教学方式，是最早采用分组式教育的顶尖商学院之一。这种分组式学习有助于培养学生与他人一起工作的能力和精神，这也是成为领导者必须具备的素质和能力。

全日制 MBA 概况：

学费 43,599 美元 / 年

录取率 34 %

国际学生比例 32%

学生平均工作时间 63.6 个月

27. University of Illinois at Urbana-Champaign

伊利诺伊大学香槟分校成立于 1867 年，是美国伊利诺伊州公立研究性大学。其 MBA 项目课程灵活，第一年学完核心课程后，提供多样的商业课程和非商业课程供学生选择，满足学生个性化的职业发展需求。其 MBA 项目注重全球化体验式学习，会为学生提供许多机会，从课堂之外获得体验。

全日制 MBA 概况：

学费 27,826 美元 / 年

录取率 47 %

国际学生比例 37%

学生平均工作时间 51 个月

28. University of Maryland: Smith

马里兰大学是美国顶尖公立大学之一，其 Smith 商学院成立于 1921 年，位于马里兰大学帕克校区。Smith 商学院得到了国际高等商学院协会（AACSB）的认可，现有约 150 名全职教职员工以及 50 名兼职教职员工，在校学生 4000 余人，其中全日制 MBA、在职 MBA 以及 EMBA 学生 1264 名。Smith 商学院还与其他国家的一些院校开展合作项目，例如自 2002 年与对外经贸大学合作在北京开办 EMBA 项目，2005 年又在上海开办合作 EMBA 项目。

全日制 MBA 概况：

学费 92,850 美元 / 年

录取率 29 %

国际学生比例 34%

学生平均工作时间 60 个月

29. Purdue University: Krannert

普渡大学是印第安纳州名校，位于 West Lafayette。Krannert 管理学院成立于 1958 年，其 MBA 项目着力帮助学生掌握五大技能：将想法付诸于实践；提出富有创造性的解决方式；以全球化的视野分析商业问题；领导项目团队；与同学及合作伙伴建立良好社交关系。

全日制 MBA 概况：

学费 39,328 美元 / 年

录取率 36 %

国际学生比例 46%

学生平均工作时间 48 个月

30. Washington University: Olin

华盛顿大学是一所位于美国中部的著名私立大学，建于 1853 年。其奥林商学院是一所经过美国管理教育协会（AACSB）认可的商学院，奥林的教授们拥有商业、管理、技术方面最前沿的知识，在 2005 年 10 月 Financial Time 的全球商学院教师排名中荣登前十。其 MBA 课程分为全日制 MBA、高级管理人员 MBA 等几类，十分注重培养学生严格的分析能力、批判性的思维、全球性的竞争力以及沟通和协作的能力。

全日制 MBA 概况：

学费 44,300 美元 / 年

图片 罗切斯特大学提供

录取率 33.8 %
国际学生比例 40%
学生平均工作时间 51 个月

30. Vanderbilt University: Owen

范德堡大学建校于1873年，其Owen管理学院于1969年成立，位于田纳西州的纳什维尔市。Owen管理学院提供全日制MBA、EMBA、金融学硕士、会计学硕士、医疗保健管理硕士、医疗保健MBA、博士学位和高层管理者培训与发展项目。其MBA项目学生规模相对较小，2010年级MBA学生为186人，学生平均年龄为28岁，平均工作时间为4.5年。

全日制 MBA 概况：
学杂费 83,584 美元 / 年
录取率 35.7%
国际学生比例 18.2 %
亚洲学生比例 6.9 %
学生平均工作时间 55.2 个月

30. University of Southern California: Marshall

南加州大学位于加州洛杉矶，Marshall商学院位于其主校区洛杉矶大学校园内。学院努力帮助学生做好进入前沿商界的准备：生物技术、生命科学、媒体、娱乐、通讯与医疗保健等领域。Marshall商学院非常注重学生的国际化与全球化体验，它是美国第一所将国际旅游与学习作为全日制MBA学位教育项目必不可少的一部分的学院。

全日制 MBA 概况：
学杂费 98,000 美元
录取率 23%
亚洲学生比例 24%
学生平均工作时间 60 个月

33. Hult International Business School

霍尔特国际商学院建立于1964年，在美国有波士顿、旧金山两个校区，并在欧洲伦敦、中东地区迪拜和亚洲香港都设有校区，为世界各地的学生提供多种商科教育，包括MBA、硕士和学士学位。霍尔特国际商学院是开设1年制MBA项目，并在经济学人2010年MBA排名中成为毕业生薪资增长最多的商学院：2009届77%的毕业生在毕业三个月内找到了工作，平均起薪为108,451美元。

全日制 MBA 概况：
学杂费 52,500 美元
录取率 40%
国际学生比例 95%
学生平均工作时间 84 个月

34. Ohio State University: Fisher

俄亥俄州立大学Fisher商学院位于俄亥俄州Columbus，成立于1916年，1993年校友Max. M. Fisher为其捐献了一大笔资助，为了纪念其对商学院的重大贡献，学院改名为Fisher商学院。学院每年招收的全日制MBA学生约有140余名，约有90%的毕业生都能在毕业三个月内找到工作。

全日制 MBA 概况：
学杂费 76,200 美元
录取率 31%
国际学生比例 33 %
亚洲学生比例 12.5 %
学生平均工作时间 50.4 个月

35. Boston College: Carroll

波士顿学院Carroll管理学院位于马萨诸塞州Chestnut Hill，Carroll学院在教育中将波士顿学院的哲学融入其中，努力培养能够将道德视角带入商界决策中的领导者和经理。其MBA项目会努力控制班级规模，因为小集体能够使学生彼此之间更为亲密。

全日制 MBA 概况：
学杂费 68,620 美元
国际学生比例 20 %

图片 罗切斯特大学 提供

图片 加州大学戴维斯分校提供

亚洲学生比例 10 %
学生平均工作时间 51.6 个月

36. University of Minnesota: Carlson
明尼苏达大学坐落在明尼阿波利斯市，成立于 1851 年，是全美排名前 3 强的公立研究型大学。其卡尔森管理学院创建于 1919 年，是美国最好的商学院之一，人才济济。CHEMBA 是卡尔森管理学院提供的高级管理人员 MBA（EMBA）课程，其 EMBA 课程在 2005 年被《美国新闻与世界报道》评选为全美前 21 个最佳 EMBA 课程之一。CHEMBA 获得中国教育部和国务院学位委员会批准。成功完成学习的学员将获得由明尼苏达大学授予的工商管理硕士学位（MBA），该学位得到美国管理教育协会(AACSB) 的认可。

全日制 MBA 概况：
学费 78,368 美元
录取率 41%
国际学生比例 19%
学生平均工作时间 43.36 个月

37. University of Washington: Foster
华盛顿大学位于华盛顿州西雅图，成立于 1861 年，是美国西海岸的著名公立学府。其 Foster 商学院成立于 1917 年，是美国西海岸第二所最为古老的管理学教育机构，无论是在本科学位教育还是研究生教育，都常常位于排行榜中前列。Foster 提供全日制 MBA、晚间 MBA 课程、EMBA 和技术管理 MBA，在教育中强调战略思考和领导力。

全日制 MBA 概况：
学费 71,526 美元
录取率 31.4%
国际学生比例 16%
学生平均工作时间 60 个月

38. Georgia Institute of Technology
乔治亚理工学院创建于 1885 年，校址在美国南部的亚特兰大，临近亚特兰大国际机场，占地 120 公顷之广。在南方诸州中，乔治亚理工学院享有与 MIT 齐名的盛誉。乔治亚理工学院的 MBA 课程独具特色，课程设置充满着数学气息，以数学作为基本的贯穿内容，致力于培养学生缜密合理的理性思维。

全日制 MBA 概况：
学杂费总额 64,212 美元
录取率 28%
国际学生比例 19%
亚洲学生比例 7%
学生平均工作时间 54 个月

38. Wisconsin School of Business
威斯康辛商学院是威斯康辛大学麦迪逊分校的学院之一，学校校园之大令新生在没有地图的情况下常常会迷路。学院有在校生 4 万多人。威斯康辛商学院提供学士学位、MBA、博士学位和其他一些学位教育。

全日制 MBA 概况：
学杂费 53,392.96 美元
录取率 33%
国际学生比例 18%
亚洲学生比例 8%
学生平均工作时间 51.6 个月

40. Michigan State University: Broad
密歇根州立大学是一所位于美国密歇根州东兰辛市的公立大学，成立于 1862 年，是美国第一所依据土地拨赠法案而成立的大学。其 Broad 商学院是美国最大的商学院之一，得到国际高等商学院协会（AACSB）的认可，提供全日制 MBA 和周末制 MBA 两种课程。

全日制 MBA 概况：
学杂费总额 66,000 美元
录取率 28%
国际学生比例 30%
亚洲学生比例 7%
学生平均工作时间 54 个月

40. Boston University School of Management
波士顿大学管理学院位于马萨诸塞州波士顿，在教学中主要采取交叉功能式思维、小组式学习、掌握技术三大方法。波士顿大学管理学院得到了国际高等商学院协会（AACSB）的认可，大部分项目都可以全日制学习。其 MBA 项目既有两年制的 MBA 项目，也有一年制的国际 MBA 项目。

全日制 MBA 概况：
学杂费 75,820 美元
录取率 27.8%
国际学生比例 32%
亚洲学生比例 19%
学生平均工作时间 58.8 个月

42. George Washington University
乔治・华盛顿大学是为了纪念美国的缔造者乔治・华盛顿先生而设立的，于 1821 年建立。该校位于美国首都华盛顿的最中心地带——校区距离白宫只有仅仅四条街之隔，是美国最为顶尖的私立大学之一。其商学院于 1928 年设立，2004 年正式更名为乔治・华盛顿大学商学院。商学院既重视商业知识的教育，也注重培养学生正确的商业价值观，以及领导能力、团队精神和全球化的眼光。

全日制 MBA 概况：
学杂费总额 68,913.00 美元
录取率 38%
国际学生比例 21%
学生平均工作时间 51 个月

43. Wake Forest University: Babcock
Wake Forest 大学位于田纳西 Winston-Salem，Babcock 经常位于美国最佳商学院排行榜之列，其全日制 MBA 项目非常重视动手实践，秉持"从动手实践中学习"的理念，学生在咨询、企业家精神、金融、市场、运营管理方面可以有很多学习和实践机会。

全日制 MBA 概况：
学杂费 73,500 美元

国际学生比例 15%
亚洲学生比例 7%
学生平均工作时间 48 个月

44. University of California at Irvine: Merage

加州大学欧文分校是加州大学 9 所分校中最年轻的分校之一，位于加州欧文市，其 Merage 商学院提供 4 种 MBA 项目以及博士和学士学位项目，努力通过在课堂内外以及实践中真实的商业问题来提高学生的领导力、合作精神以及交际能力。在校生平均大学本科 GPA 成绩为 3.46 分，平均 GMAT 成绩为 673 分。

全日制 MBA 概况：
学杂费 40,584.50 美元 / 年
录取率 27.2%
国际学生比例 39%
亚洲学生比例 29%
学生平均工作时间 54 个月

45. University of Pittsburgh: Katz

匹兹堡大学成立于 1787 年，是美国宾州享誉国际、历史悠久之综合性的公立大学。学校位于宾夕法尼亚州的传统钢铁城市匹兹堡。其凯兹商学院提供 1 年制、2 年制和 part-time MBA，同时还提供高级管理人员 MBA 课程，该课程可搭配学习法律、工程、信息系统、国际商务、国际化发展、或公众和国际社会事务等课程。

全日制 MBA 概况：
学杂费总额 47,348 美元 / 年
录取率 47%
国际学生比例 48%
亚洲学生比例 5%
学生平均工作时间 36 个月

46. University of Notre Dame: Mendoza

Notre Dame 大学位于印第安纳州 Notre Dame，早在 1917 年该大学就开设了商科项目，并成为美国大学中第一个在外贸专业开设商科项目的学校，其 Mendoza 商学院正式成立于 1921 年。Mendoza 既提供 1 年制 MBA 也提供 2 年制 MBA，并与世界许多国家的企业都保持良好关系，确保其 MBA 项目的教育可以满足市场需求。

全日制 MBA 概况：
学杂费 77,720 美元
录取率 34%
国际学生比例 28%
亚洲学生比例 10%
学生平均工作时间 57 个月

47. Northeastern University

东北大学成立于 1898 年，坐落于马萨诸塞州波士顿市，紧邻著名的哈佛大学和麻省理工学院，是全美最大的私立大学。在《计算机世界》的调查中，东北大学的技术 MBA 课程排名第一，东北大学自豪地称自己的高科技 MBA 课程是“新英格兰地区高科技行业的企业管理者的首选 MBA 课程”，其主要特点是将市场营销、金融、团队协作与机构重组设计紧密结合在一起。

全日制 MBA 概况：
学杂费 74,868 美元

录取率 38%
国际学生比例 27%
亚洲学生比例 11%
学生平均工作时间 48 个月

48. Thunderbird School of Global Management

Thunderbird 国际商学院成立于 1946 年，主校区位于亚利桑那州 Glendale。Thunderbird 国际商学院在国际管理教育方面非常有名，在《金融时报》2011 最佳国际商学院”全日制 MBA 名和《美国新闻与世界报道》“全日制国际 MBA”排名中均位居第一。学院现有 548 名国际 MBA 学生，学生来自 44 个国家，平均年龄为 28 岁，平均工作时间为 5 年。

全日制 MBA 概况：
学杂费 80,600 美元
录取率 75.2%
国际学生比例 45%
亚洲学生比例 7%
学生平均工作时间 50 个月

49. University of Iowa: Tippie

爱荷华大学成立于 1847 年，是美国知名州立大学之一。其 Tippie 商学院以正直、创新、影响力三大原则为基础，被称为“爱荷华的力量”。课程项目很有挑战性，学生必须全力并勤奋工作。Tippie 商学院 MBA 项目的学生规模较小，一般每届学生只有 70 人左右，新生平均年龄在 27 岁。

全日制 MBA 概况：
学杂费 59,616 美元
录取率 38.7%
国际学生比例 38%
亚洲学生比例 1.5%
学生平均工作时间 40.8 个月

50. University of South Carolina: Moore

南加州大学 Moore 商学院建立于 1919 年，现有 120 余名教学人员。Moore 商学院在国际商务教育与研究方面都非常出色，其国际 MBA 教育已被《美国新闻与世界报道》连续 20 年评为第一或第二。其国际 MBA 教育不仅开设核心课程，还提供 Language Track 和 Global Track 项目供学生选择：Language Track 重在语言及文化学习，Global Track 关注于全球范围内的政治、经济和商业因素。

全日制 MBA 概况：
学杂费 67,456 美元
录取率 59%
国际学生比例 16%
亚洲学生比例 3%
学生平均工作时间 40.8 个月

图片 威廉玛丽学院 提供

Doing an MBA in the US

在美国攻读 MBA

文 ***James W. Dean, Jr.*** **、** ***Sridhar Balasubramanian***

James W. Dean, Jr.

北卡罗来纳大学Kenan-Flagler商学院系主任，组织行为学教授

中国未来的 MBA 学生是幸运的，现在他们不用出国就有机会学习优秀的 MBA 项目。然而，对照在美国攻读 MBA 的原因，大家会发现在美国攻读 MBA 的体验、准备和优点与在中国国内攻读相比又有许多不同之处。

了解你的竞争者和贸易伙伴。中美两国是世界舞台上非常重要的两个国家，两国间的贸易在将来依然会十分密切。两国政府与企业按照不同的方式运作，但这种不同表面上并不明显。想要了解美国人的思维和行为方式，还有比在美国学习商科更好的方法吗？这些实践经历和体验可以为你积累国际知识，增强你对世界商务事宜的敏感性。在变幻莫测的商界，想要成为全球领军人物需要知己知彼，以便做出英明有效的决策。

欣赏中国商业和文化。在美国学习 MBA 可以使中国学生更好地理解中国的商业文化，并欣赏商界现实的多元性，正像上海的商界不同于重庆一样，上海的商界与纽约也不相同。

培养全球化视角。在美国顶级商学院，中国学生可以在课堂内外拓展自己的全球视角和知识。学生可以与全球各地的学生一起学习。只有在美国或者欧洲的 MBA 项目中，学生才能遇到如此多来自世界各地的同学。例如，北卡罗来纳大学 Kenan-Flagler 商学院的学生来自 38 个国家，学生不仅可以进行全球性的商务实践，还能了解彼此的文化。

学生可以向来自全球各地的院系教师学习。例如，Kenan-Flagler 商学院的教授来自巴西、保加利亚、中国、印度、意大利、荷兰、南非、西班牙、泰国、土耳其、越南和美国等世界各地。

学生还有机会在全球各地学习。今年，我们的 MBA 学生可以在巴西、阿根廷、印度、阿联酋、土耳其、克罗地亚共和国和意大利学习；参加我们与欧洲、南美、非洲、中东和亚洲的交换项目；还可以在南非的商业项目工作或者在肯尼亚推行小额信贷。

在学习美国商业和文化的同时，提高美式英语。这两年在课堂、学习小组、社会生活以及规划每天日常生活时，你都需要高强度地运用美式英语，你的口语和写作能力也将会大大提高。当我们在中国遇见校友时，我们发现与那些没有进行过高强度的集中学习的商务人士相比，这些校友的英语水平要高很多。

从世界一流的研究者那里获取养料。美国大学因引领世界尖端商务研究而闻名，教授从事着最新理论、理念以及商业架构的研究，学生从教授身上将能汲取到无穷的养料。我们的教授会在教学和咨询过程中进行一些实际操作，因此学生可以专注于现实生活中的事宜，可以在 MBA 课堂上运用这些研究和商业视角。

感受严谨的学术和别样的学习方式。美国在商科教育中处于领先地位。北卡罗来纳大学教堂山分校 Kenan-Flagler 商学院创建于 1919 年，并于 1952 年开设 MBA 项目。我们希望我们的教授既是优秀的教师，也是优秀的研究者。我们严谨的课程设置提供了多种学习方式：讲座、实例研究、模拟演练和团队项目。最近我们又创新出一项为期八周的新课程，它以独特的方式培养学生的领导能力，学生在此期间可以全身心地投入到课堂学习和现场活动中。

美国高等教育因自身的优异以及这种在灵活、富有创造性的环境中学习的自由而赢得了国际范围内的认可。学生可以质疑教授，学习如何陈述以及反驳观点，如何独立思考。在挑战观念以及范式的过程中，学生的分析能力和创造性思维会得到极大的提高。我们鼓励学生成为独立思考的人，参与并对自己的学习负责。这些分析技能对于他们成为商界领袖具有重要意义，因为他们明白在这个复杂的社会中冒险、机遇和管理的重要性。

在全新的环境中学习。美国的城市和大学城都提供 MBA 项目学习。中国学生非常希望能够有机会在大学城学习和生活，例如 Chapel Hill 大学城——这里有美丽的

图片 作者本人提供

生活环境，商学院提供的帮助能够使学生很容易就能适应这里的生活。卓越的生活品质可以平衡严谨的学术学习。游览北加州的海滩和高山，或者美国的其他地方，非常方便。

在学习中主动寻求挑战，就像在工作中一样。测试自我。当你离开家乡到异国求学时，你会承担一定的风险。这种经历将给你锻炼管理风险的机会，在成功的职业生涯中，你同样需要冒险。用英语学习、交流和竞争将培养你面对新挑战的信心。

构建全球人际网。学生可能会担忧他们不在中国的时候发生变化，其实当他们在美国学习时，他们也不会丢掉在中国的人际网。他们可以远距离培养国内的人际网，同时构建一个新的、真正的全球人际网。这种高强度的两年美国商学院的学习经历，可以给予学生时间和机会构建持续一生的商业和个人人际网，结识工业和社交界的成功人士——这个关系网覆盖全球，可以为你带来战略优势，并将持久不减。

中国学生非常受欢迎。对于美国商学院而言，招收大量非美籍学生极为重要，因为外籍学生可以使学生更多地了解其他国家和不同文化中的商业，以及身为经理人需要了解的惯例。尤其是学生可能对中国商业实践、文化和经济感兴趣。他们会意识到中国在国际社会中已然具有重大意义，中国的发展和经济对世界也具有重要影响。北卡罗来纳大学 Kenan-Flagler 商学院的友好氛围会为你打造卓越的学生体验。我们热忱欢迎中国学生，这种文化氛围使得我们这个最受学生欢迎的美国商学院与国际顶尖商学院联盟 PIM（Partnership in International Management）建立了交换项目。

以上所有在美国攻读 MBA 的原因对于中国学生的学习和职业发展都是很有裨益的。无论是美国公司、中国公司还是跨国公司，他们都会欣赏中国学生决定在美国攻读 MBA 所要面对的挑战和所付出的代价，因为这很好地反映了学生承担一定风险的能力，为了谋求个人发展，他们会努力抓住机遇。

我们非常赞赏中国的优秀学术机构，北卡罗来纳大学 Kenan-Flagler 商学院也与其中一些顶尖机构建立了合作关系。我们与清华大学建立了非常密切的联系，包括一个研究中心和一个计划项目。我们与上海中欧国际学院（CEIBS）、复旦大学和北京大学也都建立了交换生项目，并与香港中文大学建立了合作关系，提供 MBA 和本科阶段的全球项目。

北卡罗来纳大学 Kenan-Flagler 商学院的学生在实际运用和知识领域都非常擅长，例如在可持续发展企业、市场营销和金融等领域。同时，他们也有相当的机会来培养自身的领导技能，这对学生毕业多年后的职业成功具有核心作用。我们致力于塑造具有社会责任心的领军者，他们要不负企业和社会的期望。对于北卡罗来纳大学 Kenan-Flagler 商学院而言，追求体验并在全球产生积极影响是其在商科教育中培养全球领军者的重要内容。

Sridhar Balasubramanian

北卡罗来纳大学MBA项目副主任，市场营销学教授

想要了解美国人的思维和行为方式，还有比在美国学习商科更好的方法吗？

图片 作者本人 提供

MBA Q & A

MBA 问与答

Q：如果我不止一次参加过 GMAT 或者 GRE 考试，MBA 项目会怎样参考我的分数？

A: 有些学校会要求你提供所有成绩，有些学校可能只需你提供最高成绩。但是，一般来说，招生委员会会以你的最高分数为准，而不会取平均值。

Q：什么是 GPA？怎样计算 GPA？

A：GPA 全称 Grade Point Average，即平均成绩点数，美国大学 GPA 满分 4 分，往往计算到小数点后面 1 或 2 位。计算方法一般是 GPA=（每门课程的成绩 × 积分）÷ 总学分。国内大学大多是百分制，两种分数体系之间的换算大致如下：90+ ≈ 4 分，80+ ≈ 3 分，70+ ≈ 2，60+ ≈ 1 分。但是这只是一个参考，不是严格的换算，而且各个大学的折合方式也会有所差异。

Q：我应该找什么人给我写推荐信？

A：申请 MBA 一般需两份专业的推荐信，推荐信要找了解你的工作或学术成绩 / 能力的人为你撰写。建议请你最近就职的公司或企业的领导为你写一封。推荐人未必需要是你所在公司的最高领导，但是一定要找一个对你的工作和表现非常了解的人为你撰写。

Q：申请 MBA 项目通常有三轮，在哪一轮进行申请比较好？

A：建议申请者在第一轮和第二轮时进行申请，第三轮的竞争性会更为激烈，而且作为国际学生如果你在第三轮再申请的话，学校可能要到 5 月份才能公布录取决定，有可能你会没有足够的时间申请签证。

Q: 申请 MBA 项目需要多久的工作经验？

A：不少 MBA 项目对于申请者的工作年限并没有严格要求，但是平均来说 MBA 项目的学生大约会有 3~5 年的工作经验。例如，哈佛商学院 MBA 项目对于工作经验的年限就没有最低要求，他们更重视申请者是否具有一些 MBA 项目组所注重的明显优势，不过以 2010 年入学的 MBA 学生而言，其平均工作年限为 4 年。

Q：MBA 项目的学费大概要多少？ EMBA 项目要多少？

A：各个商学院 MBA 项目的费用有所不同，但一般而言，美国 MBA 项目前 10 名的应该都在 5 万美元 / 年左右，总学费基本在 9~11 万美元；EMBA 项目排名前 10 的总学费在 14 万美元左右。

Q：怎样申请奖学金？

A：奖学金的评定方式因学校而异，具体还需查询学校网站或向学校进行咨询。有些商学院对于奖学金采取的是按需分配的方式，而不是按照优秀程度评定；而另外一些学校可能是根据学生本人的优秀程度而评定的。校内奖学金一般分为两种，需要付出劳动的全奖 / 部分减免奖学金，以及需要获得付出劳动的助教 / 助研类奖学金。同时，许多校外机构也会提供奖学金，你可以寻找适合自己的奖学金申请项目。通常来说，国际学生申请奖学金要比本土学生难一些。

Q：攻读美国 MBA 项目之后，薪资的涨幅大概在多少？

A：根据《金融时报》2011 年全球 MBA 排名的统计数据，美国排名前 10 的 MBA 项目校友薪资涨幅平均约为 117%；排名前 50 的 MBA 项目的校友学习 MBA 前后的薪资涨幅平均为 102%。

Q：攻读美国 MBA 项目后的薪资大概为多少？

A：根据《金融时报》2011 年全球 MBA 排名的统计数据，美国排名前 10 的 MBA 项目 2007 届毕业生，当前平均薪资为 158,863 美元 / 年；排名前 50 的 MBA 项目接受调查的 2007 届毕业生，其当前平均薪资为 121,676 美元 / 年。

图片 GettyImages 提供

MBA Applications
申请 MBA

申请时间

MBA 项目的申请通常一年会有三轮，但是一般来说，同一个学校的 MBA 项目一年你只能申请一次。比如，你打算申请 2012 年秋季入学的 MBA 项目，第一轮申请的截止日期一般为今年 10 月初，第二轮申请的截止日期为次年 1 月份中上旬，第三轮为次年 3 月份中下旬或 4 月初。欲了解各个商学院的具体申请截止日期，请访问商学院官网进行查询。

申请要求

每个学校的申请要求各不相同，不过一般来说都会包括以下几点：

① 具有学士学位

② 成绩单以及权威的成绩单翻译件

准备由你本科所就读的大学提供的带有印章和签名的官方学习成绩单以及权威的成绩单翻译件。如果你不只在一所大学或学院学习过，递交你所就读的所有大学或学院提供的官方成绩单。如果你的成绩单不是英文的，在准备官方出具的成绩单时的同时，还需提供一份权威的英语翻译件。递交成绩单及翻译件的时间因商学院而有所不同，有的需要在申请时提供，有的只需在被录取之后提供。你所申请的商学院会在你所提供的大学成绩单的基础上，按照一定的计算方式，将其转化为 GPA（满分 4 分）。

③ GMAT 或 GRE 成绩

GMAT 考试（Graduate Management Admission Test）是专为各商学院或 MBA 项目衡量申请人是否具备顺利完成工商管理硕士项目学习能力的考试项目。通常来说，申请 MBA 需要参加 GMAT 考试，而且 GMAT 成绩是学生能否被录取的重要因素，商学院常常将其认为是评估申请者竞争力的重要工具。GMAT 考试的费用是 250 美元。但需要指出的是，成功通过 GMAT 考试并不意味着你一定能够被录取，而且也并不是所有的 MBA 项目都要求 GMAT 成绩，具体情况还需登陆学校网站查询。顶尖 MBA 项目的 GMAT 成绩要求很高，例如哈佛大学 2010 年 MBA 新生的 GMAT 平均成绩为 730 分，分数段为 550~790 分。除了 GMAT 成绩，有些学校也接受 GRE 成绩作为 GMAT 成绩的一种替代。

许多 MBA 项目可能对 GMAT 或 GRE 成绩并没有最低分要求，但是 GMAT/GRE 成绩会成为商学院衡量你的学习能力的重要参考。

④ TOEFL/IELTS/PTE 成绩

对于 TOEFL/IELTS/PTE 成绩，有些商学院要求国际学生出具托福成绩，例如耶鲁大学 MBA 项目；有些不要求提供，不过有这些英语成绩的话，可以提交给商学院作为对你成绩的一个参考，例如麻省理工的 MBA 项目。

对于母语不是英语的国际学生而言，如果你之前曾在英语国家的以英语为第一语言的教育机构攻读过学士学位或者硕士学位，可以免托福成绩，但是学生需要提供相关证明。

如果你本科 / 研究生所就读的大学和学院的第一语言不是英语，你需要提供有效的 TOEFL/IELTS/PTE 成绩。有些学校对于这三种成绩都接受，但有些学校可能只接受其中的一种。各个商学院对于托福和雅思成绩的要求也不尽相同，耶鲁大学 MBA 项目要求托福机考成绩最低要达到 100 分，雅思最低达到 7 分，PTE 最低成绩 70 分；哈佛大学 MBA 招生委员会不鼓励托福机考成绩低于 109，IELTS 成绩低于 7.5 分，PTE 低于 75 分的人申请。申请者需与 TOEFL/IELTS/PTE 考试的官方机构联系，要求其出具官方考试成绩，并将其直接寄送商学院。

⑤ 工作经验

在美国，申请许多专业的研究生都对工作经验没有要求，但是工作经验对于 MBA 项目来说常常是一个很重要的申请条件。这其实是与 MBA 项目本身的特点紧密相关的，MBA 项目所学习的内容与学习方法等很大程度上依赖于实践经验，一定的工作经验可以让学生在学习时具有更好的领悟力和针对性。而且，你的工作经验，你处理事情的能力和承担的责任，你所带领的团队项目或你本身的工作，这些也是商学院衡量你的能力和技能的重要因素。但是，这并不意味着申请 MBA 项目一定要具有工作经验，不少商学院对此没有严格要求。

完成申请

了解打算申请商学院的申请要求后，申请者还需要：

① 按照要求填写申请表；

② 按照要求递交本科成绩单、翻译件等相关文件；

③ 请 GMAT、托福、雅思等官方机构将你的成绩寄送申请学校；

④ 提供两份专业的推荐信；

⑤ 缴纳申请费用。

Introduction to EMBAs
在美国读 EMBA

EMBA全称为Executive Master of Business Administration，即高层管理人员工商管理硕士，是为了满足经理、高管人员在全职工作之余努力提高自身在商业及相关领域的能力与水平的需求而开设的在职 MBA 教育。EMBA 最早是由美国芝加哥管理学院首创，学制一般为两年左右，学费颇为昂贵，被视为“天价学费”。学员多是由公司推荐的中高层管理人员，而且不少 EMBA 学员还能得到就职公司的资助。

EMBA 项目一般要求学生在申请时是全职工作人员，并希望学员在项目学习期间始终都是在职人员。EMBA 项目相对于普通全日制 MBA 项目对工作经验有更高的要求，一般要求学生具有 10 年及以上的工作经验，部分 EMBA 项目也会接受 7 或 8 年以上工作经历的学生；个别 EMBA 项目对工作经验没有硬性要求，但 EMBA 项目的入校学生平均工作经验基本都会有十几年。另外，一些项目还会明确要求申请者具有至少 3~5 年的管理工作经验。

相对于 MBA 项目而言，EMBA 项目对于 GMAT 考试及成绩的要求要低很多。许多 EMBA 项目甚至不要求申请者一定要参加 GMAT，但是如果具有不错的 GMAT 成绩会有利于申请，尤其对于经验不够丰富的申请者而言。这其实也是因为 EMBA 项目更看重学员本身的商业及管理能力和经验，而且对于这种工作多年早已不熟悉应试，日常工作又颇为繁忙的学员而言，要求很高的 GMAT 成绩也不太现实。

美国 EMBA 项目在 Financial Times 的全球 EMBA100 强中有 50 余所商学院名列榜单，其中部分商学院不仅在美国开设 EMBA 项目，也在某些国家拥有校区，开设 EMBA 项目；有些商学院也会与其它国家的大学合作开办 EMBA 项目。我们为您选了美国 EMBA 项目前 50，以备大家参考。

排名	商学院	国家
1	Trium: HEC Paris / LSE / New York University: Stern	France / UK / US
2	Columbia/London Business School	US / UK
3	University of Chicago: Booth	US / UK / Singapore
4	Duke University: Fuqua	US
5	University of Pennsylvania: Wharton	US
6	UCLA / NUS	U.S.A / Singapore
7	Washington University: Olin School of Business/Fudan University School of Management	US / China
8	Northwestern University: Kellogg	US
9	New York University: Stern	US
10	UC Berkeley / Columbia	US
11	Columbia Business School	US
12	Cornell University: Johnson	US
12	OneMBA: CUHK/RSM/UNC/FGV São Paulo/EGADE	China / Netherlands / US / Brazil / Mexico
14	University of Michigan: Ross	US
15	Georgetown University: McDonough	US
16	UCLA: Anderson	US
17	Rice University: Jones	US
18	Emory University: Goizueta	US
18	University of Pittsburgh: Katz	US / Brazil / Czech Republic
20	Purdue / TiasNimbas / CEU / GISMA	US / Netherlands / Hungary / Germany
21	Cornell University; Johnson/Queen's School of Business	US / Canada
22	University of Texas at Austin: McCombs	US
23	University of Maryland: Smith	US
24	Vanderbilt University: Owen	US
25	Villanova School of Business	US
26	Temple University: Fox	US
27	Texas A & M University: Mays	US
28	Georgia Institute of Technology	US
29	University at Buffalo, The State University of New York	US / Singapore
30	Georgia State University: Robinson	US
31	University of Florida: Hough	US
32	Fordham University Graduate School of Business	US
33	Rutgers Business School	US
33	SMU: Cox	US
35	Tulane University: Freeman	US
36	University of Georgia: Terry	US
37	University of Texas at Dallas	US
38	Ohio State University: Fisher	US
39	Auburn University	US
40	University of Washington: Foster	US
41	University of Arizona: Eller	US
42	University of Utah: Eccles	US
43	Baylor University	US
44	University of Houston: Bauer	US
44	University of Rochester: Simon	US / Switzerland
44	Pepperdine University: Graziadio	US
47	Thunderbird School of Global Management	US
48	University of Miami School of Business Administration	US
49	Loyola University Maryland: Sellinger	US
50	University of Denver: Daniels	US

资料来源：Financial Times – EMBA Rankings 2011

注：排行榜中的部分 EMBA 项目是多个国家的合作 EMBA 项目或者是某个商学院在多个国家拥有校区。

图片 GettyImages 提供

Trump International Hotel & Tower® Chicago
CHICAGO, ILLINOIS
Preferred
HOTELS & RESORTS
Preferred
BOUTIQUE

MBA & EMBA: A US/China Cooperation
中美合作 MBA & EMBA

MBA

复旦大学 -MIT 国际 MBA 合作项目

复旦大学国际 MBA 项目成立于 1996 年，是由复旦大学管理学院与美国麻省理工学院斯隆管理学院合作创办的。该项目的教学全部是英语授课，以培养具有国际化视野和创业精神，适应中国及世界的经济全球化趋势的专业人才为目标。项目教师在商科教育领域都拥有很强的学术背景和丰富的教学经验，项目还会有麻省理工斯隆管理学院的教授、工业专家、企业执行官为学生带来最为前沿的理念和最为真实的经验。该项目为期 2 年，4 个学期，学生在第 3 学期时可以选择到 30 余所世界各地的著名商学院做国际交换生，或者也可以继续在复旦学习。学生完成课程与论文后，将被授予复旦大学的 MBA 硕士文凭，以及麻省理工斯隆管理学院的学习证书。

招生人数：100 人
国际学生比例：22%
学生平均年龄：27.3 岁
学生平均工龄：4.5 年
学费（元）：130,000
网址：www.fdsm.fudan.edu.cn/fdimba

上海财经大学 - 美国韦伯斯特大学 MBA

上海财经大学与美国韦伯斯特大学合作创办的 MBA 项目是在职不脱产课程，周末上课，从 1996 年开始举办，现已有 12 届毕业生。学生学习该 MBA 项目需在入学后先学习预修课程，之后再进入学位课学习，学制一般为 2 年，每年 5 个学期，每学期 9 周。预科课程由上海财经大学资深教师授课，为中英双语教学，学位课程为英语教学，由双方两所院校的老师授课，其中外方教师不低于 50%。学生毕业后将获得韦伯斯特大学工商管理硕士（MBA）学位。

工作年限要求：3 年及以上
预修课学费（元）：8,000
学位课学费（元）：128,000
网址：mba.shufe.edu.cn

MIT-清华国际 MBA

MIT-清华国际 MBA 项目是由清华经管学院与麻省理工斯隆管理学院合作开办的全日制 MBA 项目。其学生群体国际学生与中国学生各占 50%，具有良好的国际化学习氛围。课程使用 MIT 斯隆管理学院 MBA 课程同步的英文教材和案例进行全英文教学，部分课程由 MIT 优秀教授来清华教授。学生毕业后获得清华大学的工商管理硕士学位和研究生毕业证书，以及麻省理工斯隆管理学院的学习证书。

招生人数：国内、国际学生各 70 名
学费（元）：168,000
学生平均年龄：28 岁
学生平均工龄：4.8 年
网 址：www.sem.tsinghua.edu.cn/portalweb/appmanager/portal/mba

北京大学光华管理学院双 MBA 学位项目

北京大学光华管理学院的 MBA 项目与 7 所国外大学建立了合作项目关系，其中包括两所美国大学商学院——德州大学奥斯汀分校 McCombs 商学院和华盛顿大学 Michael G. Foster 商学院。所有就读于北大光华管理学院的 MBA 在校学生，具有学士学位和一定的全职工作经历，在规定时间内取得符合要求的 GMAT 以及托福或雅思成绩，成功通过国外商学院的审核和面试后，均可成为双学位学员。修满规定课程和学分，通过论文答辩后，可以同时获得北大以及国外院校的双 MBA 学位。

北大光华学费（美元）：100,000
德州奥斯汀分校学费（美元）：48,987
华盛顿大学学费（美元）：34,100
网址：mba.pku.edu.cn

中山大学 - 美国夏威夷大学 MBA 项目

该项目是由美国夏威夷大学 Shidler 商学院和中山大学管理学院合作办学的国际工商管理项目。Shidler 商学院的 MBA 教育已获得美国高等商学院联盟（AACSB）的国际认证，并在《美国新闻和世界报道》等全美商学院排名中，曾多次位列前 25 位并入选全美最佳商学院。中山大学的 MBA 项目多次在各种中国 MBA 排行榜中位居前列，2010 年其 MBA 项目位居中国最具价值全日制 MBA 项目第 8 位。该项目学制 18 个月，其中 10 个月在中山大学学习，8 个月在美国夏威夷大学学习。没有课程的期间，学院还会安排 1~2 个月的海外实习、中外企业家参访等活动。毕业后，学生将在夏威夷大学举行毕业典礼，获得夏威夷大学的 MBA 学位，另外，中山大学也会授予课程结业证书。

工作年限要求：2 年及以上
第一年学费（元）：48,888（含书籍资料费）
第二年学费（美元）：18,417（不含书籍资料费）
网址：usimba.mbazd.com

南京大学 - 密苏里大学圣路易斯分校双学位国际 MBA

南京大学商学院早在 1987 年就与美国密苏里大学合作开办 MBA 项目，2006 年又创办了英文授课的国际 MBA 项目。该项目采用中西结合的模式，师资来自南京大学与美国密苏里大学圣路易斯分校的精英教授团队。招生对象为已被南京大学和美方院校录取的 MBA 学生，可在被录取后准备相关材料，参加面试。该合作项目学制为期 2 年半，第一年中国学生与国际学生在南京大学完成学习（全英文授课），第二年共同赴美到密苏里（圣路易斯）大学学习，学习结束后，中国学生将在美国跨国公司带薪实习三个月，最后半年回国完成学位论文撰写并通过论文答辩。顺利达到两所院校的要求后，将获得南京大学 MBA 学位以及密苏里大学授予的由美国 AACSB 认证的 MBA 学位。

工作要求：具有硕士学位者须有 2 年及以上工作经验；具有学士学位者须有 3 年及以上工作经验；具有专科文凭者须有 5 年及以上工作经验
南京大学学费（元）：100,000
密苏里大学学费：n/a
网址：nubs.nju.cn/mba/index.php

中山大学 – 夏威夷大学 MBA 项目是由美国夏威夷大学 Shidler 商学院和中山大学管理学院合作办学的国际工商管理项目

EMBA

上海财经大学 - 剑桥大学 - 加州大学伯克利分校全球 EMBA 项目

上海财经大学全球 EMBA 项目，由上海财经大学和上海经济团体联合会主办，剑桥大学 Judge 商学院和加州大学伯克利分校 Hass 商学院为全球合作伙伴。项目主题课程由上海财经大学提供，入学次年春，学生将赴剑桥进行为期一周的学习和商务考察，第二学年秋季，将在加州大学伯克利分校学习一周。该项目为在职教育，学生每月需抽出两天时间进行学习。学生毕业后将获得由上海财经大学颁发的 EMBA 学位证书、上海经济大学 MBA 学院和上海市经济团体联合会共同颁发的《上海财经领军人才发展项目》证书、剑桥大学 Judge 商学院颁发的《高级金融管理项目》证书和加州大学伯克利分校 Hass 商学院颁发的《国际财经领袖发展项目》证书。

工作年限要求：7 年及以上经济管理及相关领域经验
学费（元）：320,000
网　址：www.globalemba.org.cn/gemba/programme.shtml

对外经贸大学 - 马里兰大学中美 EMBA

对外经贸大学 - 马里兰大学中美 EMBA 于 2002 年成立，2003 年正式招生。马里兰大学史密斯商学院是美国著名商学院，在《金融时报》2011 年全球 MBA 排名 100 强入榜的 54 所美国商学院中排名第 18 位。而对外经贸大学的 MBA、EMBA 项目位居中国同类教育前列。该项目是在职教育，周末上课，授课地点在对外经贸大学，授课教授全部由马里兰大学指派。

网址：ibs.uibe.edu.cn/gjhz/fxwxm.htm?Current=7#05

厦门大学 - 美国西北大学 EMBA 项目

厦门大学 EMBA+1（中美班）是由厦门大学管理学院与美国西北大学 Kellogg 商学院合作开设的 EMBA 项目。美国西北大学 Kellogg 商学院是美国著名商学院，曾在 2002 年同时被两大权威杂志《商业周刊》和《经济学家》评为全美商学院第一名，其营销学实力超强，教授菲律浦・科特勒被称为“现代营销学之父”。该项目是在职学习，学员每月连续上 4 天课程（周四～周日），并有为期一周的美国西北大学成绩进修；学制为弹性学分制，一般为 18~24 个月，最长须在 5 年内完成。项目教授来自厦门大学、美国西北大学以及欧美、中国香港、中国台湾、新加坡等一流商学院。

工作经验要求：8 年以上工作经历及 5 年以上管理经验

网址：sm2.xmu.edu.cn/Article_Show.asp?ArticleID=2881

复旦大学 - 华盛顿大学国际 EMBA 合作项目

复旦大学—华盛顿大学 EMBA 合作项目是由复旦大学管理学院与华盛顿大学奥林商学院于 2002 年在上海开办的 EMBA 合作项目，自 2006 年以来在《金融时报》EMBA 项目排名中连续五年蝉联全球前 18 强，稳居中国大陆第一位。该项目招生对象为跨国企业、国营企业、私营企业及政府部门的高级管理人员，要求具有本科及以上学历学位，10 年以上工作经验，以及 5 年以上管理经验。该项目全英文授课，学制为 18 个月，每月 4 天授课时间，学成后授予华盛顿大学 EMBA 学位及中国复旦大学学习证书。

学生平均年龄：38 岁
学生平均工龄：14 年
平均管理经验：8 年
学费（元）：478,000
网址：www.fdsm.fudan.edu.cn/topemba/

南京大学 - 康奈尔大学 EMBA 项目

南京大学与康奈尔大学合作创办的 EMBA 项目旨在打造中国顶尖 EMBA 项目。康奈尔大学是美国著名的常青藤盟校的八大成员之一，主校区位于繁华的纽约州。该项目的 18 门课程由美方教学经验丰富的著名教授以及南京大学资深教授授课，其中 3 门课程在美国康奈尔大学授课，而且学生还可以在美国进行实地考察学习。该课程还为学员配备全程课堂专业英语翻译，为学员提供英语培训。顺利完成学业的学员将获得南京大学的 EMBA 学位以及康奈尔大学 EMBA 课程项目结业证书。

工作经验要求：8 年以上工作经历，并有 4 年及以上管理工作经历
网址：emba.nju.edu.cn

上海交通大学 - 南加州大学全球高级工商管理项目（GEMBA）

该 GEMBA 项目是由南加州大学马歇尔商学院与上海交大强强联合、携手打造的全球 EMBA 项目，于 2004 年获得国家教育部批准，每年招收 60 名左右的学生，国内学生与国际学生各占约 50%。该项目约 90% 的课程都由美国南加州大学马歇尔商学院的教授执教，同时上海交大经管学院的教授也会为课程提供本土视角的分析。学员毕业后将获得美国南加州大学马歇尔商学院 EMBA 学位。

费用：73,000 美元或 488,000 元
网址：gemba.sjtu.edu.cn/cn

Law School Ranking

美国LL.M. 成就法界精英

文 Scott Altman

南加州大学法学院副院长

美国许多顶尖法学院都针对国际学生招收1年制的法律硕士（LL.M.）。许多不同国家的学生都选择美国的LL.M.项目，在此你将有机会了解美国法律体系，并与世界其他国家的法律进行对比研究，同时还能拓展自己的专业知识，并使之专业化。许多美国大学的LL.M.项目，例如南加州大学的Gould法学院，既招收新毕业的法学硕士生，也招收具有一定社会经验的国际律师、法官、政府官员、检察官、企业法律顾问和银行家。学生有机会接触并与美国学生和教师相互沟通，同时还可以结识来自世界各地的律师。

如同美国的许多其他项目一样，法学院的LL.M.项目提供几门只针对LL.M.学生的课程，例如美国法律体系介绍、美国法律话题，学生可以就这些科目进行一个整体上的基本研究。这些可能就是纽约州和加州的律师考试的相关内容，还能帮你积累一些技能以迎接纽约州和加州的律师考试。很多顶尖法学院还会为LL.M.学生提供量身定制的学术支持项目。除学术支持项目之外，我们还为LL.M.学生准备了一项特殊的律师考试早期准备课程，以帮助学生熟悉美国律师考试的相关内容。

由于美国LL.M.学生大多时候与美国法学博士（J.D.）一起上课，学生可以有充裕的机会建立人际网，锻炼英语技能。为了便于学生能够有更长远的机会去结交新朋友和新同事，许多LL.M.项目还会组织各种各样的社交活动，例如我们Gould法学院的LL.M.还会为学生提供职业发展资源，以帮助学生实现各种职业目标。许多LL.M.毕业生选择在获得学位之后参加美国律师考试；部分会选择毕业后尽快回国参加正式工作；还有一些会通过美国的选择性实习得到一年的签证延长期，在合法的实习期内获得一些实践经验。毕业生可以将在LL.M.项目中学习的技能运用到世界各地的任何环境之中。

美国法学院的LL.M.项目以及其他项目每年在8月底或者9月初开始。大部分法学院每年在秋季末至冬季初期间接受LL.M.申请。申请方式一般是通过法学院的网站网上申请为主，并要求学生提供一些补充文件，例如申请费用、TOEFL成绩报告、本科成绩单、学位证明、财力证明（美国学生签证）、个人陈述、简历、推荐信等。

LL.M.项目在美国法学院不断发展，对学生的资质要求也将越来越高。对于想接受国外专业训练的法学学生和律师而言，在多元化的背景下学习美国法律和国际法律也将越来越受欢迎。美国的法学院会帮助LL.M.学生做好成为全球法律市场中领导者的准备。

排名	大学
1	Yale University
2	Harvard University
3	Stanford University
4	Columbia University
5	University of Chicago
6	New York University
7	University of Michigan-Ann Arbor
7	University of Pennsylvania
9	University of California-Berkeley
9	University of Virginia
11	Duke University
12	Northwestern University
13	Cornell University
14	Georgetown University
14	University of Texas-Austin
16	University of California-Los Angeles
16	Vanderbilt University
18	University of Southern California（Gould）
18	Washington University in St. Louis
20	George Washington University
20	University of Minnesota-Twin Cities
22	Boston University
23	Indiana University-Bloomington（Maurer）
23	University of California--Davis
23	University of Illinois-Urbana-Champaign
23	University of Notre Dame

资料来源：U.S. News and World Reports Best Law Schools 2011

图片 作者本人提供

Global Vision, Local Experience

全球视野，本土体验
——我在雷鸟商学院的学习生涯

文 林波

上海人，现于美国雷鸟国际工商管理学院攻读MBA课程

我叫林波，上海人。目前在美国雷鸟国际工商管理学院读 MBA 课程，已经有差不多一年时间。在来这里之前，我曾经在一家美资跨国公司的金融部门工作了 9 年。工作后又回来学习，并成为一个全日制的学生，这对我来说是个很大的转变，仿佛又回到了大学时代。

国际化的挑战

雷鸟国际工商管理学院成立于 1946 年，位于美国亚利桑那州马里科帕县的格兰岱尔市。学校专注于研究生的培养，不开设本科课程。雷鸟商学院从 2007 年到 2011 年连续 5 年被《金融时报》评为“国际商务管理”第一名，并从 1995 年到 2011 年连续 17 年在《美国新闻与世界报道》的商学院排名中位居国际管理教育第一名。我准备申请雷鸟时，我的前任上司给我写推荐信，他是一个在中国做生意的美国人。他告诉我，雷鸟这个学校很严格，申请和毕业都会是很大的挑战。他的话反而坚定了我进雷鸟的决心，并因此拒绝了另一个顶尖商学院的录取。

雷鸟的学生来自全球各地 50 多个国家，因而可以真正地体验到各国文化。商学院以全球化的方式进行国际管理教育，所有课程名称都以“国际”来开头，上课的方式也的确很国际化。比如，课堂上使用的案例研究都是直接从不同国家的商务实践中精选而来的，来自于墨西哥、巴西、中国、印度、美国和阿根廷等若干国家。

作为一个来自中国的学生，我不仅要努力去听懂老师的讲课内容，还要去适应不同口音的英语。团队项目与个人单独作业比起来，挑战性更大。一个团队一般会有两个美国人，加上两到三个来自其他国家的学生。这时候，团队的沟通、合作、理解与协调常常会比项目本身来得还要有挑战性。

社交与生活

在雷鸟，你可以自己决定是要住在校内还是校外。我住在学校宿舍，宿舍配有一张床、电话、有线电视、家具和空调，宿舍条件让我十分满意。

在美国，出行有辆车似乎很有必要。雷鸟就有相当多的停车场和租车的地方。我到雷鸟一个月后就买了辆车，当然，还需要考个美国驾照。要是在中国也开车的话，在这里考驾照是件很容易的事情。不过没有车也没有关系，同学都很好，会让你搭车。

社交生活是在雷鸟读 MBA 很重要的一部分。你可以去建立自己的社交网络，也可以利用学校给你提供的社交网。在雷鸟的头三个月，我就和我的美国同学一起成立了太极、气功及冥想俱乐部，会员超过了 40 个。我教他们太极，同时也交了很多朋友。2011 年春节，我还给雷鸟的校董们表演了场太极。

学校的职业发展中心也是一个很好的社交平台。职业发展中心通常会举办一些 MBA 学生和企业、总裁之间的圆桌会议，同时，还会提供一些培训来提高 MBA 学生的适应能力和其他能力。

图片 作者本人提供

The Secrets to Study Success

主动出击 我的美国留学秘籍

文 刘一

佛罗里达大学管理专业硕士研究生

去年这个时候，我怀着我的美国梦，来到这片我憧憬的热土，开始了我在美国的硕士留学生活。中美教育和文化之间差异巨大，在逐步调整和努力适应的过程中，我渐渐悟到了自己的留学秘籍——主动出击。

搞清游戏规则，努力适应环境

对于从小受到中国文化熏陶的我们来说，适应美国文化，并不是一件容易的事情。首先就语言来说，虽然我们从小就学习英语，并且也通过了一些 GRE、TOFEL 考试，但是到了真实的语言环境，多少还是有些陌生。之所以进步得快，与我将语言学习和生活紧密结合是分不开的。首先，我尽量和美国当地人接触，抓住一切机会练习口语和听力。其次，我踊跃参与一些美国人的社团活动。在这些活动中，我不仅认识了一些美国人，还锻炼了自己的英语能力，可以说，这些活动让我受益匪浅。

明确目标，制定发展方向

在来美国之前，我对专业和就业之间的关系只有很模糊的认识。因为在中国，很多岗位，是可以通过后期培训来使工作人员变得专业的。然而，我来到美国以后，深深体会到了专业其实是和就业紧密联系的。美国研究生在报考时往往已有很明确的职业和专业取向，在选择专业和研究生类型时会以自己的职业目标为导向，选择自己最感兴趣的和最适合的。不同专业的就业形势也有差别。所以来到美国适应环境后，考虑将来职业发展的问题就显得相当必要。美国大学选课的限制比较宽松，学生可以选自己感兴趣的课，同时也可以去别的学院选一些对自己将来发展有用的课程。

主动出击，争取实践机会

在确定了自己的发展方向之后，就要开始朝着目标努力了。一般学校会有一些实习机会，但相对来说这种实习机会美国本国人更容易得到。所以这时候，国际学生需要自己去寻找一些就业机会。同时，一个学生的主观能动性也在这时候被充分体现。首先是去参加一些 Career Fair，学校组织的就业宣讲会未必会给你 offer，但你可以向这些企业的 HR 申请实习。其次，可以去网上找一些企业 HR 的联系方式，打电话过去毛遂自荐。有些企业实习是没有报酬的，但是只要是对你未来的就业有帮助，一样值得尝试去做。金融危机给美国经济带来重创，失业率仍然在 9.5%~10% 之间浮动，因此是否有一定的实习经历对你能否成功找到工作具有重要影响。

永不言弃，贵在争取

美国是一个讲究主观能动性的国家，如果去争取，没有什么事是不可能的。我的朋友遇到过这样的事，他应聘某著名汽车公司开发的职位，结果被拒绝了。但是他在收到拒绝信之后，主动打电话去问 HR 拒绝他的理由，向 HR 解释，努力争取，最后该汽车公司 HR 转变了对他的态度，并最终给了他 Offer。这样的事情在美国并不少见。遇见挫折是必然的，没有人的路能走得一帆风顺，但是永远都要积极主动，不要轻言放弃！

图片 作者本人提供

Types of Scholarships Offered in Masters Programs

美国研究生奖学金体系

文 常雅婷

美国研究生的学费很高，商科类顶尖研究生院的学费基本上在4.5~5.5万美元/年，法律类顶尖研究生院的学费基本上在4~5万美元/年，再加上住宿费、学费、书本费、医疗保险等约需要6~7万美元/年。花费如此之高，为何每年还有无以计数的国际学生渴望在美国攻读研究生呢？除了美国蜚声全球的大学教育外，这与美国研究生的奖学金体系也是密切相关的。

研究生奖学金概况

美国研究生教育实行多元主体共同分担的政策。美国的高等教育费用中，政府、企业、社会组织、私人、高校、学生家庭及学生本人等共同分担研究生教育的花费。整个美国研究生教育花费中，3/5来自政府财政拨款，1/10来自社会各界的捐赠和资助，平均只有3/10左右需要由学生承担。因此，大部分学生真正承担的经济压力会远小于学校所公示的费用。

美国各个学校及研究生学院都会为学生设置种类多样的奖学金，美国研究生的奖学金体系实行资助贫困与奖励优秀相结合的方法，学生可以凭借自身的优异、劳动和科研而赢得各种各样的奖学金资助。

美国大学学校类型不同，奖学金的金额也会有所差别。一般而言，美国研究型大学的奖学金种类较多，资助金额和比例也较大，例如麻省理工、哈佛、耶鲁、普林斯顿等；而教学型大学由于学校本身资金有限，所提供的奖学金也比较少，类型也多是需要学生付出一定劳动的居多。

而且，研究生期间不同的专业，所设置的奖学金也会有所差别。一般来说，医学类、法学类、金融类、商科类、艺术类奖学金的竞争十分激烈；而数学、统计学、物理学、化学、天文学、地理学、生物学等学科更容易申请一些。

美国高等教育的奖学金类型多种多样，对于在美国攻读研究生学位的国际学生来说，相对比较容易获得申请的是减免学费奖学金和助研助教类奖学金。

减免费用奖学金

减免费用奖学金是指学校依据一定原则在学生学费以及住宿费、学杂费的基础上减免全部或部分金额的一种奖学金。对于国际研究生而言，申请减免费用奖学金一般需具备优异的学习成绩。这种奖学金常常不会直接发放给学生，而是从学生所需支付的费用中扣除。很多中国到美国攻读研究生的学生都会得到一定比例的减免费用的奖学金，有全免的，也有减免3/4、1/2的；还有一些学校，尤其是州立大学实行州内和州外、国外三种收费标准，这种类型的学校会提供将国际学生的学费减免为州内或州外收费标准的奖学金。

这种奖学金是学生在申请学校时同时申请的，一般来说，学校会在告知学校对你的录取意向时也会告知为你提

图片 Harvard University 提供

出国留学，你拿到 Visa 了吗？

海外留学是孩子人生中难得的经历。如何能够让孩子在最平稳的状态下融入陌生的国度、培养独立的生活能力显然是父母在送子女出国之前最重要的课题。 而父母要做的第一步就是为孩子选择全面、便捷、安全并易于管理的金融财务工具。

中国留学生年龄愈趋低龄化，在美国申请金融工具存在一定的困难。而 Visa 在国内推出的一系列包括美元借记卡和信用卡在内的多种金融产品，兼顾留学生及其父母在留学各个阶段的不同财务需求，使各种金融难题在孩子出国之前就迎刃而解。

留学轻松申请

一般来说，申请美国的私立中学需要提前一年开始准备。申请学校的过程中会涉及多种费用：比如学校的申请费与报名费用、语言水平认证考试的费用、美国中学入学考试 SSAT 考试的费用，以及入学前的保证金等，这些费用均可通过网上支付完成。很多相关项目的费用的在线支付只就支持国际品牌如 Visa 的卡片，例如 SSAT 考试报名费、学校的保证金等，因此申请一张 Visa 国际信用卡或国际美元借记卡则极为重要，避免孩子在申请学校的过程中出现问题而失去入学机会。

更重要的是，Visa 为进行网上支付的 Visa 信用卡持卡人提供“Visa 验证”服务。开通注册“Visa 验证”服务,，即可为境外网络支付交易加上密码保护，保障家长或孩子网上支付的安全。

安全及时付费

获得学校录取通知书并拿到签证之后，就要着手准备缴付学费和住宿费。支付这两项费用有两种方式。首先可以选择在国内通过网上支付，这时候只要拥有一张开通网上交易功能的 Visa 信用卡，就能确保费用安全、及时地到账。

另外一种方式是让孩子到达学校后当面支付。很多家长都有这样的苦恼——由于孩子初抵美国年龄又小，未成年人在美国无法申请银行账户，而携带大量现金出发又十分不安全。其实家长只要在国内银行提前办理一张 Visa 国际借记卡就可以解决这个问题。所谓借记卡，就是我们日常所说的储蓄卡或者理财卡。家长在提供 Visa 借记卡服务的国内银行开立相关账户，就能获得卡片并开通境外支付功能。接下来，家长只需在国内向这张借记卡账户存入资金，而孩子携带这张 Visa 借记卡出国，就可在境外学校直接刷卡支付学费了。

便利美国全方位

孩子到达美国后，除去学费和住宿费，从学习课本、交通、饮食到日常用品，生活的方方面面无不需要支付。但是，美国在留学生银行账户、借记卡、信用卡的申请方面有很严格的年龄限制。在美国，18 岁以下的未成年人是连美国银行账户也无法开通的。而即使是年龄达到标准可以申请信用卡，也必须要先申请到 Social Security Number(Social Security Number 必须在有工作的前提下才可申请)。然而如何可以让孩子初抵美国的这段生活顺利无忧，同时又能开始培养他们理性消费的习惯呢？

前文已经提到，国际借记卡拥有国际实时到账功能，巧妙使用可以达到事半功倍的效果。比如，孩子携卡出国后，家长无需出示卡片，在国内可向孩子的借记卡号内即时存入或者转入资金，孩子在当地立即就可以支付或取款。

目前 Visa 借记卡可以随时在 Visa 遍布全球的 160 万台 ATM 机上取款，也可以在接受 Visa 卡的商户处直接刷卡支付。孩子不必再携带和保存大额的现金，亦免去各种汇款等待时间以及到银行营业网点取款的奔波。

同样，Visa 信用卡也是孩子海外生活不可或缺的一个重要帮手。最简单的方式是家长办一张主卡，给孩子办一张附属卡带出国，这样孩子在国外刷卡消费，家长在中国拿到每月账单还款，可以清楚了解孩子该月都有哪些开销，以方便家长监督孩子的财务支出。有了这张附卡，孩子无论是在超市购物，网上购买图书，还是在美国旅游，都能通过一张信用卡轻松实现。

紧急需求有保障

此外，求学在外，难免会遇到急需大量现金的情况。通常大家想到的都是通过汇款或转账将钱交给需要的人，但是资金的到账往往至少需要 1 天甚至更长的时间；如果汇款过程中需要通过中转银行，资金到账的情况会更难以预计。但是如果拥有一张 Visa 借记卡，它的实时到帐功能就会让一切都变得非常简单可控。

如果孩子在国外发生了不小心丢失卡片的情况，家长也无须担心。Visa 卡在全球范围内都提供境外紧急现金救助服务，家长和孩子都可以拨打免费电话到 Visa 全球紧急服务中心，经过发卡行确认并授权后，孩子在一到三个工作日内可在美国当地拿到一张临时 Visa 卡并且还可以紧急取现以帮助暂时缓解缺钱之急。

如果有意办理 Visa 信用卡和借记卡，请向您所在城市的发卡银行咨询；也可以登录 Visa 中国网站 www.visa.com.cn 了解更多信息。

供的奖学金类型及比例。减免学费对国际学生而言，是相对容易得到的奖学金，因为该项奖学金名额一般都比较多，减免费用奖学金既会为学生提供一定金额的资助，同时又需要学生承担一定比例，这样既不会使学生因无法承担高额费用而放弃求学，又不需要学校进行太多资助。

助研助教类奖学金

助研助教类奖学金在美国研究生奖学金体系中所占的比例很大，例如美国麻省理工学院研究生获得财政资助的比例达 86%，其中 2975 名研究生获得了助研奖学金，占受资助学生总比例的 50%；1125 人获得了兼职或全职的助教或助理讲师的工作，比例达到了 19%。

但是，助教助研类奖学金需要学生付出很多时间和精力，从事辅助研究和教学的工作。而美国学生获得其他不需要劳动的奖学金比例很大，再加上自己家庭的经济能力，许多人都可以负担求学费用，所以不少美国人不喜欢申请助研助教类奖学金，这样就增加了国际学生获得助教助研类奖学金的几率。

助教奖学金（teacher assistant fellowship）需要获奖学生帮助教授处理一些教学事务，包括批改作业，指导本科学生进行试验，准备课堂演示的仪器及材料，上传课程资料，参与课堂讨论等，但是一般不能给学生独立上课。获得助教奖学金的学生一般每周需要工作 12~20 小时，学生除了享受奖学金外，还能积累一些课堂教学的宝贵经验。

与助教奖学金相似，有些学校还设有助理讲师（associate instructor）的岗位，担任此职位的研究生是可以独立上课的。这种职位一般由高年级学生或者博士生担任得较多，对申请者的能力和水平有更高的要求，需要申请者具备一定的教学能力，奖学金金额方面也比较高。

助研类奖学金（research assistant fellowship）需要学生协助教授从事科学研究，进行实验以及数据分析，进行相关调查，搜集材料等。学生大约每周会工作 12~20 小时，一般来说，理科生要做很多实验，强度比较大，但是对学生研究能力的锻炼也很大。文科研究生要相对轻松一些，但是人文科系的外部资金来源也较少，所以提供的助研岗位也比较少。

随着助研工作对学生要求的越来越严格，现在部分学校不再向研究生新生提供助研奖学金，而是以研究生奖学金（Graduate Assistantship）代替。研究生奖学金的工作相对简单一些，工作性质取决于学校和院系的安排。

助研助教类奖学金的申请建议：

一般来说，获得助研助教类奖学金的学生不但能够享受生活津贴，还能享受减免学费，因此，该项奖学金对学生是否能顺利接受研究生教育具有重要意义。要想成功申请该项奖学金，学生需从以下方面着手：

了解信息

助研助教类奖学金在不同学校申请的时间也不一样，对于在校生来说，学校及院系会提前告知学生；对于新生来说，有些学校需要学生在被学校录取之后再进行申请，有些学校则是在申请学校时同时申请，因此学生需要登陆各个学校的官方网站了解情况。

关于此类奖学金的详细情况，你还需要向学院或者学校相关部门索取介绍。在介绍中一般会有学校和学院所提供的助研助教类奖学金有哪些，具体金额、竞争比例、申请要求等。学期聘任一般为 9 月初到 5 月底，暑期聘任一般为 6 月初至 8 月底。

主动出击

很多时候，申请助研助教类奖学金还需要你主动与教授联系，甚至有些学校和院系的这部分奖学金就是由教授本人或者是院校、教授共同分担的，因此争取教授的认可十分重要。你可以认真了解一下教授的研究方向以及工作要求，然后有的放矢地介绍自身的优势和强项，以便教授对你有更多的了解，增加获得奖学金的机会。如果你认识学校教授或者其他人员，能够让他们帮你推荐最好。

亮出优势

一般来说，学院会有不止一个岗位的助研、助教和助理教师岗位，但是你要选择最适合自己的，并在申请中亮出自身优势。

经验对于你的申请非常重要。如果你曾有过一些研究或担任教师或助教的经历，请一定要在相关申请中谈及，这样会使你更有竞争优势。而且虽然这些奖学金是一年一申，但是有了一年的经验之后，第二年连任或申请其他项目的助研助教类奖学金会更容易一些。

良好的学术成绩与英语水平也是大多数学校申请奖学金的重要标准之一。即使一些美国大学对 GRE 和托福以及学术成绩没有明确的最低要求，但是这些常常会成为隐性标准。因为助研助教类工作都需要具备良好的英语水平和学术功底，才能从事研究、交流、授课等工作。

与所申请职位的研究方向相近，对于你的申请也很有帮助。一般来说，你所学的研究专业与教授的研究方向越相近，你从事助研助教类工作就会更为方便，更容易。而且这样还可以将自己的专业学习与此类工作结合起来，两者相互促进，相得益彰。当然，如果你所申请的职位是协助自己导师的话，你获得的几率会更大一些，毕竟导师对你的能力更为了解，你们的研究方向更接近，而且从情感上导师也更乐意帮助自己的学生。

全奖

在研究生阶段，全奖大多是 merit-based 原则，要求学生在学术成绩等许多方面都非常优秀，除了本身优异的 GRE、GPA 成绩，常常还需要学生取得一定的研究成果，并且个人陈述也要别具一格，夺人眼球。这项奖学金不用从事相关工作，也不必纳税，而且金额很高，可以涵盖学生的各项费用，但申请过程中竞争非常激烈，获得几率较小。

勤工助学奖学金

学校在学生入校之后还会提供一些勤工助学奖学金。这些职位包括在校内图书馆、电脑中心、校内餐厅、宿舍、行政办公室等从事一些辅助性的工作。这种收入一般不高，法定标准是不低于 5.15 美元 / 小时，比较高的薪资大概在十几美元 / 小时。

校外奖学金

除了以上一些校内奖学金，学生还可以申请校外奖学金。校外奖学金的提供者多种多样，多是一些热心教育的社会组织、企业、个人、中学等。但是校外奖学金并不能减少家庭需要贡献的金额，只能用于抵消你的贷款或者助研助教类和勤工俭学奖学金，以及不用学生付出劳动的其他奖学金。

Emigrating to the US
移民美国

美国是一个移民国家，其200多年来的移民历史赋予了美国多元的文化观。可以说，是移民造就了当今富裕、先进、强大和开放的美国。在美国，移民与本地人有着同等发展和成功的机会。只要奋发图强、立志进取，就有机会成功，融入这个国家。这也充分体现了"美国梦"的精神——人人具备能力，通过奋斗，达成梦想。

教育

美国教育质素冠绝全球。英国路透社最新一期大学教育排行榜显示，在全球前二十所最佳大学中，十六所来自美国。并且，美国的哈佛、加州理工、麻省理工、斯坦福及普林斯顿大学囊括了全球最佳大学前五名，而英国本土的牛津、剑桥只能并列屈居第六位。

与留学生相比，移民子女在接受美国教育方面享有巨大优势：

1）免费就读公立小学及中学（12年免费义务教育）；

2）公立大学学费享受高额补贴。举例而言，留学生在就读加州大学（University of California – 美国顶尖公立大学，其伯克莱分校享誉全球）时的学费约为每年四万美元，而移民子女仅需花费约八千美元，是海外留学生的1/5;

3）美国顶尖大学及中学招收海外留学生的名额非常有限；而移民子女则被视为本土学生，不受名额限制；

4）毕业后，比留学生更加容易在美国找到工作，因

图片 GettyImages 提供

为美国雇主通常优先雇佣本地人，尤其在现在较为困难的经济形势下。

因此，越来越多的亚洲富裕家庭，选择投资移民美国，以让子女充分享受美国的教育资源。

美国移民的权利

美国移民可以享受与美国公民同样的多种权利和福利（选举权例外），这包括：

1）享受教育和工作的权力；

2）与所有美国居民和公民一样，享受医疗和社会保障；

3）家庭与财产的安全保障；

4）将生意拓展到北美；

5）在目前美国房市低迷期，以 20%-50% 的折扣低价购入美国房产；

6）在移民 5 年后申请入籍，成为美国公民，并持有美国护照，免签证访问 150 多个国家及地区。

EB-5 投资移民方案

美国 EB-5（Employment Based Fifth Preference）投资移民项目于 1990 年起实施，目的是吸引海外投资者来美国投资及创造就业机会。1993 年，EB-5 移民法规中特别增设了"地区中心试行方案"（Regional Center Pilot Program），为富裕人士投资移民美国提供了最为便捷的移民途径。

项目要求

申请人应投资至少 50 万美元（约 315 万人民币）于美国公民及移民服务局（USCIS）核准的地区中心项目中，该投资应为美国直接或间接创造 10 个就业机会。申请人应能证明这 50 万美元投资的合法来源，来源可以包括经营或投资收益、薪金收入、财产出售或出租、赠与、继承或通过资产抵押借贷等途径。

项目优势

美国 EB-5 投资移民有以下显著优势：

1）对申请人没有学历、英语、年龄和商业背景的要求；

2）资产来源可通过多种途径解释；

3）配偶及 21 岁以下未婚子女可同时获得绿卡；

4）申请人可以自由定居在美国任何州，而不必居住在所投资的州；

5）快捷：是速度最快的美国投资移民项目

6）没有严格居住要求（移民监），可以自由进出美国，无需放弃国内事业。

选择地区中心项目

值得投资者注意的是，与加拿大及英国投资移民不同，美国 EB-5 项目的投资没有美国联邦政府的担保，投资者需要自行承担经营风险。目前，美国共有近 200 个地区中心，各个中心的投资项目内容不同，投资安全性也有较大差异。因此，在选择地区中心项目时需要特别谨慎。

汇加顾问集团（Visas Consulting Group）是业内较早开展美国 EB-5 投资移民服务的移民顾问公司。由于对地区中心项目实施严格的甄选标准，汇加至今持续保持着 I-526 临时绿卡及 I-829 长期绿卡 100% 成功率的优异记录。据

图片 GettyImages 提供

汇加的美国律师介绍，该公司在选择 EB-5 地区中心项目时，一般遵循以下标准：

1）选择直接投资的股权类投资项目，或者结构简单的债权类项目；

2）要求项目所创造就业数量至少有 30% 的富裕量，即每个投资者至少能创造 13 个就业机会；

3）审慎考核地区中心的过往成功历史，一般不推荐全新的地区中心；

4）非常注重实地考察，并聘用独立第三方律师作尽责调查。

股权类项目推荐 - 波特兰万豪酒店项目

本项目是汇加顾问集团推广的的第三个万豪酒店 EB-5 投资移民项目。本项目位于波特兰市，投资者将通过投资 50 万美元，营建一个全新的万豪全套房酒店项目，并成为该酒店项目公司的股东。该项目将可给当地带来大量就业机会，让投资者满足 EB-5 移民项目的就业要求，全家获得美国绿卡。

项目摘要

总募集资金	$4,900 万美元
资金用途	营建拥有 225 间套房的波特兰万豪酒店
募集单位	98 个投资者
每个投资者投资额	$50 万美元
每个投资者可创造就业人数	17 个
预期年化回报	6%
退出机制	5~7 年内通过整体收购或再融资方式，以 15% 的溢价（包括既有分红）收回投资

项目优势

a) 无可比拟的品牌优势

万豪国际集团，这一全球知名酒店管理集团将负责波特兰万豪酒店今后 30 年的管理。万豪品牌，以及其庞大而忠诚的客户群体，将为该酒店的成功经营打下坚实基础；

b) 充分的就业数量

权威经济学家 Paul Sommers 博士曾为 40 余个 EB-5 移民项目撰写就业报告，他的就业报告得到移民局 100%

的认可。根据 Sommers 博士的测算，波特兰万豪项目将可为每个投资者直接或间接超过 17 个就业机会，是美国移民法律要求 1.7 倍；这样高的就业富裕量，在 EB-5 投资移民项目中是罕有的。

c) 首创的股权类项目整体退出机制

项目开发方对回收投资充满信心，因此，计划于 5~7 年内，通过项目整体收购或再融资方式，以 15% 的溢价（包括既有分红）回收投资。

波特兰万豪酒店项目综合了股权类投资项目及债券类投资移民项目的优点：

优点	股权类投资	债权类投资	波特兰万豪酒店项目
直接创造就业无法律风险	√	X	√
所有权结构明确	√	X	√
回报较高	√	X	√
退出机制清晰	X	√	√

债权类项目推荐 – CMB 地区中心市政基建项目

CMB 地区中心创立于 1997 年，是美国历史最悠久的地区中心项目之一。经不断扩充，目前 CMB 地区中心地理范围已涵盖加州及俄亥俄州全境。

CMB 通过投资市政基建项目创造大量就业，让投资者满足 EB-5 移民项目的就业要求，全家获得美国绿卡。同时，投资将以地方政府地产税、政府债券发行收入、联邦政府贷款担保等作为还款来源，还款有充分保证。

目前 CMB 地区中心已成功发行 12 组 EB-5 投资移民基金，达到一个新的里程碑：

1）总投资人数超过 1000 人

2）I-526 临时绿卡批准数达数百例，成功率 100%

3）大量 I-829 永久绿卡成功案例，成功率 100%

关于汇加顾问集团

汇加顾问集团 (Visas Consulting Group) 是领先的国际性专业移民法律服务机构。集团总部律师行于 1974 年成立于加拿大魁北克省蒙特利尔市 (Montreal)。经过近 38 年的发展，汇加集团已在美国旧金山、洛杉矶，加拿大温哥华、多伦多，英国伦敦，澳洲悉尼，新西兰基督城以及香港设有独立或合作之法律事务所。

汇加顾问集团是最早进入中国移民市场的移民法律机构之一，并已在上海、杭州、宁波、温州、苏州、无锡、广州、深圳等多个城市设有子公司，为中国公民提供专业、全面及周到的移民法律服务。

同时，汇加顾问集团也是业内较早开展美国 EB-5 投资移民服务的移民顾问公司。由于对 EB-5 地区中心项目实施严格的甄选标准，汇加的美国投资移民项目，至今持续保持着三个 100% 的傲人记录：

- 100% 的 EB-5 地区中心项目成功率；
- 100% 的 I-526 临时绿卡申请成功率；
- 100% 的 I-829 长期绿卡申请成功率。

欲了解美国投资移民项目详情，或汇加顾问集团的更多信息，请咨询：

汇加中国免费电话：400-880-9908

汇加北美免费电话：1-866-789-0999

汇加专业移民网：www.visas.to

夏威夷海岸

The US: A Quick Tourist Guide
快速体验迷人美国

文 Charlotte Parkes

美国是一个宽广、多元、迷人的国度，包括55个州，东、西海岸相距4800公里。美国还拥有世界一流的教育：哈佛、普林斯顿、耶鲁、布朗都是举世闻名的学府，教育水平一流。

美国的景色非常多样化，既有浩瀚蔚蓝的大海，也有郁郁葱葱的高山，还有别样风情的沙漠。新英格兰地区的夏天明亮澄净，秋天树木金黄，冬季寒冷凛冽；而加利福尼亚的夏季时间很长，阳光四溢，即使在冬季风也很温和。美国国家公园风光秀丽，将给你绝妙的游览体验。

加州 Tahoe Ski 酒店公寓

Yosemite 国家公园风景优美，Sequoia 公园拥有一些世界上最大的树木，部分树木至今已有 3000 多年了。黄石（Yellowstone）国家公园的温泉令人称赞，Old Faithful 喷泉每 90 分钟喷涌一次，泉水喷涌到空中高达 120~180 英尺。著名的湿地国家公园（Everglades National Park）的湿地是许多野生动物的家；佛罗里达美丽的海滩也使其成为游客的一个目的地。在美国，你会有无穷无尽的选择！

如果你想要看美国风光，不妨沿着著名的 66 号公路驱车。它的起点在芝加哥，终点在洛杉矶，全长 3864 公里。或者，你也可以驾车在美丽的太平洋海岸高速公路上行驶，它的起点在洛杉矶，之后沿着风景优美的海岸线，经由洛杉矶并继续延伸（全长 1497 公里）。如果你喜欢短途旅行，佛蒙特州的 100 号公路长达 322 公里，两岸风景苍翠茂盛。

美国常常给人留下非常热情的印象，在传统美国一流的服务中，你会感觉很受欢迎，就像在家里一样舒适自然。

下面我们一起来探寻美国五大一线城市！

芝加哥

观光

John Hancock 中心不仅有住宅、办公楼和商店，还有 Hancock 瞭望台，你可以没有任何干扰地露天太空漫步，它位于 94 层的高空，高出“奢华之路”（Magnificent Mile）地面 1127 英尺，将带给你无法想象的、刻骨铭心的城市美景体验。

密西根湖畔的海军码头（Navy Pier）也非常引人入胜，

拉斯维加斯购物

有 Smith 博物馆、摩天轮、滑冰、Imax 3D 电影院、小高尔夫球场等等，可以满足每个家庭成员的需求。

芝加哥历史博物馆（Chicago History Museum）史学意义重大，记述了芝加哥和伊利诺斯州的历史，让人印象深刻。它还有一个美式侧厅，陈列着许多珍贵的具有重要历史意义的展品，例如《独立宣言》（Declaration of Independence）23 个副本的其中一个。

购物

密西根大街的“奢华之路”（Magnificent Mile）是芝加哥最为时尚的街道。它有 8 个街区，460 个世界一流的购物店。

住宿

王牌国际酒店（Trump International Hotel）和塔楼（Tower）的风景将会让你欣然愉悦，从这里可以欣赏芝加哥河以及近在咫尺的"奢华之路"的无限美景。整个酒店的当代时尚格调给人热情而又温文尔雅的感觉，迷人的落地窗可以让你透过酒店饱览城市风光。

洛杉矶

观光

举世闻名的好莱坞大道（Hollywood Boulevard）已有2500多名国际巨星走进了名人堂（又名"名人步道"，Walk of Fame），例如汤姆·克鲁斯（Tom Cruise）、玛丽莲·梦露（Marilyn Monroe）、迈克·杰克逊（Michael Jackson）、威尔·史密斯（Will Smith）、华特·迪士尼（Walt Disney）、成龙（Jackie Chan）、李小龙（Bruce Lee）等等。参观中国剧院（Mann's Chinese Theatre）时，你会发现剧院外的人行道上有好多电影首映时明星留下的手印。

J Paul Getty博物馆位于Getty Centre，它本身就是一个建筑杰作，并陈列着一系列世界顶级艺术品，而且还可以观览洛杉矶的迷人景色。

环球影城（Universal Studios）采用主题公园的形式，可以让你兴致勃勃地玩上一整天。影城之旅的有轨电车会带你走进电影中的场景和摄影棚，并会有导游为你讲解沿途的趣事。购买"队伍之前"（Front of the Line）的通行证，还能让你免去排长队等候的烦恼。

购物

罗迪欧大道（Rodeo Drive）是世界上最为奢华的购物街之一，聚集了世界顶级设计师的设计作品。而且罗迪欧大道还经常出现在许多电影场景中，例如《风月俏佳人》（Pretty Woman）。

拉斯维加斯牛仔

住宿

Casa Del Mar酒店位于圣莫妮卡小镇（Santa Monica），是一个让你在美丽的海边休闲放松的海滨度假地。它为游客提供了奢华的海边度假生活，让你在喧嚣的圣莫妮卡小镇的僻静街角享受一份静谧。

纽约

观光

帝国大厦（Empire State Building）落成于1931年，是美国最高的摩天大厦。这座让人叹为观止的大厦耗用了上千万块砖。登上86层的瞭望台，纽约城白天和晚上的惊人美景尽收眼底。

中央公园（Central Park）是纽约这座熙熙攘攘的城市中央的美丽绿洲。冬季，你可以在这里滑冰；夏季，你可以参观公园不同区域的景致，例如野生动物保护中心（Conservation Center）。

百老汇也许应该是世界上最著名的音乐剧场了。你可以随便选择一个这里上演的剧目观看：《泽西男孩》（Jersey Boys）、《魔鬼坏女巫》（Wicked）、《歌剧魅影》（Phantom of the Opera）、《狮子王》（Lion King）。所有这些剧目都非常成功，并一直延续辉煌。百老汇绝对不会让你失望！

购物

第五大街（Fifth Avenue）和这里的精品商店造就了纽约城的国际声誉。

沿着这条令人兴奋的大街，你可以发现Tiffany & Co.、Saks Fifth Avenue、Bergdorf Goodman以及其他众多顶级时尚品牌店。

住宿

著名的Plaza酒店投资4.8亿美元进行翻修，并于2008年重新开业，从这座异常奢华的地标性建筑可以俯瞰美丽的中央公园（Central Park）。

旧金山

观光

诺布山（Nob Hill）是在旧金山不可不去的景点，它是整个旧金山的最高点，山上设有缆车，并有耗巨资修建的高档酒店，更重要的是它将为你提供一个独特的视角，欣赏旧金山的迷人景色。

渔人码头和39号码头（Fisherman's Wharf Pier 39）附近有许多购物中心和饭店，与著名的旧金山海湾相对。旧金山艺术宫（Palace of Fine Arts）和探索博物馆（Exploratorium）的地理位置非常优越，在前世博会园区。探索博物馆中推出的"动手参与现代科技"会使整个家庭都觉得非常有趣，也极具挑战，具有良好的教育意义。

迈阿密 Everglades 国家公园

购物

联合广场（Union Square）是旧金山的主要购物区，有许多百货公司，例如 Saks Fifth Avenue、Macy's、Dior、Burberry、Celine、Chanel、Armani、Hermés 等诸多品牌百货店。这里的高档购物中心应有尽有。

住宿

Fairmont 酒店房间充裕，有一种颓废的格调，从这里看旧金山风景，与从诺布山看风景一样美妙！

拉斯维加斯

观光

著名的拉斯维加斯大道两旁的酒店是其非常重要的旅游景点。从商业街南边的"欢迎来到拉斯维加斯"标牌开始，一路向北走来，你会发现玻璃建造的金字塔式的 Luxor 酒店、New York New York 酒店、MGM 大酒店的狮子、巴黎酒店、百乐宫（Bellagio）鲜花簇拥的玻璃制休息室、凯撒宫、在夜晚会呈现火山爆发景象的 Mirage 酒店、威尼斯的运河……这些可以让你兴致勃勃地逛上一天，如果你想参观酒店内部，也可以花上更多的时间。对于来到拉斯维加斯的游客来说，美国大峡谷（Grand Canyon）也是不得不去的名胜。

购物

百乐宫的 Via Bellagio 购物中心有一些顶级购物店，不过在大部分酒店购物中心，你都可以发现很棒的购物店。凯撒宫的 Forum 购物中心、Palazzo 酒店的 Shoppes 购物中心、Wynn 酒店的 Wynn Esplanade 购物中心都有许多顶尖购物店，而且环境优美。

雪地嬉戏

Boston: A Quick Tourist Guide
魅力波士顿

文 Charlotte Parkes

波士顿是美国最为古老的城市之一，历史悠久，同时也是现代精巧与传统温情的完美融合。明快的风格和远见的卓识铸就了这个生机无限的城市，并促使其不断开拓创新。波士顿每年会接待约1200万游客，这不仅是因为它是美国独立战争的诞生地，也是因为它拥有享誉全球的教育、文化、历史、商业设施和餐饮业。走近波士顿，将会发现她浑身都散发着独特魅力。

名胜

如果您只有一天时间游览波士顿，自由之路（The Freedom Trail）将能让你看遍波士顿的美景，带给你非同一般的享受。

游览自由之路，您既可以与徒步游导游结伴而行，也可以独自漫步。如果您不想步行，还可以坐有轨电车游览，虽然这不是官方的自由之路游览，但是有轨电车会在每个旅游景点停车，以便你下车游览 (www.historictours.com/boston)。如果您选择徒步，不妨沿着有一条红砖色的线游览，它连接着城市周围的主要名胜，步行大概要2~3小时，当然，如果你想要对这里的历史建筑有更为细致全面的了解，在这里漫游一天也无妨。

自由之路的起点在位于比肯山和剧院区的波士顿公园（Boston Common），沿着自由之路你可以亲自领略一系列名胜的迷人风采：马萨诸塞州议会大厦（Massachusetts State House）、公园街教堂（Park Street Church）、老谷仓墓地（Old Granary Burying Ground）、国王教堂及墓地（King's Chapel and Burying Ground）、第一所公立学校（First Public School）、老街角书店（Old Corner Bookstore）、旧南会议厅（Old South Meeting House）、老州府大楼（Old State House）、波士顿屠杀遗址（Boston Massacre Site）、法纳尔大厅（Faneuil Hall）、保罗·里维尔故居（Paul Revere House）、老北教堂（Old North Church）、考普山墓地（Copp's Hill Burying Ground）、查尔斯顿海军造船厂和"宪法号战舰"（Charlestown Navy Yard and the USS Constitution），最后是查尔斯顿的邦克山纪念碑（Bunker Hill Monument）。

自由之路周边的所有名胜在美国历史中都有重要意义，以下仅是对其中某些名胜进行的介绍。

马萨诸塞州议会大厦位于比肯山山顶，是一座有着金色圆顶的华丽宏伟建筑，从这里可以俯瞰波士顿公园的无限美景。1795年，塞缪尔·亚当斯（Samuel Adams）和保罗·里维尔（Paul Revere）为其奠定了第一块基石，1798年这里成为了新的州政府中心。从此查尔斯·布尔芬（Charles Bulfinch）设计的这座建筑就成了所有政府建筑的范本，并被霍姆斯（Oliver Wendell Holmes）赞誉为"太阳系中心"。

旧南会议厅建于1729年，这所典雅的教堂当初是为清教徒修建的会议厅。作为波士顿最大的建筑，它常常成

波士顿自由之路

为市会议厅不足以召开全市会议时的最佳选择。18世纪60年代末期和70年代初期，波士顿人对英国的税收和政策愈加不满，冲突不断。1773年10月16日，5000名波士顿人涌进旧南会议厅，抗议英国人设置的茶叶关税政策。亚当斯（Samuel Adams）就是在此地发起并领导了波士顿茶党事件（又称"波士顿倾茶事件"，Boston Tea Party），最后342箱茶叶在海港被倒进大海。

邦克山纪念碑是一座花岗岩铸就的方尖碑，在查尔斯顿上空若隐若现，它是为了纪念1775年美国独立战争的第一次大型战役而修建的。虽然英国在这场战役中获胜，但是却损失惨重，这使得美国人民最终做出了反抗英国殖民统治的重大决定。这座纪念碑的设计现在常常成为美国其它纪念碑的底本。

博物馆与展览馆

波士顿有许许多多的博物馆和展览馆，那么我们何不从科技博物馆和科技园开始呢？在这里每一个人都会发现有许多值得参观和可以做的事情。这里有蝴蝶园、3D电影院，还有取材于多变的日常生活的生活展。Mugar Omni剧院将会带您进入一个您从未见过的世界：也许是南极洲，

波士顿 Fine Arts 博物馆

也许是阿拉伯，或者也可能是在乘坐过山车。这个博物馆无所不包，从自然世界到物理科学，再到现代科技，应有尽有。如欲了解展览会的最新信息，请登录 www.mos.org。

参观过当代科技之后,不妨走进美术博物馆（Museum of Fine Arts），在这里您将有梦回多个时代，游历不同国家的非凡感受。美术博物馆是新英格兰地区最大的博物馆，收藏着来自世界各地的动人心魄的艺术品。美术博物馆的收藏数不胜数，有许多意大利文艺复兴、古希腊、古埃及、古罗马艺术，以及法国印象派画作等世界顶级艺术作品。如欲了解美术博物馆的所有展览，请登录 www.mfa.org。

如果您喜欢现代艺术，可以去当代艺术研究中心（Institute of Contemporary Art），它位于 Waterfront 的标志性建筑内。在这里您可以通过电子和行为艺术打破脑海中的种种禁锢和束缚，享受一场综合了绘画、素描、雕塑、摄影、电影、音乐等多种艺术类型的前卫而极具想象力的艺术盛宴，任何你可以想象到的，这里都能为您呈现。如欲了解详情，请登陆 www.icaboston.org。

自 2011 年夏季开始，你还将有机会参观波士顿茶党船只与博物馆，重温美国历史，船只是按照当时反抗斗争中的船只仿制而成。船只上的博物馆将让游客拥有宝贵机会亲身体验当时人们是怎样为自己和他人的独立而奋斗的。你甚至还可以加入他们！（该博物馆现正在翻修，将于 2011 年夏重新开放，详情请登录 www.historictours.com/boston。）

剧院与歌剧

波士顿交响乐团会在交响乐大厅为您演奏著名作曲家瓦格纳、马勒、贝多芬、柴可夫斯基等人的世界名曲。从 10 月份到第二年 6 月这里会一直都有演出，而在夏季波士顿交响乐团会组队前往乐坛胜地谭歌坞（Tanglewood）。开车前往谭歌坞只需 1~2 小时，你可以在美丽的乡村举行野餐，欣赏一些最美的经典音乐。波士顿流行音乐团将在 5、6 月份接替波士顿交响乐团在交响乐大厅演奏影视音乐、百老汇音乐以及流行音乐等。

波士顿芭蕾舞团会在每年 10 月至次年 2 月在华丽非凡的波士顿歌剧院上演《胡桃夹子》（The Nutcracker）、《仲夏夜之梦》（A Midsummer Night's Dream）、《舞姬》（La Bayadère）等世界名舞。

波士顿庆祝系列演出会带你体验波士顿当地最为著名的类型多样的一流演出。今年的演员有 Liza Minnelli、Joshua Bell、Takács Quartet 、St. Petersburg Philharmonic 等。你可以登陆网站 www.celebrityseries.org 预订门票（今年 10 月至明年 5 月）。另外，威伯剧院（The Wilbur Theatre）也常常有许多其他地方的演员来此演出，你可以登陆网站 www.thewilburtheatre.com 查询将有什么庆祝演出上演。喜剧演员、歌手以及其他艺术演员将群星汇聚，因此提前查询一下在你来参观时将有哪些演出将非常有必要。

如果你想要观看享誉世界的百老汇演出，你不妨看一下波士顿歌剧院（The Boston Opera House）和波士顿殖民地剧院（Boston's Colonial Theatre）的巡回演出介绍，《魔法坏女巫》（Wicked）、《泽西男孩》（Jersey Boys）、《欢乐满人间》（Mary Poppins）、《西区故事》（West Side Story）都将在这两个剧院上演，演员们会以自身充满活力的高水准演出为观众带来独特的艺术享受，余音绕梁，三日不绝。欲了解详情，请登录 www.broadwayacrossamerica.com。

购物

波士顿从来都不缺少高档购物商店！考普利广场是一个高档雅致的广场，拥有许多奢侈品商店，广场中心是一个引人入胜的瀑布美景。旁边有 Westin Copley Place 酒店和 Boston Marriot Copley Place 酒店。主要的高档品牌有：Tiffany & Co.、Jimmy Choo、Ralph Lauren、Louis Vuitton、Christian Dior 等。考普利广场还有许多高级餐厅供你享受美味佳肴，步行 5 分钟你还能在考普利广场欣赏人间美景。

Newbury 大街高雅、美丽、时尚，这里有最为著名的时装精品店、酒店和艺术展览馆。著名的品牌包括 Chanel 精品店（Newbury 大街 5 号）、Giorgio Armani 精品店（Newbury 大街 22 号）和 Burberry 有限公司（Newbury 大街 2 号）。逛街逛累了，你可以在街道两旁的饭店和酒吧中休息一下，享受不同口味的美酒佳肴。

奢华高档的 Heritage 位于 Garden Mall，与 Newbury 大街相距一个街区，位于 Boylston 大街和 Arlington 大街街角，从这里你可以俯瞰波士顿公众公园（Public Garden）。这里有世界顶级设计师设计的精品，例如 Hermès 和 Escada。来到 Boylston 大街千万别忘了著名的 FAO Schwartz 玩具店，它能让任何年龄的顾客都欣喜若狂。

餐厅

在 Taj 酒店的 The Café（Arlington 大街 15 号），你的味蕾将美美地享受一番传统美国菜肴。在周六或周日（早上 7 点～下午 2 点 30）来这里吃一份早晚餐，早餐后喝一杯香槟，当季莓果、脱脂牛奶薄饼、比利时威化饼或鸡蛋和腌肉中选择一些美味，一边看 Newbury 大街来来往往的人群，一边品尝美味（早餐、午餐、晚餐营业），真是惬意无比。欲了解更多详情，请登录 www.tajhotels.com。

想品尝传统的波士顿美食，不妨在 Abe and Louie's（Boylston 大街 793 号）试一试美味异常的牛排。这里鲜嫩的牛排非常有名，在 2004、2005 和 2009 年均被评为“波士顿最佳牛排馆”（《波士顿杂志》“波士顿之最”）。Abe

自由酒店

and Louie's 还获得了许多其它奖项，例如在 2006~2009 年连获“名酒榜单‘最佳奖’”。预约时请确定有位子，以便可以静静地坐在这里看外面大街的无限生机（www.abeandlouies.com）。

第九公园（No.9 Park）位于一栋联体别墅中，从这里可以俯瞰比肯山的波士顿公园，这里的菜单七天为一个周期，每周都会变更。这里还有扇贝、北京烤鸭、慢烤牛腰等。第九公园的食物融合了世界不同地方的口味，细致于每一个细节。Boston 提供的这些美食，绝对不会让你失望（www.no9park.com）。

波士顿还有许多其他一流的饭店，例如 Clio 饭店，既有亚洲菜，也有美国菜。或者你也可以去 Clio 饭店旁边的生鱼片饭店 Uni。你可以品尝一下日本佳酿清酒，还能亲眼看见厨师在你面前为您制作美食（www.cliorestaurant.com）。Sorellina 可以带给你独特的意大利美味体验。肉丸是 Sorellina 的必点菜（www.sorellinaboston.com）。如果你更喜欢美味的海鲜，不妨去 The Oceanaire，它只提供最新鲜的食物，有多种多样的鱼类和肉类可供选择，将会给你留下难以忘怀的绝妙体验。

Taj 酒店咖啡馆

住宿

XV Beacon 是 1903 年的标志性建筑，位于比肯山的山顶，距离州议会大厦、波士顿公园和公众公园仅有数步之遥。XV Beacon 专注于每一个细节，并因此而屡获殊荣，在 2010 年 Conde Nast Johansens 的评选中荣获“最佳精品酒店”。前台接待处人员会热心为您提供帮助，满足您的所有需求，从预定演出、顶级饭店到免费提供市内用车等。XV Beacon 共有 62 个房间，成功地将现代时尚与舒适宜人的古老格调融为一体，与整个波士顿的风格颇为相近。所有卧室都采用了最新的现代技术，以一些暖色调（棕褐色、奶黄色、浓咖啡色）营造出亲切的感觉。酒店所有房间都安装有天然气壁炉，让您在波士顿寒冷的冬季也能感觉分外温暖。而且，酒店还可以为您提供房内按摩和瑜伽，使您在一天的奔波之后能够彻底放松一下。酒店的 Mooo 餐厅在传统牛排馆的基础上进行了可喜的改进和提高，提供早餐、午餐和晚餐。这所一流的酒店将为您提供全方位的精心服务，让您乐不思蜀。

自由酒店（The Liberty Hotel）有着神秘的历史，这里原本是查尔斯街监狱（Charles Street Jail），现在已经被改造为豪华酒店，建筑奇异而富有想象力。从这里片刻就能到达查尔斯河广场，并能俯瞰查尔斯河广场的迷人风景。自由酒店拥有 298 个客房，房间窗户都是宽敞明亮的落地窗，站在窗前，整个波士顿美景可以尽收眼底。如果你要预定房间的话，推荐您选择临河的房间，可以观赏查尔斯河的曼妙风姿。波士顿河套房将带给你非同一般的奢华享受，拥有高雅的现代格调，提供高品质的卓越服务，并可欣赏最佳风景。豪华的床上用品、洗浴毛巾以及奢侈的 Molton Brown 化妆用品，确保您在开始探索波士顿的魅力之前能够好好地睡上一觉。Clink 饭店提供当代美国饮食，日落时分先在这里的 Alibi 酒吧点一杯餐前饮品，然后你可以坐在外面的露台上一边品美酒，一边品味波士顿在日落光辉中的别样美景。Scampo 会为您带来独特的乡村特色意大利美食体验，这里的厨房是开放式的，您可以亲眼看见您的食物是如何制作的。这所位于比肯山山底的酒店占据着得天独厚的地理位置，便于您探寻生机勃勃的波士顿生活之美。

波士顿 Taj 酒店位于 Arlington 和 Newbury 大街的街角，成立于 1927 年，自创立以来始终欢迎来自世界各地的贵宾。从这里可以俯瞰著名的公众公园（Public Garden），这里的小淡水湖是划天鹅船和滑冰的场所。Taj 酒店将为你带来真正的传统波士顿联排别墅非凡体验，专业而一流的服务，宏伟的内部建筑，加之其对每位客人都分外珍视的态度，所有一切都使您倍感尊贵。为了庆祝酒店创建 75 周年，酒店在 2002 年全新翻修，并购置了许多颇受赞誉的获奖艺术品和文物，将酒店装饰一新。酒店拥有 273 个客房，所有房间内都有奢华的洗浴设施、传统的室内陈设和华贵的睡床，可以确保你美美地睡上一觉。如果您定的是套房，室内还有温暖的壁炉，并会有专门的壁炉管家帮您挑选桦木、樱桃木、橡木、枫木等，使您在波士顿寒冷时节（10 月 15 日～次年 4 月 15 日）也能拥有温暖宜人的夜晚。在 Taj 酒店用餐您有三大选择：咖啡厅、休息室和酒吧。

波士顿可以满足任何人的期望：丰富的文化，悠久的历史，举世闻名的教育，一流的餐厅，奢华的商店，卓越的酒店。这真是美国令人难以忘怀的绝伦之处！

XV Beacon 酒店

帮我们拯救它的微笑
自由游弋的江豚总是面带微笑。它们活泼温婉，聪明而有灵性，是长江里一道不可或缺的风景。可是工业污染、过度捕捞，以及过多的航运与水利工程，让它们变得比大熊猫还要珍稀。
为了给江豚留下最后的家园，WWF（世界自然基金会）建构湿地保护网络，促进江湖联通。只有保护好长江流域的生态环境，才能给珍稀的江豚创造最后的生存繁衍机会，让它们的微笑延续下去。地球是我家，一起保护它。了解详情，请访问 50.wwfchina.org
WWF
全球开展保护工作
50周年
水生研究所　中国

美国名校活动 American Night Celebrity Dinner

“美国之夜”名流晚宴

2011 年 3 月 18 日晚，胡润百富在上海希尔顿大酒店与沃伦・巴菲特之子，身兼作曲家、音乐家与慈善家三重身份的彼得・巴菲特（Peter Buffett），共同开启了一场以“共话美国教育与传奇”为主题的音乐之旅。

此次晚宴邀请到了快鹿投资集团董事局主席施建祥、速位互动股份有限公司执行长叶舟、保利协鑫能源控股有限公司副总裁朱钰峰、著名昆曲表演艺术家张军、上海交大昂立教育集团董事苏文骏、接力中国青年精英协会的成员陈豪、项世栋等在内的知名企业家、艺术家等，现场星光熠熠，名流云集。

共话美国教育是此次晚宴的主题。胡润百富推出的《美国顶尖学校》详解了美国的教育和考试系统，一年出版一次，可以说是一本赴美国留学的宝典，它指导正考虑将孩子送往美国留学的父母和孩子如何过渡并顺利的生活，并为家长提供最顶尖的预科学校、中学、大学的排名。因此，胡润百富特为此举行了一场为美国顶尖名校的揭牌仪式。现场，胡润共邀必益教育董事长 William、上海交大昂立教育集团董事苏文骏等与彼得・巴菲特一起共同揭开了这神圣的一幕。

彼得・巴菲特深情演奏钢琴曲

上海・左起：胡润百富总裁吕能幸、上海交大昂立教育集团董事苏文骏、必益教育董事长 William Vanbergen、彼得・巴菲特、胡润百富董事长兼首席调研员胡润、大提琴演奏家 Walter Partos

名校系列活动 The Best of World Education Exhibition 2011

北京·左起：胡润、必益教育 William Vanbergen、Swiss Learning 教育机构 CEO Christophe Xavier Clivaz、Zhongshen Singapore 总裁 Vivian Wang、Sussex Realty 总裁 Susan Goodall、Streetsmart 总经理陈宗良、Previews Estate 总监 Sally Forster Jones、伊顿中学校长 Charles Milne

Beijing

2011 年 10 月 29 日，胡润百富在北京举行了“胡润国际名校节”。这是胡润百富第二次举行“胡润国际名校节”。

活动吸引了来自瑞士、加拿大、澳大利亚、英国、美国及新加坡的共 46 所学校参加。活动现场，胡润还与各国名校代表一起为“2012 名校系列”进行揭幕。除此之外，还开展了“名校论坛”，胡润与各国名校代表畅所欲言，分享了各国教育的特色，让来宾们一次性领略到世界名校的风采。胡润百富创始人兼首席调研员胡润表示：“中国企业家对国际名校的兴趣更加浓厚了。”

Shanghai

2011 年 10 月 31 日，上海，胡润百富携手星河湾，在《2011 胡润潮流先锋报告》发布之际，共同揭开国际名校节大幕。当天的国际名校论坛吸引了来自美国、英国、瑞士、澳大利亚、新加坡等 60 所国际名校的代表参加。活动以名校论坛和名校展的方式展开，现场不仅特设了各国名校的展位供嘉宾们咨询，还安排了多场论坛，让学校代表一一上台与大家分享最新的名校教育资讯。值得一提的是，作为专为培养世界一流人才的贵族名校——伊顿公学也在现场与大家分享了伊顿公学暑期课程（Eton Summer Course）星河湾华东地区营销总监李莉女士作为贵宾就名校教育问题进行了现场演讲。之后胡润还与各国名校代表们依次为 2012 美国、英国、瑞士和新加坡这四国名校进行了揭幕仪式，将现场气氛推向了高潮。

Erdos

“胡润百富 2012 至尚优品预热及国际名校教育论坛”活动于 2011 年 9 月 13 日～14 日在鄂尔多斯星河湾隆重举行。胡润百富首次将目光聚焦于鄂尔多斯，将鄂尔多斯的美展露于更多人的视野。

活动第一天，胡润百富联合国际奢侈品牌，为鄂尔多斯塞外天堂带来一场奢侈品牌盛筵。路易十三、Vertu、欧米茄、VISA、中信银行、赛斯纳、巴西航空工业公司、人头马 X.O 等现场展示了各自的品牌魅力。活动构建了国际顶级品牌与中国高端消费者之间的互动桥梁。

活动第二天，举办了“胡润百富国际名校教育论坛”，胡润百富特别邀请到来自英国、美国、加拿大、瑞士等国际名校的教育专家，与鄂尔多斯领导、星河湾全国业主以及媒体代表一起，就国际名校教育、中国财富精英圈孩子的国际教育等话题展开探讨。

鄂尔多斯·左起：必益教育 William Vanbergen、星河湾集团董事副总裁梁上燕、胡润、Streetsmart 陈宗良

各国名校系列

英国・澳新

2010 年 7 月 22 日，胡润百富在世博会伦敦周期间举办了 2010 上海世博会英国馆官方活动之一——"英伦优品"（Best of British Luxury: Connecting with the Chinese Luxury Consumer）。作为本次活动的官方媒体合作伙伴，胡润百富力邀英国顶级奢侈品牌来沪，为中国高端消费者带来一场英伦优品盛宴，一方面为英国顶尖奢侈品牌推向中国这一全球发展速度最快的奢侈品市场搭建了一个有力平台，同时让中国的高端消费者领略到高品质的英式生活方式。英国驻沪领事馆副总领事 Jacqui Booker 女士出席活动并发表致辞：

必益教育教育咨询部总监 Emma Vanbergen

"过去几年，全球经济的不稳定使得消费者再次将目光投向英国奢侈品以及一些新兴的奢侈品市场。在这些新兴市场中，中国奢侈品市场发展尤为迅速，这不仅是巨大的挑战，也是空前的机遇。"

2012 年 6 月《英国顶尖学校 2013》即将出版，这也是胡润百富联手必益教育连续第五年出版《英国顶尖学校》。

《2012 英国顶尖学校》封面

2011 年 11 月 9 日，胡润百富在浦东丽思卡尔顿酒店隆重举行了"胡润澳大利亚名校指南"预热酒会。多年来清水湾与胡润百富一直保持着紧密的合作关系，在各种活动中互相了解，逐步达成共识。雅居乐海南清水湾是海南"十一五"重点建设项目之一，不仅拥有长达 12 公里的碧蓝海岸，也有丰富的大牌购物天堂、游艇俱乐部，更有急速发展的消费力。在清水湾，雅居乐立志打造一个能够充分满足全国乃至全球高端客户度假养生需求的综合地产项目。

活动当天，胡润百富创始人胡润来到台上为本次活动致辞并宣布名校系列中的澳大利亚名校指南揭幕。此次酒会还有幸邀请到了澳大利亚总领事 Alice Cawte 女士、新西兰驻上海总领事馆总领事 Michael Swain 先生及 ANZ 澳新银行 CEO Gilles Planté 先生莅临现场，共同为《名校指南 - 澳大利亚和新西兰顶尖学校》揭幕并致辞。

酒会在小提请独奏与精彩互动抽奖环节中落下帷幕，让现场嘉宾充分参与其中。在此特别鸣谢澳新银行、VISA、雅居乐海南清水湾对本次活动的大力支持。

上海・胡润、澳大利亚总领事 Alice Cawte（左二）、澳新银行 CEO Gilles Planté（右二）、新西兰驻上海总领事馆总领事 Michael Swain（右一）为酒会揭幕

The Best of American Education 2013
A Publication of the Schools Guide Series

It brings us great pleasure to present to you the second edition of The Best of American Education, one of six volumes covering seven countries in the authoritative and hugely popular Schools Guide Series.

The Schools Guide Series is distributed through Hurun Report's High Net Worth database and on display at all Hurun Report luxury events and key education exhibitions across China. The guides also reach affluent and influential readers through our top sponsors and partners which include banks, airlines, tourism boards, immigration & investment firms, luxury property companies and education agencies.

The Best of American Education serves to provide an effective snapshot of the American education system, encompassing a who's who of academic institutions that excel in educating China's top students. America is undoubtedly the most popular destination for Chinese parents looking to send their child abroad to study, making finding the right school that will complement their child's academic aspirations as well as their lifestyle ever more complex. As such, this guide is exclusively tailored to the demands of China's top students, providing not only firsthand accounts of Chinese students currently studying in American schools, but also exclusive insights of Admission officers regarding the qualities and credentials America's top academic institutions value in their prospective students.

This issue of The Best of American Education highlights Chinese students enrolled in the Ivy League. Comprised of Brown, Columbia, Cornell, Dartmouth, Harvard, Princeton, The University of Pennsylvania, and Yale, the Ivy League is the United States' oldest and most respected academic grouping. The Ivy League represents some of the world's greatest educational institutions, with many of the world's top thinkers feeding its ranks as professors, administrators, and students. Furthermore, no other institution of schools has produced more influential alumni to date, including heads of state, leaders of social welfare movements and the movers and shakers of the global economy. For many Chinese, enrolling their students in an Ivy League school is the most glorious academic honor they can bring to their family, and this edition of *The Best of American Education* aims to personalize this experience.

This edition was carefully compiled by BE Education. Together with their partners and team of top advisors, they have hand picked only the best American institutions with accreditation and infrastructure to accommodate China's most privileged pupils. As such, the schools represented in this guide have not only been proven academically, but additionally provide the services, support and level of comfort that Chinese families insist on for their children.

As a result of the partnership between BE Education and Hurun Report, along with many of the world's most prestigious academic institutions, ranging from exclusive secondary schools to Ivy League universities, this guide provides unique and unrivalled information for China's top students and most demanding parents.

For more information about BE Education visit www.behk.org.
For more information about The Hurun Report visit www.hurun.net.

各国名校系列

加拿大·瑞士

2010年3月24日，新成立的加拿大贸易南京办事处举行了名为“加在南京”的揭牌仪式。Streetsmart International Inc. 总经理陈宗良、St.Andrew's College 董事长 Scott Hayter 与加拿大驻上海领事馆总领事 Nadir Patel 及 2010 上海世博会加拿大总代表大山等众多嘉宾一起出席了此次活动。活动当天，胡润百富名校系列指南之《加拿大顶尖学校》的内容提供商，Streetsmart International Inc. 总经理陈宗良先生向在场嘉宾介绍了有关首期《加拿大顶尖学校》的内容。这本综合性的杂志主要面向中国打算送子女到加拿大顶尖私立中学或大学读书的高端人士。书中介绍了包括加拿大考试体系和文化以及如何在加拿大立足并安居乐业等关于加拿大教育的各方面内容。众多到场嘉宾纷纷表示，这样一本全面介绍加拿大教育的杂志诞生，为中国学生赴加留学提供了客观的建议和明确的指南。

南京·St.Andrew's College 董事长 Scott Hayter（左三）、加拿大驻上海领事馆总领事 Nadir Patel（左四）、2010 上海世博会加拿大总代表大山（右二）、Streetsmart 陈宗良（右一）

2012年2月12日晚，由必益教育主办的“瑞士之夜”鸡尾酒会杭州站的活动在杭州西子湖四季酒店举行。来自瑞士著名寄宿学校 Institut auf dem Rosenberg 学校校长 Bernhard Gademann 先生首先发表演讲，向在场嘉宾就瑞士教育的多个方面作了介绍。Gademann 先生表示，私立寄宿学校是瑞士精英教育的典范，学生不仅能学习欧洲语言及文化，还将学到更多的实用知识。

随后，必益教育的教育咨询部总监 Emma Vanbergen 女士对瑞士玫瑰山学校冬季研修班做了介绍。就在最近，必益教育负责组织的首届瑞士玫瑰山学校冬季研修班成功举行，参加研修班的学生给予了该研修班很高的评价。

作为本次活动的独家赞助商，UBS 银行也特为本次活动献礼。本次“瑞士之夜”活动还会在北京，上海以及台北三地分别举行，以便更好的推广瑞士教育及瑞士玫瑰山学校冬季研修班。

Institut auf dem Rosenberg 学校校长 Bernhard Gademann 在活动上发表演讲